Für meine Mutter,
aus viel mehr Gründen, als ich sagen kann

And you don't feel you could love me
But I feel you could.

Paul Simon

Inhalt

Die Dive Bar

Stellen Sie sich vor, Sasha sitzt an einem heißen Sommernachmittag allein und nichtsahnend in ihrer Wohnung, als plötzlich das Telefon klingelt. Sie nimmt ab, und eine Frau sagt: »Hier ist Anne.«

»Wer?«, fragt Sasha.

»Ich denke, Sie wissen, wer ich bin«, sagt Anne.

»Nein.« Sasha stellt sich nicht absichtlich dumm, sie weiß es wirklich nicht. Sie versucht sich alle möglichen Annes in den Sinn zu rufen, deren Stimmen sie kennen sollte. War sie verabredet und hat es vergessen? Ist das die Eigentümerin der Kamera, die sie letzten Monat in einem Taxi gefunden und behalten hat –?

»Ich bin Carsons Frau«, sagt Anne.

Sasha sagt: »Oh!« Und selbst wenn sie von jetzt bis in alle Ewigkeit herumgesessen und alle paar Sekunden *Oh!* gesagt hätte – niemals wieder wäre es ihr gelungen, so viel Bedeutung und Überraschung in dieses Wort zu legen.

»Ich finde, wir sollten was trinken gehen«, sagt Anne. Und, um Dr. Seuss zu zitieren, Sasha weiß nicht, was sie dazu sagen soll. Sollte sie sich mit ihr treffen? Oder es besser sein lassen? Wie verhält man sich in einer solchen Situation? Was würden Sie denn tun, wenn die Frau Ihres Liebhabers Sie anruft?

Nach dem Anruf ist Sasha zu aufgewühlt, um zu Hause zu bleiben, also ruft sie ihre Mitbewohnerin Monique bei der Arbeit an. Monique wollte gerade aufbrechen. Sie vereinbaren, dass Sasha den Broadway von der 106. Straße runter nach Süden und Monique den Broadway von der 36. Straße hoch nach Norden gehen wird. In dem Laden, vor dem sie sich treffen, werden sie was trinken.

Weil Sasha nervös ist, geht sie schneller als Monique, und sie treffen sich vor einem Taco Tico an der 46. Straße, mogeln dann aber ein wenig und gehen in das Irish Pub nebenan.

»Wow«, sagt Monique, als Sasha ihr von Annes Anruf erzählt. »Es muss ganz schön erniedrigend für sie gewesen sein, dass du gar nicht wusstest, wer sie ist.«

Sasha runzelt die Stirn. Sollte Monique bei dieser Geschichte nicht auf ihrer Seite sein? Abgesehen davon war es ja nicht so, dass sie einfach Annes Namen vergessen hat, Carson sprach ihn nur einfach nie aus. Er redete immer nur von *meiner Frau. Ich muss nach Hause, meine Frau wartet auf mich. Lass mich noch kurz meine Frau anrufen, ich muss ihr sagen, dass ich später komme.*

»Und woher kannte sie deinen Namen?«, fragt Monique.

»Ich schätze, Carson hat ihn ihr gesagt, als er ihr von mir erzählt hat.«

»Und wann triffst du sie?«

»Nächsten Mittwoch.«

Monique sieht sie verblüfft an. »Das ist noch ganz schön lange hin.«

»Finde ich auch«, sagt Sasha. »Aber sie war am Telefon ganz businessmäßig, hat offenbar in ihrem Kalender geblättert und gemeint: ›Nun, mal sehen, wann ich das reinquetschen kann‹, und nächsten Mittwoch war dann wohl der erste mögliche Termin.«

»Meinst du, sie will dich umbringen?«, fragt Monique und leert ihr Bier.

»Nein, wir treffen uns in einer Bar an der Ecke Amsterdam und 99. Straße«, erklärt Sasha. »Sie lockt mich ja nicht in irgendeine düstere Unterführung.«

»Ich will gar nicht das Thema wechseln«, sagt Monique, kramt in ihrer Tasche und zieht eine Broschüre raus. »Aber kommst du morgen mit mir zu diesem Singles-in-the-City-Ding? Wir sanieren ein altes Stadthaus für eine bedürftige Familie.«

»Ich dachte, du bist donnerstags jetzt immer bei diesem Singles-gehen-einkaufen-Termin«, sagt Sasha.

»Ja, bis letzten Donnerstag!«, entgegnet Monique einigermaßen echauffiert. »Da hatte ich in der Kassenschlange ein total intensives Gespräch mit einem Mann, und es stellte sich heraus, dass er für diese Schwulenorganisation Lambda Legal arbeitet und nur da war, weil er Zeug für seinen Salat brauchte.«

»An diesen Abenden sollten sie wirklich nicht jeden reinlassen«, sagt Sasha.

»Also kommst du mit?«, bittet Monique. »Obwohl … jetzt, wo Carson seine Frau verlassen hat, bist du ja vielleicht gar nicht mehr Single.«

Das klang fast wie eine Beleidigung und ziemlich negativ, also sagt Sasha: »Mal sehen.«

Nach dem Treffen mit Monique nimmt Sasha die U-Bahn zu Carsons Club, wo er seit zwei Wochen wohnt. Sasha liebt diesen Club – seine fadenscheinige Pracht, die Art, wie das Personal mit ihr flirtet, die maskulin eingerichteten Räume. Sie hätte nichts dagegen, wenn er für immer dort wohnen bliebe.

Zufällig trifft sie Carson in der Lobby, wo er gerade seine Post abholt. Im Aufzug erzählt sie ihm von dem Anruf.

Er sieht schockiert aus. »Sie hat dich angerufen?«

»Ja, und sie will mit mir was trinken gehen.«

»Also, ich finde nicht, dass du hingehen solltest«, sagt Carson. »Betrunken ist sie nicht besonders nett.«

Der Aufzug hält an, und andere Leute steigen ein, also muss Sasha diese Information erst mal schweigend verdauen. Anne ist betrunken nicht besonders nett. Das kann sie zu den einzigen beiden Informationen hinzufügen, die Carson je über Anne preisgegeben hat, dass sie nämlich als Verwalterin einer gemeinnützigen Stiftung für Obdachlose arbeitet und dass es ihn wahnsinnig macht, dass sie nie die Fussel aus dem Trocknerfilter holt. Sasha fragt sich, ob es ein Charakterfehler ist, dass sie in Bezug auf Anne nie neugieriger war. Hätte sie nicht brennend interessiert, von Eifersucht zerfressen sein oder ihnen bei einem gemeinsamen Abendessen unauffällig folgen müssen?

Als sie in Carsons Zimmer sind, fragt sie: »Was heißt das, sie ist betrunken nicht besonders nett?«

Carson blättert durch seine Post. »Sie wiederholt sich einfach ständig. Aber das tut sie auch nüchtern.«

Noch mehr Informationen! Vielleicht hätte Sasha schon früher mal nachfragen sollen. »Aber warum, denkst du, will sie mich treffen? Will sie mich umbringen?«

»Ha«, schnaubt Carson und wirft die Post auf den Schreibtisch. »Kann sein, dass sie dich zu Tode langweilt, aber abgesehen davon droht keine Gefahr.«

Die Tatsache, dass Carson Anne so unglaublich langweilig findet, schockiert Sasha ein bisschen. Sie hatte immer den Eindruck, dass Carson sich für alles interessiert. Man konnte ihm Geschichten erzählen ohne irgendwelche spannenden Höhepunkte, wie zum Beispiel, dass der Mann in der Bodega kanadisches Geld rausgegeben hat, und Carson fragte dann so was wie: »Echt? Welche Bodega war es?« (Das war Sasha letzte Woche tatsächlich passiert. Sie hatte die Münzen in ihr Portemonnaie getan und mehrfach versehentlich versucht, damit zu bezahlen, weshalb sie sich in ganz Manhattan von Straßenverkäufern hatte anschreien lassen müssen.) Die Vorstellung, dass Carson von irgendjemandem gelangweilt sein könnte, und das auch noch von jemandem, der ihn vielleicht sogar liebte, war verstörend.

»Und warum hast du ihr meinen Namen gesagt?«, will Sasha wissen.

»Weil sie gefragt hat«, erklärt Carson. »An dem Abend, als ich ihr gesagt habe, dass ich eine Affäre habe. Sie sagte: ›Erzähl mir von ihr, ich will wissen, wer dir so wichtig ist.‹«

Sasha sagt nichts. Carson hat seiner Frau vor zwei Wochen von der Affäre erzählt. Eigentlich hatte er das nicht vorgehabt, aber sie hatten über ihre Ehe gesprochen, und Anne war wahnsinnig nett und einfühlsam gewesen und hatte gemeint, er könne ihr ruhig sagen, wenn es jemand anderen gebe, und dass

15

sie es verstehen würde. Seitdem habe sie »ihre Haltung geändert«, hatte er etwas kryptisch berichtet. Allein bei dem Gedanken daran fällt es Sasha schwer, nicht den Kopf zu schütteln angesichts der allumfassenden männlichen Blödheit.

Sasha und Carson gehen zum Abendessen aus wie ein verheiratetes Paar. Na ja, vielleicht nicht ganz wie ein Ehepaar, aber zumindest wie ein richtiges Paar, dem egal ist, ob es gesehen wird. Beim Abendessen fragt er nach dem Buch, an dem Sasha gerade schreibt, und plötzlich hat Sasha Angst, ihn damit zu langweilen. Sollte sie über Syrien sprechen oder über die Erderwärmung?

Ohnehin ist es nur Carson zu verdanken, dass Sasha überhaupt ein Buch schreibt. Er war es, der sie dazu ermutigt hatte, als ein Lektor wegen eines Jugendbuchs auf sie zugekommen war. Und er hatte sie bestärkt, dass es doch egal sei, ob es sich dabei um ein Jugendbuch handele, immerhin könne sie dann vom Schreiben leben. Er hatte ihr zwei Dutzend lachsfarbene Rosen geschickt an dem Wochenende, an dem sie zwei Dutzend Jugendromane hatte lesen müssen, um dann einen Folgeroman zu schreiben. (Sie hatte es tatsächlich geschafft, fand aber, dass sie danach nie wieder ganz die Alte war.) Und jetzt hat Sasha, die vorher nie einen richtigen Job hatte, plötzlich eine Art Karriere, bekommt Verträge für vier Bücher auf einmal angeboten, kann den ganzen Tag zu Hause im Pyjama rumhängen und liebt ihre Arbeit sehr. Zudem hat sich herausgestellt, dass Carson außergewöhnlich begabt darin ist, komplizierte Handlungsprobleme zu lösen. Der einzige Mensch, der das noch besser kann, ist Monique, aber die ist immer beleidigt, wenn Sasha ihre Ideen nicht verwendet. Carson dagegen scheint das nichts auszumachen. Er kann ein

Dutzend mögliche Auflösungen herunterspulen, und es ist ihm egal, wenn sie alle ablehnt.

Also erzählt sie ihm, dass alle Figuren des Romans auf einer Insel leben und sie einen Weg finden muss, warum sie die letzte Fähre nach Hause verpassen, und darüber sprechen sie dann bis zum Dessert.

Dann gehen sie zurück in Carsons Zimmer und machen sich bettfertig, putzen gemeinsam Zähne (wieder so ein Ehe-Ding!), und Carson spuckt ins Waschbecken aus und sagt: »Ich gehe morgen auf Wohnungssuche und dachte, du könntest mich vielleicht begleiten.«

»Ich muss zu diesem ehrenamtlichen Ding mit Monique«, sagt Sasha spontan. »Ich hab's ihr versprochen.«

Sasha und Monique haben sich im Stadthaus zur Singles-in-the-City-Veranstaltung eingefunden, gemeinsam mit ungefähr dreißig anderen Leuten. Ein gereizter rothaariger kleiner Mann namens Willie leitet die Renovierungen. Sasha kann seine schlechte Laune sehr gut nachvollziehen – er muss einen Haufen Freiwillige anleiten, die alle viel mehr damit beschäftigt sind, sich gegenseitig abzuchecken, als sich an die Arbeit zu machen. Die bedürftige Familie, die hier einziehen soll, tut ihr schon fast leid, wenn sie sich vorstellt, wie dilettantisch ihr neues Heim saniert wird.

Willie weist jedem einen Partner des anderen Geschlechts zu und verteilt die Aufgaben. Sashas Partner ist ein großer, blonder Typ namens Justin. Sie sollen gemeinsam die Tapete im Wohnzimmer abziehen. Alle Viertelstunde bläst Willie in seine Pfeife, und man kann wechseln, falls einem die Aufgabe (oder vielmehr der Partner, wie Sasha vermutet) nicht zusagt.

Sasha und Justin sprechen kaum miteinander und machen einfach mit ihrer Aufgabe weiter. Selbst nach dem vierten Pfiff arbeiten sie noch zusammen. Aber als sie schließlich eine Pause machen und zum Wasserspender gehen, sieht Justin sie einen Augenblick lang an, und Sasha weiß plötzlich, ein jahrelang geschulter Instinkt, dass er ihr von seiner Freundin erzählen oder sie nach ihrer Telefonnummer fragen wird. Oder beides.

Und tatsächlich sagt Justin mit gesenkter Stimme: »Ich muss dir was gestehen – ich bin nämlich gar nicht wirklich single. Ich bin nur hier, weil mein Freund Paul nicht alleine kommen wollte.«

»Ich auch«, sagt Sasha. Hoffentlich führt das jetzt nicht zu einer langen Diskussion über ihre jeweiligen Beziehungen.

Aber Justin erwähnt seine Freundin nicht mehr, sondern sagt: »Ich überlege, ob ich mir nicht auch mal ein paar Singles in die Wohnung holen soll. Da gibt es einiges zu reparieren und noch viel anderes Zeug.«

»Ich brauche eigentlich nur eine neue Tür«, erwidert Sasha, »oder vielmehr ein neues Schloss. Vor ein paar Wochen haben wir nämlich den Herd nicht ausgemacht, und die Feuerwehr musste bei uns einbrechen. Dabei ist das Schloss kaputtgegangen, und wenn wir das nicht irgendwann reparieren lassen, zieht der Vermieter es von der Kaution ab.«

»Dann dürftest du aber eigentlich nur Schlosser-Singles einladen«, sagt Justin.

»Alle anderen könnten sich's ja gemütlich machen und Bier trinken.«

Und da fällt ihr plötzlich auf, dass sie mit diesem Mann flirtet, und sie hält inne. Warum sollte sie mit ihm flirten? Sie mag ihn nicht mal wirklich. Wer ist das überhaupt? Jedenfalls nicht Carson.

Als sie sich eine Stunde später verabschieden, stellt Justin Monique seinen Freund Paul vor. In einem Alternativuniversum würden Paul und Monique sich vielleicht ineinander verlieben, in diesem aber schmunzelt Paul bloß und sagt: »Ja, ich kenne dich. Du hast doch schon angefangen, die Wand zu streichen, bevor wir grundiert haben.«

Und Monique reagiert genervt und sagt: »Na ja, immerhin habe ich nicht –«

Aber sie erfahren nicht mehr, was sie nicht getan hat, weil im selben Moment über ihnen irgendwas auf den Boden kracht, gefolgt von Willies lautem Fluchen.

Justin streckt Sasha seine Hand hin. »Vielleicht gebe ich dir einfach meine Nummer, nur für den Fall, dass diese Schlosser-Party wirklich stattfindet«, sagt er.

»Nur für Singles – schon vergessen?«, sagt sie und schüttelt trotzdem seine Hand.

Monique und sie gehen raus in die brütende Augusthitze, und Sasha muss wie jedes Mal, wenn Telefonnummern getauscht oder fast getauscht werden, daran denken, wie Monique sich einmal nach einer Party mit einem Mann ein Taxi geteilt hat. Sie hatte auf ihre Visitenkarte *Ich würde dich sehr gern wiedersehen* geschrieben und ihm die Karte mit ihrem Teil des Fahrgelds zugesteckt. Der Mann hat sich nie gemeldet, dafür aber der Taxifahrer. Das ist eine von Sashas liebsten Erinnerungen, und sie lacht laut auf, als sie die Stufen des Stadthauses runtergehen.

Sasha und Monique beschließen, dass es zu heiß ist für ihre unklimatisierte Wohnung, also gehen sie in die Stadt und sehen sich zwei Filme nacheinander an. Dazu essen sie eine große Portion Popcorn und fast eine ganze Packung Malteser.

Dann spazieren sie in der Abendhitze sehr langsam nach Norden, gehen in die Bar gegenüber von ihrer Wohnung und trinken Sea Breezers. Nach dem ersten Sea Breezer sagt der Mann neben Sasha, dass der Mann neben *ihm* wohl ein betrunkener Erntehelfer aus dem Ausland ist und alle auf Drinks einlädt. Faszinierend, findet Sasha: Es gibt Erntehelfer in New York? Was genau wird denn da geerntet? Aber der Erntehelfer – wenn er denn wirklich einer ist – spricht kein Englisch und bedeutet Sasha und Monique lediglich mit Gesten, dass sie mehr Drinks bestellen sollen, was sie dann auch tun. Er zahlt, und Sasha hat deswegen ein schlechtes Gewissen, aber kein allzu großes.

Nach dem fünften Sea Breezer (sie zählen mit, indem sie die Strohhalme zu Dreiecken knicken und in das Abtropfgitter am Tresen stecken) lächelt ein Mann Monique an, und sie lächelt zurück. Aber dann überkommt sie die schreckliche Erkenntnis, dass der Typ bei Broadway Bagel arbeitet. Darauf diskutieren Sasha und Monique lange, ob sie Snobs sind, weil sie nichts mit ihm zu tun haben wollen, und ob es was anderes wäre, wenn er, sagen wir mal, zehn Zentimeter größer wäre, und ob Monique mit ihm sprechen müsste, wenn er rüberkäme, weil sie ja schließlich zurückgelächelt hat, und ob sie jetzt nie wieder zu Broadway Bagel gehen können? (Die Antwort auf all diese Fragen lautet: Vielleicht.)

Aber dann nimmt die ganze Sache an Fahrt auf, sie trinken weiter und nerven die anderen schrecklich, weil sie fünfmal hintereinander *Rescue Me* in der Jukebox laufen lassen. Irgendwann gehen sie nach Hause, und Monique übergibt sich in den Mülleimer in der Lobby, fühlt sich danach aber ein bisschen besser. Anders als Sasha. Die muss sich in ihr schwankendes Bett legen, während der Ventilator am Fenster auf Hochtouren läuft und sie voll anbläst, was sich anfühlt, als würde sie unter dem Rotor eines Hubschraubers liegen, der gerade abhebt. Aber sie ist zu betrunken, um aufzustehen und ihn runterzudrehen, und eigentlich war das doch wirklich ein super Tag, ein super Abend, ziemlich perfekt.

Oh, es gibt so vieles, was ein richtiges Paar tun kann! Sie können sich zu jeder Tages- und Nachtzeit anrufen. Sie können zum Brunch gehen, was Sasha und Carson am Sonntagmorgen tun, sobald Sashas Kater so weit nachgelassen hat, dass sie sich wieder bewegen kann. Irgendwie kam Brunchen nie in Frage, als sie noch eine Affäre hatten – es passte nicht in den Tagesablauf. Sasha muss jetzt nicht mehr ewig überlegen, ob sie ihre neue weiße Spitzenbluse anziehen soll, denn wenn Carson sie heute nicht sieht, dann sieht er sie eben morgen oder übermorgen.

Sie können zusammen in einen Buchladen gehen, sie können die Lexington Avenue hochspazieren, zu Starbucks gehen und bei Carsons Club noch eine Aspirin gegen Sashas Kopfschmerzen holen, einen Freund von Carson auf ein paar Drinks treffen, und die Drinks helfen sogar noch besser gegen Sashas Kater als das Aspirin. Der Freund ist ein Arbeitskollege von Carson und eigentlich ganz nett, aber als sie über die Hitze sprechen, sagt er: »Stellt euch mal vor, wie das wäre, wenn man keine Klimaanlage hätte.«

»Bei mir gibt es keine Klimaanlage«, erwidert Sasha. »Ich hab noch nie eine gehabt.«

Der Mann starrt sie einen Augenblick lang an, und Sasha fragt sich, wie er wohl reagieren würde, wenn sie ihm erzählen würde, dass es, neben der fehlenden Klimaanlage, in ihrem Wohnhaus ein ungeschriebenes Gesetz gibt, dass die Nachbarn abwechselnd Budweiser für Mrs Misner aus der 3C kaufen, damit sie nicht zu aggressiv wird und alle Besucher anbrüllt.

Richtige Paare müssen sich nicht entscheiden, ob sie Sex haben oder zum Essen gehen. Nach dem Sex und beim Essen können sie Urlaubspläne schmieden, und Sasha kann ein Nachthemd und eine Zahnbürste bei Carson im Club lassen. Vorher musste all ihr Zeug in eine abschließbare Schublade in seinem Büro passen. Sie können die Nacht zusammen verbringen, sogar zwei Nächte. Zeit war immer ihr kostbarstes Gut – davon haben sie jetzt mehr als genug.

Aber sie verbringen die zweite Nacht nicht miteinander. Als Carson nach dem Grund fragt, ist Sasha plötzlich zu schüchtern, um ihm zu erzählen, dass Monique das erste Date hat mit dem Typen, den sie am Singles-in-the-City-Tag kennengelernt hat. Und dass Sasha Monique nach einem ersten Date auf keinen Fall in eine leere Wohnung heimkehren lassen will, genauso wenig wie sie ein kleines Kind weinend in der Kälte stehenließe. Also sagt sie, dass sie sich ein Manuskript ansehen muss, das sie von ihrem Lektor bekommen hat, und außerdem ihr tägliches Schreibpensum schaffen will, was noch nicht mal gelogen ist.

Sasha fährt wieder nach Hause, stellt ihren Laptop auf den Küchentisch, schaltet den Ventilator ein, macht sich einen Eistee und fängt an zu arbeiten.

Sie tippt noch immer, als Monique in die Wohnung poltert, ihre Tasche auf den Tisch wirft und sagt: »Wenn ich eine Katze wäre, würden meine Ohren jetzt ganz flach anliegen.«

Damit weiß Sasha alles, was sie über das Date wissen muss, und außerdem bringt es sie so sehr zum Lachen, dass sie etwas Eistee auf ihre Tastatur spuckt. Sie steht auf, holt sich ein Küchentuch und aus dem Kühlschrank ein Bier für jeden. Dabei wünscht sie sich – nicht zum ersten Mal –, dass man im Leben nicht ständig irgendetwas ausschließen müsste. Permanent muss man sich zwischen verschiedenen Möglichkeiten entscheiden, was stets dazu führt, dass man unglücklich ist, weil man nicht zwei Dinge auf einmal haben kann.

Dienstagabend beschließen Sasha und Monique, in die Bar zu gehen, wo Sasha Anne treffen wird, um sie schon mal unter die Lupe zu nehmen. Ein ziemlich schäbiger Laden, selbst für diese Gegend so weit oben an der Amsterdam Avenue, mit schmieriger Holzverkleidung, es riecht unangenehm muffig.

»Wie eklig«, sagt Monique beim Reingehen. »Warum sie dich wohl gerade hier treffen will?«

»Ich weiß es nicht«, sagt Sasha, aber in ihrem tiefsten Innern hat sie eine ziemlich eindeutige Vermutung. Anne muss diese Bar für Sashas Gegenstück halten, denkt wohl, dass sie Sasha irgendwie entspricht. Wahrscheinlich hat Anne ein paar von ihren Obdachlosen gefragt, wohin sie gehen (oder gehen würden, schließlich gehen Obdachlose ja nicht allzu oft aus).

»Was kann ich euch bringen, Ladys?«, fragt der Barkeeper und erschreckt Sasha, denn sie hatte ihn gar nicht bemerkt. Er ist groß, furchtbar dünn und steht im Dämmerlicht, sodass er kaum zu sehen ist.

Sie gehen zum Tresen, aber er winkt sie zurück und sagt: »Setzt euch! Ich bringe euch die Drinks! Was hättet ihr denn gern?«

Beide bestellen Corona und setzen sich an den Tisch (es gibt nur einen) mit zerkratzter Tischplatte; bei Moniques Stuhl ist ein Bein kürzer als die anderen, und sie sitzt irgendwie leicht schief.

»Iiih, er steckt die Limetten mit den Fingern in unser Bier«, flüstert Monique.

»Nicht weiter schlimm«, entgegnet Sasha. »Der Alkohol tötet doch die Bakterien.« (Oder?)

Der Barkeeper kommt mit den Bieren zu ihnen rübergeeilt. Dafür, dass er so eine dürre Erscheinung ist, hat er erstaunlich viel Energie. »Hier, bitte, ihr zwei Hübschen«, sagt er und zieht sich wieder hinter den Tresen zurück, von wo aus er sie beobachtet. Er sieht aus wie ein lebendiges Skelett.

»Hat Carson irgendeine Ahnung, warum Anne dich sehen will?«, fragt Monique.

Sasha schüttelt den Kopf. »Er weiß es auch nicht.«

»Na ja, offenkundig hat sie irgendeinen Plan.« Monique nimmt einen Schluck Bier. »Nur weißt du halt nicht, welchen. Da geht's dir wie Neville Chamberlain vor dem Münchner Abkommen.«

»Ja, vermutlich«, sagte Sasha, die sich in Geschichte nicht ganz so gut auskennt.

»Vielleicht bittet sie dich ja, ihn gehen zu lassen«, schlägt Monique vor. »Vielleicht sagt sie: ›Ich trete dir in schwesterlicher Verbundenheit gegenüber und bitte dich, ihn mir zurückzugeben‹, oder so.«

»Aber ich kann ihn ja gar nicht zurückgeben, schließlich gehört er mir nicht«, antwortet Sasha etwas verunsichert. »Und abgesehen davon sagt Carson, dass sie sich nicht so benimmt, als wollte sie sich mit ihm versöhnen. Er meint, sie sei sehr kühl.«

»Überraschung! Er hat seit über einem Jahr eine Affäre mit einer 26-jährigen Blondine, und seine Frau ist deswegen etwas kühl.«

Sasha blinzelt. Warum wird sie das Gefühl nicht los, dass Monique sich zu sehr auf Annes Seite schlägt?

»Sag mal, warum gehst du überhaupt hin? Warum hast du ihr nicht einfach gesagt, dass das keine so gute Idee ist? Du kannst immer noch anrufen und absagen.«

»Ich weiß selbst nicht, warum ich zugesagt habe.« Während des Telefonats hatte das auch gestimmt. Aber jetzt vermutet sie, dass sie zugesagt hat, weil sie es interessant fand. Das Leben war voller schöner Dinge – Buttertoast, kaltes Bier, spannende Bücher, Lagerfeuer, Weihnachtsbeleuchtung, teurer Lippenstift, der Geruch von Vanille – und Sasha keineswegs immun dagegen, aber wie viele Dinge sind denn wirklich so richtig interessant? So faszinierend, dass man einfach nicht die Finger davon lassen kann? Nicht besonders viele, wenn es nach Sasha ginge.

»Und? Was ziehst du an?«, fragt Monique. »Ich glaube, ich an deiner Stelle würde die grüne Bluse und den schwarzen Bleistiftrock anziehen.«

Dass Monique das tun würde, weiß Sasha haargenau. Sie sind gleich groß und gleich schwer und haben sogar die gleiche Haarfarbe, aber alles an Monique ist spitz und kantig, selbst ihre Haare, die sie akkurat zum Kinn hin abgeschrägt trägt. Sashas Haare dagegen sind lang und widerspenstig, und sie hat meistens Jeans und T-Shirt an. Und manchmal, wenn sie dabei ist, ein Buch abzuschließen, trägt sie dieselbe Jeans und dasselbe T-Shirt *tagelang*, als Glücksbringer.

»Und die ägyptischen Ohrringe natürlich.«

Sasha lächelt. »Natürlich.«

Der Barkeeper, vor dem sich Sasha mittlerweile wirklich gruselt, kommt wieder mit seinem energetischen Gang zu ihnen rüber und bringt ihnen noch zwei Bier. »Die gehen aufs Haus«, sagt er.

Also trinken sie das Bier. Auf einem Schild über der Theke steht, dass es Kartoffelsuppe gibt, und Monique sagt, sie würde sich lieber erschießen, als hier drin was zu essen. Sasha meint, dass das Schild so beunruhigend ist, weil *Kartoffel* in Anführungszeichen steht, als wären es gar keine echten Kartoffeln, und Monique meint, wahrscheinlich sei das wirklich so. Und so kommen sie auf die neue Schneiderei bei ihnen in der Straße, auf deren Schaufenster steht: *Alles, was Sie sich von Ihrem Schneider »wünschen«*, und darauf, was diese Anführungszeichen wohl zu bedeuten haben. Das wiederum bringt sie darauf, wie sie in ihre jetzige Wohnung eingezogen sind. Zufällig war einer der Möbelpacker ein Typ, dem Sasha in einer Bar eigentlich ihre Nummer hatte geben wollen, um es sich dann aber in allerletzter Minute anders zu überlegen und einfach irgendwelche Zahlen aufzuschreiben. Das hatte den Umzug noch schrecklicher gemacht, als er eh schon war. Mittlerweile ist das drei Jahre her, aber sie sprachen noch ziemlich oft darüber.

Sasha weiß nicht, wie man solche Gespräche nennt. Es ist kein Smalltalk, und es ist kein richtiger Klatsch, und es ist auch nicht tiefschürfend oder bedeutungsvoll. Falls es ein Wort da-

26

für gibt, kennt Sasha es nicht. Sie weiß nur, dass sie es niemals missen möchte. Nie, nie, nie.

Sasha kommt zwanzig Minuten zu spät zu ihrem Treffen mit Anne, weil sie eigentlich immer zehn Minuten zu spät kommt und weil sie noch zehn Minuten lang nach den ägyptischen Ohrringen gesucht hat.

Also muss sie sich beeilen und fühlt sich verschwitzt und zerknittert, als sie dort ankommt. Auf der Stelle bereut sie, dass sie schon gestern mit Monique hier war, denn der ausgemergelte Barkeeper begrüßt sie mit »Hey, hallo, auch wieder da!«, als wäre sie ein Stammgast.

Anne sitzt am einzigen Tisch (als einziger Gast in der Bar), und obwohl sie auch jemand anders sein könnte, ist Sasha sich ziemlich sicher, dass das Anne ist.

Sie eilt zu ihr und setzt sich auf den Stuhl ihr gegenüber. »Tut mir leid, dass ich zu spät bin«, sagt sie. »Ich hab die Zeit vergessen.«

Anne betrachtet sie kühl. Wahrscheinlich ist sie nicht gerade begeistert, dass Sasha die Zeit vergessen hat vor ihrem großen Treffen. Schließlich sagt sie: »Sie sind jünger, als ich dachte, aber weniger hübsch.«

Sasha wischt sich den Schweiß von der Oberlippe. »Tja, mein ganzes Leben lang wollte ich die kühle, elegante Schönheit sein«, gibt sie zurück, »aber in Wirklichkeit bin ich wohl eher die nette Blondine, mit der viele Männer Sex haben wollten. Obwohl das auch ganz nett war.«

Wenn Anne jetzt schockiert ist, dann nicht mehr als Sasha selbst. (Man stelle sich nur vor, Neville Chamberlain hätte so etwas gesagt!) Sie beschließt, besser nachzudenken, bevor sie den Mund aufmacht. Obwohl sie nicht vorhat, das auszusprechen, geht es ihr mit Anne genau andersrum – sie ist älter, aber hübscher, als Sasha sie sich vorgestellt hat. Anne hat sehr blasse Haut, die seltsamerweise aussieht, als hätte sie überhaupt keine Poren, und einen kurzen schwarzen Bob. Ihre Augen sind blassblau, die Wimpern dunkel. Sie ist eine Schneewittchenschönheit und genau das Gegenteil von Sasha, die ziemlich viele Sommersprossen hat. Anne trägt einen dunkelblauen Hosenanzug und einen teuer aussehenden Seidenschal. Sasha kann keinen Schal tragen, nach einer halben Stunde nimmt sie ihn immer ab und stopft ihn in die Handtasche.

Es folgt langes Schweigen, und dann sagt Anne: »Vielleicht sollten wir eine Flasche Wein bestellen.«

»Ich glaube nicht, dass sie hier Flaschen verkaufen.«

»Dann eben zwei Gläser Wein«, meint Anne.

Sie schauen rüber zum Barkeeper, aber der sitzt hinter dem Tresen, vermeidet jeden Blickkontakt und denkt gar nicht dran, aufzustehen. Das macht er wohl nur zu besonderen Anlässen oder für zwei Frauen Mitte zwanzig.

»Ich nehme Rotwein«, sagt Anne, als wäre Sasha die Kellnerin. Sasha bekommt plötzlich Mitgefühl mit Carson. Ist so ihr gemeinsames Leben gewesen?

Aber es hat wohl keinen Sinn, das jetzt auszudiskutieren, also geht sie zum Tresen und bestellt zwei Gläser vom roten Hauswein beim Barkeeper, der wieder zum Leben erwacht und sagt: »Sehr gern, meine Hübsche!«, und Sasha wünscht sich wirklich, sie wären irgendwo anders hingegangen, egal wohin.

Als sie mit dem Wein an den Tisch zurückkommt, sagt Anne: »Ich habe gehört, Sie waren Empfangsdame, und jetzt sind Sie

Autorin.« So, wie sie das sagt, klingt es wie: »Ich habe gehört, Sie waren Junkie, und jetzt sind Sie Prostituierte.«

Sasha hat plötzlich den boshaften Drang, Anne zu erzählen, wie sehr Carson sie beim Schreiben unterstützt, dass er sich, wenn sie ihr Tagespensum noch nicht geschafft hat, einfach ins Wohnzimmer setzt und ihre Modezeitschriften liest oder mit Monique *Unsolved Mysteries* anschaut, selbst an Abenden, wenn sie nur ein oder zwei Stunden Zeit füreinander haben.

Vielleicht hat Anne ihren Fehltritt bemerkt, denn jetzt sagt sie, schon etwas freundlicher: »Ich habe gehört, Sie schreiben Kinderbücher.«

Darf man hier Carsons Namen nicht aussprechen? Warum sagt Anne immer *Ich habe gehört*, als hätten Sasha und sie einen großen gemeinsamen Freundeskreis?

»Eigentlich sind es Jugendbücher«, sagt Sasha, »eher was für Teenager.« Vielleicht hat Anne gedacht, Sasha würde Kinderbücher illustrieren, und sich ein großes, freundliches Mädchen vorgestellt, das sich wie Pippi Langstrumpf kleidet.

Dann nimmt das Gespräch eine erstaunliche Wendung. Während sie dieses Glas Wein und ein nächstes (das wieder Sasha holen muss) leeren, reden sie über die Verlagsbranche, das Romanschreiben und darüber, ob man heut überhaupt noch Lyrik braucht. Sasha, die ihren Wein in großen, hastigen Schlucken trinkt, fragt sich, ob sie Anne von der Verlagsparty erzählen soll, bei der sie einem berühmten Dichter ziemlich angetrunken erklärt hat, was ein unreiner Reim ist. (Eine wirklich lustige Geschichte, aber nicht jeder scheint das so zu sehen.)

Und genau an diesem Punkt beugt sich Anne ein wenig vor und sagt: »Ihnen ist schon klar, dass Carson nicht bei Ihnen bleiben wird?«

Sasha blinzelt. Um ein Haar hätte sie vergessen, wer Anne ist.

Anne lächelt bitter. »Er ist mösengeil, das ist alles.«

Die Schriftstellerin in Sasha nimmt diese Äußerung auseinander – *mösengeil*. Das Wort ist so eklig, aber gleichzeitig so treffend, dass sie es fast bewundern muss. Vielleicht kann sie es eines Tages in einem Buch verwenden. Aber jeder andere Teil von Sasha windet sich. *Mösengeil* steht in wütender schwarzer Schreibschrift vor ihrem inneren Auge. Glaubt Anne wirklich, dass das auf Carson und sie zutrifft?

»Sie denken, Sie können sich alles nehmen, was Sie wollen, egal ob es Ihnen gehört oder nicht«, sagt Anne, und jetzt zittert ihre Stimme. »Sie haben eine Familie zerstört. Und Sie haben nicht einen Funken Moral.«

In diesem Augenblick werden Sasha zwei Dinge klar. Erstens: Moral ist nie etwas gewesen, was ihr wichtig war. Erfolgreiche Schriftstellerin, treue Freundin, hübsches Mädchen – das waren ihre Ziele gewesen, *moralischer Mensch* hatte es nicht auf diese Liste geschafft – erstaunlich eigentlich. Zweitens (und das hätte ihr wohl schon vor einer Weile auffallen sollen): Sie muss nicht hier sitzen und sich das anhören. Sie kann einfach gehen.

Und das tut sie. Sie schiebt ihren Stuhl zurück und verlässt die Bar. Kümmert es sie, dass Anne die Rechnung begleichen muss? Nein. Stört es sie, dass Anne womöglich vom gruseligsten Barkeeper der Welt belästigt wird? Nicht im Geringsten. Verschwendet sie auch nur einen Gedanken darauf, dass Anne so unvernünftig sein könnte, von der Bar Richtung Columbus Avenue statt zum Broadway zu laufen, und dort umgelegt wird für das bisschen Kleingeld in ihrem Portemonnaie und den edlen Schal? Nein, keinen einzigen. Eigentlich fühlt sich Sasha gerade, als könnte sie selbst ungehindert zur Columbus spazieren. Schließlich hat sie nicht einen Funken Moral. Da werden die Gangster und Mörder sie ja wohl als eine der ihren erkennen und sie in Ruhe lassen.

In ihrer Verwirrung geht Sasha fast zwanzig Blocks zu Fuß, bevor sie an ihr Handy denkt. Sie kramt in ihrer Tasche und holt es erleichtert raus (nicht auszudenken, wenn sie es in der Bar vergessen hätte!). Vielleicht sollte sie Carson anrufen, aber mit ihm will sie jetzt nicht sprechen. Also ruft sie Monique auf der Arbeit an.

»Ich – bin's«, meldet sie sich, und ihre Stimme bricht zwischen den beiden Worten so abrupt ab, dass es wie eine schlimm zerkratzte Platte klingt.

»Oh mein Gott!«, ruft Monique. »Wie war's? Geht's dir gut? Hält sie eine Waffe auf dich gerichtet? Wenn ich die Polizei rufen soll, dann bring im nächsten Satz das Wort *Leopard* unter.«

Sasha lehnt sich an eine Hauswand. Sie fühlt sich, als wäre die Welt gerade wieder ins Lot gerückt. »Du musst nicht die Polizei rufen«, sagt sie. »Und selbst wenn ich das wollte, wie soll ich denn unauffällig das Wort *Leopard* unterbringen?«

»Hm, keine Ahnung«, sagt Monique. »Es musste einfach ein Wort sein, das du nicht zufällig sagst, wie *Straße* oder *Bagel*. Außerdem *hast* du gerade *Leopard* gesagt.«

»Ja, aber du musst nicht die Polizei rufen«, antwortet Sasha. »Nur mich treffen, irgendwo.«

»Okay, klar, Moment«, denkt Monique offenbar laut. »Ich sage einfach, dass ich von zu Hause aus weiterarbeite – ist eh kaum jemand da. Bist du auf dem Broadway? Ich laufe Richtung Norden.«

Sasha *ist* auf dem Broadway, also geht sie Richtung Süden. Sie will nicht über Anne nachdenken und konzentriert sich deshalb auf Monique und das Codewort *Leopard*. Sie müssen ein todsicheres finden. Monique hat recht, es muss etwas sein, das man nicht zufällig sowieso sagt. Was wohl ihre zehn am häufigsten benutzten Wörter sind? *Straße, Bagel, Bar, Typ, Buch, schlafen, schreiben, Miete, duschen, Bier* sind sicher dabei. Also ist *Leopard* wahrscheinlich gar nicht so schlecht, oder vielleicht *Zygote* oder *Plankton*. Sasha und Monique haben außerdem einen Notfallplan, falls eine von ihnen von der Polizei gesucht wird und fliehen muss. Sie werden sich immer am ersten Montag im Monat im Au Bon Pain am Times Square treffen, um Geld, Nachrichten, oder was sonst nötig ist, zu überbringen. Diesen Plan haben sie an einem langen und sehr schönen Abend ausgeheckt. Sasha ist überzeugt, dass den meisten Leuten nicht klar ist, dass sie das wirklich füreinander tun würden, und zwar bis in alle Ewigkeit, gar keine Frage.

Sasha blickt auf und sieht Monique an der nächsten Kreuzung und bekommt diesen Kick, den man immer kriegt, wenn man in New York Bekannte auf der Straße trifft, so wie wenn man auf dem Flohmarkt in einer Kiste mit Taschenbüchern kramt und einen Roman findet, den man liebt. Und diesmal ist die Freude noch größer, denn Sasha trifft nicht nur eine zufällige Bekanntschaft. Monique kommt mit besorgtem Blick direkt auf sie zu – ihre Mitbewohnerin, die extra früher aus der Arbeit gegangen ist und notfalls auch die Polizei gerufen hätte.

Sie braucht sich keine Gedanken mehr zu machen. Monique ist eindeutig auf Sashas Seite, ganz klar.

Ein interessantes Detail: Gegenüber Monique erwähnt Sasha das Wort *mösengeil* nicht, es Carson zu verschweigen käme ihr aber nicht in den Sinn. Das ist eins dieser Dinge, die Monique sich merkt, auch wenn sie vielleicht nie mehr davon spricht. Carson dagegen scheint alles in Bezug auf Sasha zu ignorieren, was nicht in sein Bild von ihr passt. Sie könnte ihm alles erzählen.

Sie sitzt im Nachthemd in Carsons Zimmer im Club vor der Klimaanlage und trinkt aus einer sehr kleinen Flasche Whiskey von der Minibar, während Carson ihre Füße massiert. Sie war Indisch essen mit Monique und hat noch ein paar Gläser Rotwein mehr geleert.

»Zuerst hat sie gesagt, ich sei jünger, als sie gedacht hat, aber nicht so hübsch«, sagt Sasha, ziemlich laut, wegen der Klimaanlage.

Carson lacht. »Schwer zu sagen, ob das ein Kompliment oder eine Beleidigung ist, schließlich kennst du ihre Parameter ja nicht.«

Aber Sasha will jetzt keine mathematische Diskussion führen. Sie erzählt ihm den Rest, und als sie zum Wort *mösengeil* kommt, findet sie es gar nicht mehr so schlimm, doch Carson drückt ihren Fuß fest, fast schmerzhaft. Sie schaut ihm ins Gesicht, und sein Ausdruck ist so hart und eisig, wie sie es noch nie gesehen hat. Plötzlich wird ihr etwas klar: Carson hatte zwar von Anfang an gesagt, dass seine Frau ihn nicht versteht (Sie glauben gar nicht, wie verächtlich Monique bei diesem Satz geguckt hat), aber es stimmt tatsächlich. Anne versteht ihn nicht, oder nicht gut genug, um zu wissen, dass ihre Worte ihn wütend machen. Aber Sasha hat es gewusst, wie ihr jetzt klar wird. Und deswegen hat sie es ihm erzählt.

Sasha schüttelt ganz leicht ihren Fuß, damit er ihn loslässt, was er auch tut. Dann greift er nach seinem Getränk.

»Monique meint, Anne hatte einen Plan«, sagt sie. »Und dieser Plan war anscheinend, mir zu sagen, was für ein schlechter Mensch ich bin.«

Carson lächelt. Seine Gedanken zu dem, was Anne gesagt hat, behält er anscheinend lieber für sich. »Es gefällt mir, dass du mir nicht nur erzählst, was geschehen ist, sondern auch gleich, was Monique davon hält.«

Interessanterweise sieht Monique das ganz anders – sie will nie wissen, was Carson über irgendetwas denkt. Und Sasha fragt sich, ob Carson vielleicht ein netterer Mensch ist als Monique. Monique würde das sicher bestreiten, denn jemand, der seine Frau betrügt, ist per definitionem kein netter Mensch. Wie wohl die Reihenfolge ausfallen würde, wenn man sie alle vier – Sasha, Monique, Anne und Carson – einordnen wollte von »am nettesten« bis zu »am wenigsten nett«? Vom vielen Alkohol muss Sasha plötzlich fast schmerzhaft gähnen und merkt, dass sie zu müde ist, um sich darüber den Kopf zu zerbrechen. Sie steht vom Sessel auf und kriecht ins Bett.

»Wo habt ihr euch eigentlich getroffen?«, fragt Carson, während er sich auszieht.

»In so einer Bar an der Amsterdam Avenue«, sagt Sasha, schon wieder gähnend. »Wenn sie einen Namen hat, weiß ich ihn nicht mehr.«

»Ich hab heute eine schöne Wohnung gesehen«, sagt Carson.

»Am Freitag habe ich einen Termin, um sie mir noch mal anzuschauen. Kommst du mit?«

Sasha nickt, aber in Gedanken ist sie woanders. Sie denkt an all die Bars und Restaurants am Broadway zwischen der 106. und 36. Straße und dass Monique und sie sich in fast jeder schon mal getroffen haben (vielleicht war das der Grund, warum sie nie Geld hatten?), und ihr wird klar, dass Anne irgendeinen dieser Orte hätte aussuchen können. Dann müsste sich Sasha jetzt jedes Mal schlecht fühlen, wenn sie daran vorbeigeht, und das würde jede andere, schöne Erinnerung auslöschen. Aber stattdessen hat Anne eine Bar gewählt, in der Sasha noch nie gewesen war, wo niemand sie kannte, die sie nicht einmal mochte. Sasha muss da nie wieder hin.

Sasha hätte das Treffen mit dem Makler am Freitag einfach verschlafen, wenn Monique nicht angerufen und sie geweckt hätte, um ihr zu erzählen, dass sie gerade mit der Zweigstelle ihres Büros in Brooklyn telefoniert habe. Sasha und Monique waren zusammen mit Moniques Kollegen zwei Wochen vorher in der Upper West Side ausgegangen und dann noch Pizza essen gewesen, und die ganze Zweigstelle hatte danach eine ernsthafte Lebensmittelvergiftung gehabt, zwei von ihnen mussten sogar ins Krankenhaus.

»Aber das kann nicht von der Pizza kommen«, sagt Sasha. »Die haben wir doch alle gegessen, und wir zwei sind nicht krank geworden.«

»Genau! Anscheinend sind wir immun, weil wir da so oft essen.«

»Soll ich mich jetzt freuen oder mir Sorgen machen?«

»Dich freuen«, sagt Monique entschieden. »Wir sind eine neue Superspezies!«

Danach kann Sasha unmöglich wieder einschlafen, also zieht sie sich an und macht sich auf den Weg zu Carson und dem Makler. Sie kommt fünfzehn Minuten zu spät, was für sie ja nur fünf Minuten sind, aber die Maklerin ist schon sichtlich angespannt, anders als Carson.

»Hallo«, sagt Sasha, als sie auf den Eingang zugeht, wo die beiden auf sie warten.

»Sie müssen Sasha sein«, sagt die Maklerin. Sie ist Mitte dreißig, hat eine braune Igelfrisur, und Sasha kann an ihrem Gesicht ablesen, dass sie jemand anders erwartet hat, vielleicht jemanden, der seriöser wirkt. Wird ihr Leben an Carsons Seite von nun an so aussehen, dass die Menschen etwas von ihr erwarten, was sie gar nicht ist?

Die Wohnung liegt im dritten Stock eines Gebäudes an der East 67th Street, genau gegenüber von einer Eisdiele mit dem Namen Peppermint Park. Das sind beides Minuspunkte, denn Sasha hat schon immer das Gefühl gehabt, nicht in die Upper East Side zu passen, und außerdem: Wie viel würde sie wohl zunehmen mit einer Eisdiele auf der anderen Straßenseite?

Carson, sie und die Maklerin gehen nach oben und schauen sich die Wohnung an. Sasha stellt fest, dass das einzig Schlechte daran der Umstand ist, dass nichts Schlechtes daran zu finden gibt. Monique und sie haben vor langer Zeit beschlossen, dass man nicht wirklich in New York lebt, wenn die eigene Wohnung nicht mindestens einen richtig krassen Makel hat, wie die Wohnung, bei der die Dusche in der Küche war, oder die andere in dem Gebäude, das die *New York Times* das *House of Horrors* getauft hat, weil so viele Menschen darin

36

Selbstmord begangen hatten. In ihrer jetzigen Wohnung konnte man von der Eingangstür bis zur Küchentür eine Murmel hinabrollen lassen.

Die Maklerin sagt: »Ich weiß, dass Carson diese Wohnung besonders gefallen hat, weil es einen Raum für Sie zum Schreiben gibt. Es ist zwar nur ein winziges Boudoir, aber ich denke, es könnte Ihnen gefallen.

Die Maklerin führt sie zu einem wahnsinnig sonnigen kleinen Raum mit einem perfekten quadratischen Fenster und gerade genügend Platz für einen Schreibtisch und eine Schriftstellerin. Momentan hat Sasha keinen Schreibtisch, sondern arbeitet am Küchentisch, wenn sie Moniques Frühstücksreste weggeräumt hat; und der einzige Ausblick ist der durch den Lüftungsschacht direkt in die Küche der Nachbarn. Aber das hat Sasha nie gestört. Wenn sie erst mal zehn Minuten geschrieben hat, weiß sie ohnehin nicht mehr, wo sie ist.

Sie geht hinüber zum Fenster des kleinen Boudoirs und wünscht sich, die Maklerin hätte nicht dieses Wort verwendet, denn jetzt kann sie wahrscheinlich nie mehr anders daran denken.

Carson tritt hinter sie und legt seinen Arm um sie. »Gefällt es dir?«

»Ich liebe es«, sagt Sasha. Aber eigentlich denkt sie, dass Monique es lieben würde. Es würde ihr sehr gefallen, dass Carson eine Wohnung mit einem Schreibzimmer für Sasha ausgesucht hat. Endlich hat er etwas getan, das Monique gutheißen würde, und dieser Gedanke versetzt Sasha einen Stich, scharf wie ein Glassplitter.

Carson legt sein Kinn auf ihren Kopf, und Sasha lehnt sich an ihn. Auf der anderen Straßenseite kommt ein Mann mit vier Kindern aus der Eisdiele. Der Mann hat vier Eiswaffeln in der Hand und ein paar Servietten, während die Kinder um ihn herumhüpfen wie Tauben um einen Picknicker.

»Sie sehen glücklich aus, nicht wahr?«, fragt Carson.

»Ja«, sagt Sasha leise und fragt sich gleichzeitig, wie jemand anders sich für glücklich halten kann in diesem Moment, in dem nur sie allein die Bedeutung von Glück kennt. Denn sie hält es genau jetzt in der Hand.

Wie man den falschen Eindruck vermittelt

Du nennst Boris nie deinen Mitbewohner, obwohl er eigentlich genau das ist. Ihr teilt euch eine Wohnung und seid einfach zusammengezogen, wie Freunde eben für ein Unijahr zusammenziehen, nichts Romantisches oder so. Wahrscheinlich wäre Boris schockiert, wenn er wüsste, was du für ihn empfindest. Psychologie ist dein Hauptfach, und du weißt, dass das nicht gesund ist, aber wenn du über ihn sprichst, nennst du ihn Boris oder, noch besser, *der Typ, mit dem ich zusammenlebe*. Er ist zwar nur dein Mitbewohner, aber das muss ja nicht jeder wissen.

Du kaufst Umzugskarten mit einem Bild von einem Bären vorne drauf, der einen Koffer schleppt. Du schickst sie an deine Freunde und deine Eltern. Nach einigem Zögern schreibst du hinten über die neue Adresse »Boris und Gwen«. Schließlich wohnt er ja da.

Boris will sich ein Bett kaufen, und du begleitest ihn. Für dich ist das ein Riesending, fast so, als wärt ihr verlobt. Du probierst mit ihm Ausstellungsbetten in Möbelhäusern aus. Gegen Ende des Tages wirst du müde und bleibst immer länger auf den Betten liegen.

Boris liegt neben dir und erzählt dir, dass seine Schwester mal in eine Ausstellungstoilette gepinkelt hat, als sie drei war. Du siehst ihn von der Seite an. Er sieht auch müde aus, obwohl das Weiße seiner Augen immer noch hell ist – du hast immer gedacht, nur blauäugige Menschen hätten solche Augen; aber seine Augen sind braun.

Ein Verkäufer nähert sich, sieht euch und lächelt. Er klopft mit den Knöcheln auf den Rand des Betts: »Na, was denkt ihr?«, fragt er.

Boris dreht sich zu dir. Du fragst den Verkäufer nach dem Zinssatz, den Transportkosten und wie teuer der Aufbau ist. Vor dem Verkäufer sagst du nie *Na ja, ist ja dein Bett, Boris.*

Als deine Eltern zufällig in der Stadt sind, laden sie dich und Boris zum Abendessen ein, und du nimmst an. Was riskant ist – alles hängt davon ab, ob du deinen Eltern gegenüber mehr angedeutet hast, als auf der Umzugskarte stand. Du denkst lange darüber nach und fühlst dich relativ sicher, trotzdem hoffst du inständig, dass dein Vater Boris nicht fragt, welche Absichten er verfolgt.

Boris, die Liebe deines Lebens, geht dreimal zur Salattheke und steckt sich nicht, wie so oft zu Hause, schwarze Oliven auf jeden Finger. Auf dem Weg nach draußen hält er deine Hand. Ihr seid das Musterbeispiel einer jungen Liebe. Vielleicht schafft Boris es sogar in den jährlichen Weihnachtsbrief der Familie.

Ständig hast du irgendwelche Freunde. Wenn möglich solche, die größer sind als Boris, aber die sind gar nicht so leicht zu finden. Wenn sie dich abholen und ihr zu zweit im Aufzug steht, rollen sie manchmal unruhig mit den Schultern und sagen: »Gwen, Boris zersticht mir wahrscheinlich noch die Reifen oder so, er ist so eifersüchtig.«

Schnauben. »Ach, komm schon«, sagst du. Später fragst du in eine Gesprächspause hinein: »Warum glaubst du, dass Boris eifersüchtig auf dich ist?« Einer von ihnen sagt, weil Boris sechshundert Entschuldigungen gefunden hat, um immer wieder ins Wohnzimmer zu kommen, während ihr dort Wein getrunken habt. Ein anderer meint, es liegt an der Art, wie Boris ihm die Hand geschüttelt hat. Das ist interessant. Da warst du noch in deinem Zimmer.

Jede dieser Antworten speicherst du ab und gehst sie später im Kopf noch mal durch.

Du ermutigst Boris immer wieder, mit Dahlia Kosinski auszugehen.

Wenn er von seiner Ethik-Arbeitsgruppe zurückkommt und sagt: »Mein Gott, Dahlia hat heute so unglaublich süß ausgesehen«, sagst du nicht, *Ich hab gehört, dass sie fast aus dem Ethik-Kurs rausgeflogen wäre, weil sie mit dem Professor geschlafen hat.* Sondern: »Frag sie doch, ob sie mit dir ausgeht.«

»Neeeee«, sagt Boris und zeichnet mit dem Bleistift Kreise auf den Küchentisch.

»Doch, klar«, sagst du. »Ruf sie einfach an.« Du rufst sogar selbst bei der Auskunft an und fragst nach Dahlias Nummer. »Soll ich für dich wählen?«

Boris schüttelt den Kopf. »Los, wir holen uns was zu essen«, sagt er. Er legt seinen Arm um dich und tanzt mit dir vom Telefon weg. Wahrscheinlich ist Dahlia Kosinski zu groß, und Boris könnte nie sein Kinn so auf ihren Kopf legen, denkst du.

Nach dem Anruf bei der Auskunft hast du Dahlias Nummer nicht auf den Schreibblock neben dem Telefon geschrieben, weil du nicht wolltest, dass Boris die Nummer sieht, wenn du nicht da bist, und es sich dann anders überlegt. Das ganze Theater geht dir auf die Nerven, aber so musst du dir keine Sorgen machen – er wird sie nicht nach einem Date fragen, und es ist immer besser, Gewissheit zu haben, als rumrätseln zu müssen.

Im Taubenlabor taufst du deine Taube Boris, weil die anderen beiden Frauen, mit denen du dort arbeitest, ihre Tauben nach ihren Ehemännern benennen. Und wenn die beiden anderen sich über ihre Männer lustig machen, machst du dich über Boris lustig. Das ist tatsächlich gar nicht besonders schwer.

Du erzählst ihnen, dass im Kofferraum seines Wagens immer eine Leuchtpistole liegt. Und fragst sie, wie oft sein Auto wohl mitten in der Mojave-Wüste oder auf dem Meer eine Panne haben wird.

Du erzählst ihnen, dass er auf Notizbücher steht. Er hat eins im Handschuhfach seines Autos und schreibt jedes Mal auf, wenn er tankt. Du sagst: »Hinter uns können vierhundert Autos hupend an der Tankstelle warten, aber Boris muss unbedingt notieren, wie viel Liter er getankt hat, was er bezahlt hat und so.«

Sie finden das so lustig, dass du ihnen erzählst, dass er ein zweites Notizbuch hat, in dem er alles festhält, was er ausgibt. »Wenn er einer Kellnerin zwei Dollar Trinkgeld gibt, rennt er heim und notiert es. Eigentlich erstaunlich, dass er nicht auch noch die Nummern der Geldscheine dazuschreibt.«

Weil dieser letzte Teil gar nicht von Boris handelt, sondern von deinem Vater, fürchtest du, dass du eine pathologische Lügnerin wirst.

Wenn Linette da ist, seine beste Freundin aus dem Grundstudium, verbirgst du deine Eifersucht. Sie ist auf dem Weg zu einem Basketballspiel – sie spielt für irgendein College in Kalifornien – und verbringt einen Tag bei euch in der Wohnung.

Sie ist so groß und schlank, wie du befürchtet hast, und nicht so grobschlächtig und bullig, wie du gehofft hast. Du hattest dir vorgestellt, wie sie durch die Wohnung springt, dich hochhebt und Boris mit den Worten zuwirft: *Hey, Bo, ich schätze, so was kleines Niedliches wie die hier könnten wir locker in den Korb werfen.*

Tatsächlich gehen Boris und Linette dann zusammen raus, um Basketball zu spielen, und als sie zurückkommen, setzt ihr drei euch auf die Couch und trinkt Bier. Linette legt ihre Hand auf Boris' Schenkel, der leicht verschwitzt ist, hoffentlich nur vom Basketball. Du widerstehst dem Drang, deine Hand auf seinen anderen Schenkel zu legen, und stellst dir vor, wie ihr, Linette und du, Körperteile von Boris für euch beansprucht, wie ihr eure Hände auf seine Beine klatscht, auf seine Arme, seine Brust. Nur weil du weißt, wie sehr ihm das gefallen würde, lässt du es bleiben.

Stattdessen trinkst du dein Bier in einem langen Zug leer, schließlich kannst du mit jeder Basketballerin mithalten, stehst auf und sagst: »Hat mich gefreut, Linette, aber ich muss los, ich habe noch ein Date.« Jetzt hast du keine Freunde mehr, nur noch Dates.

»Ja«, sagst du noch mal, »ich muss mich fertig machen.« Das

sagst du nur, damit Linette glaubt, dass du zu Hause immer so aussiehst und jetzt ins Bad gehst, um dich noch hübscher zu machen. Sie muss ja nicht wissen, dass du jetzt schon jede Menge Make-up trägst und da eigentlich nicht mehr viel rauszuholen ist.

Du tust so, als würdest du ihn nicht küssen wollen. An Halloween ruft er von einer Bar aus an, weil er zu betrunken zum Fahren ist, während du zu Hause hockst und lernst. Du holst ihn ab, in Jogginghose und mit Brille. Die Brille trägst du eigentlich nur, wenn du weißt, dass ihr euch nicht seht.

Er singt auf dem Heimweg und zieht dich am Zopf. Warum er bloß so gut gelaunt ist? Ob Dahlia Kosinski auch in der Bar war?

In der Küche trinkt er deinen Orangensaft direkt aus der Tüte. Du sagst: »Stell ihn zurück.«

Boris antwortet: »Zu spät«, und dreht die Tüte demonstrativ um. Drei Tropfen orangefarbenes Wasser fallen auf den Boden.

»Verdammt«, sagst du und wirfst den Schwamm auf den Boden – ein deutliches Zeichen dafür, wie gereizt du bist, denn der Boden war eh schon so klebrig, dass du die Socken ausziehen musstest.

»Tut mir leid, Gwen«, sagt Boris, »ich kaufe morgen neuen, versprochen.«

»Vergiss es«, sagst du und bewegst den Schwamm mit einem Zeh hin und her.

»Wenn du mir verzeihst, küss ich dich«, sagt Boris.

Jetzt musst du nicht mal so tun, als ob du ihn nicht küssen willst, denn – mal ganz ehrlich – das war schon ziemlich widerlich.

»Lass mich bloß in Ruhe«, sagst du und verschränkst die Arme vor der Brust. Boris beugt sich vor und küsst dich auf die Augenbraue. Auf keinen Fall bewegen, aber ja nicht die Augen schließen.

Er berührt deine Lippen mit der Zunge. Jetzt musst du dir auch noch so was Abartiges gefallen lassen. Wahrscheinlich sieht er dabei aus wie ein menschgewordener Moskito. Zählt das überhaupt als Kuss? Eine sehr gute Frage, und du wirst gar nicht so wenig Zeit damit verbringen, darüber nachzudenken.

Boris schneidet sich beim Rasieren, und im Waschbecken bleiben große Blutstropfen zurück. Du näherst dich vorsichtig – sieht aus, als wäre ein kleines Tier geschlachtet worden.

Du gehst deine Möglichkeiten durch: Du könntest schweigend, aber dramatisch auf das Waschbecken zeigen, wenn Boris nach Hause kommt. Du könntest ihm eine amüsierte, aber strenge Nachricht hinlegen: »Lieber Boris, ich will gar nicht wissen, was da passiert ist …« Oder du tust gar nichts und gehst davon aus, dass er es irgendwann wegmacht. Wahrscheinlich die beste Lösung. Aber was, wenn er denkt, *du* wärst das gewesen? Was, wenn er denkt, du rasierst dir die Beine über dem Waschbecken? Am besten, du putzt es weg und sagst nichts dazu.

Und das tust du, indem du ein Küchentuch mit einem Löffel im Waschbecken herumschiebst.

An Thanksgiving nimmst du Boris mit zu deinen Eltern. Alles läuft glatt, bis zu dem Moment, als der Truthahn zerteilt ist und deine Großmutter Boris ansieht und sagt: »Das Einzige, was ich nicht toleriere, ist dieses Zusammenwohnen, und das sage ich laut und deutlich, damit alle jungen Leute es hören können.«

Boris blickt verwundert von seiner Truthahnkeule auf, wie ein Wolfsjunges. Auf seiner Wange ist ein Fettfleck.

Als ihr später zum Bahnhof geht, sagt er: »Was hat deine Großmutter eigentlich damit gemeint?«

Du sagst: »Keine Ahnung, aber so, wie sie ›alle jungen Leute‹ gesagt hat, klang es, als ob da eine ganze Gruppe von jungen Leuten herumsitzt und Bier trinkt.«

Aber Boris lässt sich nicht ablenken. »Der Punkt ist doch«, sagte er, »dass wir gar nicht auf *die Art* zusammenwohnen.«

Du willst nicht zusammenzucken. Aber du zitterst und nimmst Boris' Hand – euer Zeichen, dass er entweder langsamer gehen oder dich mitziehen muss. Er steckt eure Hände in seine Jackentasche. Aus dem Augenwinkel schaust du zu ihm hoch. In der kalten Luft bildet sein Atem perfekte weiße Wölkchen, die gut zum Schaffellfutter seiner Jacke passen. Und du denkst, wie glücklich du wärst, wenn Boris dich in diesem Augenblick nur halb so schön fände wie du ihn.

So geht ihr ein paar Minuten. Dann sagt er, dass deine Hand schwitzt und einen See in seiner Tasche hinterlässt, und reicht dir seine Handschuhe.

Ihr geht jetzt fast jeden Abend gegen Mitternacht raus, um Frozen Yoghurt zu kaufen. Ihr seid immer die Letzten in der Eisdiele, und der Typ, der dort arbeitet, ist schon am Aufräumen. Heute sagt Boris: »Gwen, du hast Karamell im Mundwinkel«, und wischt es ziemlich grob mit der Daumenkuppe weg. Fühlst du dich vielleicht zu wohl mit ihm, um wirklich verliebt zu sein? Aber dann leckt er das Karamell von seinem Daumen und lächelt dich an. Seine Haare sind noch vom Wind verstrubbelt. Er ist die Liebe deines Lebens, gar keine Frage.

Zu Weihnachten kaufst du Boris einen Schlüsselanhänger. Du hast dir schon immer vorgestellt, dass du das einmal deinem Freund schenken wirst: einen Schlüsselanhänger mit einem Schlüssel zu deiner Wohnung. Nur dass es mit Boris nicht ganz das Gleiche ist, weil er nicht dein Freund ist und schon einen Schlüssel für deine Wohnung hat, er wohnt ja da. Okay, es ist überhaupt nicht das Gleiche, außer dass du ihm eben einen Schlüsselanhänger schenkst.

Aber dem Typen beim Juwelier kannst du ja erzählen, was du willst. Also los, sag schon: »Der ist für meinen Freund. Meinen Sie, er wird ihm gefallen?«

Du bekommst von Boris ein Poster mit den vier Hauptnahrungsgruppen und findest es lustig, darüber nachzudenken, ob es irgendein Geschenk gibt, das noch weniger romantisch sein könnte. Du findest es lustig, dir zu überlegen, ob man daraus eine gute Anekdote für die Mädels im Taubenlabor stricken könnte.

Wenn dich die Leute fragen, was du von Boris bekommen hast, grinst du schief und deutest an, dass ihr beide zu pleite wart, um euch was zu schenken.

Die Mädels im Taubenlabor geben eine Valentinstagsparty und laden Boris mit ein. Wahrscheinlich solltest du ihm die Einladung nicht zeigen, denn da stehen eure beiden Namen drauf, und er könnte sich fragen, warum ihr als Paar eingeladen seid. Sag einfach: »Hey, ich bin zu einer Party eingeladen. Lust, mitzukommen?«

»Klar«, sagt Boris, und das Beste daran ist, dass du so ganz genau weißt, dass er nicht mit jemand anders verabredet ist, und du nicht mal nachfragen musstest.

Du hast keinen Freund und mittlerweile auch keine Dates mehr. Boris sagst du, das liegt daran, dass du so viel arbeiten musst, und du machst eine Riesensache daraus, wenn du samstags dein Lehrbuch über die weibliche Psyche zum Sofa schleppst, dich hinlegst, die Knie anziehst und das Buch auf deinem Schoß platzierst, obwohl es schwer auf deinen Oberschenkeln lastet und du nie darin liest.

Stattdessen quatschst du mit Boris, der in ähnlicher Position auf der anderen Seite des Sofas liegt, wobei seine Füße deine berühren. Manchmal liegt er mit dem Kopf auf deinem Schoß und schläft ein. Du stehst nie auf und lässt ihn allein; du bleibst so, berührst sein Haar, zappst dich durch die Kanäle, guckst Mitternachtsrodeo.

Eines Nachts wacht Boris beim Kälberfangen auf. »Oh mein Gott«, sagt er, während er zusieht, wie einem Kalb alle vier Beine auseinanderrutschen und sein schwerer Kopf hin und her wackelt. »Das bricht mir das Herz.«

Die Sache mit Dahlia Kosinski erinnert dich an ein Buch, das du als Kind gelesen hast. *Good News, Bad News.*

Die gute Nachricht ist, dass die Leute vom Ethik-Kurs eine Party geben und Boris dich mitnimmt. Die schlechte Nachricht ist, dass Dahlia Kosinski da ist und auf eine sorglose, nachlässige Art hübsch ist, wie du es nie sein wirst: wirres schwarzes Haar, zu viel schwarzer Lidstrich, ein Kleid im Leopardenlook mit einem Fleck an der Schulter. Du weißt, dass ihre Strumpfhose irgendwo eine große Laufmasche hat und ihr das völlig egal ist. Die gute Nachricht ist, dass Dahlia schon von dir gehört hat. »Hallo«, sagt sie, »bist du Gwen?« Die schlechte Nachricht ist, dass sie einen Witz macht über ein Buch, das sie mal gelesen hat, mit dem Titel *Gwendolyn, das Zauberhuhn*, und Boris darüber lacht. Die gute Nachricht ist, dass Dahlia anscheinend einen festen Freund hat. Die schlechte Nachricht ist, dass sie im Bad anfangen zu streiten, sie also vielleicht gar nicht so verliebt sind. Die noch schlechtere Nachricht ist, dass Boris auf dem Nachhauseweg im Auto sagt: »Ich glaube nicht, dass Dahlia ihren Freund jemals verlassen wird. Jeder, mit dem ich bisher geredet habe, meint, dass es sehr eng ist« – was bedeutet, dass er Erkundigungen über Dahlias Liebesleben eingezogen hat. Wie kann auf eine schlechte Nachricht eine noch schlechtere folgen? Passiert das in Büchern auch? Schlechte Nachricht: Du wirst aus einem Flugzeug gestoßen. Schlechtere Nachricht: Du hast keinen Fallschirm.

Boris erzählt dir, dass er eines Nachts allein in der Eisdiele war und der Typ hinter der Theke ihn angraben wollte und gefragt hat, ob du Boris' Freundin bist.

Du fragst: »Und was hast du gesagt?«

»Was hatte ich denn für eine Wahl?« Boris sagt das in einem Ton, der dich wie eine Traube zerquetscht.

Linette kommt wieder vorbei. Diesmal bleibt sie über Nacht und verschwindet mit einem Sixpack in Boris' Zimmer. Du hörst die beiden lachen. Egal, was du vorhattest – ruf jemanden an und geh aus.

Als du am nächsten Morgen in der Küche bist, kommt Boris

raus. Du fragst ihn, wie's ihm geht. »Müde«, sagt er. »Linette hat mich die ganze Nacht damit wach gehalten, ob sie auf die Uni gehen soll oder nicht.«

Du fragst dich, ob er die Wahrheit sagt, und fragst: »Und?«

»Bloß nicht«, antwortet Boris. »Bei dem Spatzenhirn.«

»Oh«, sagst du laut, um dein klopfendes Herz zu übertönen.

Eines Abends putzt du das Badezimmer, als Boris schon im Bett ist. Du trägst ein T-Shirt und Boxershorts von ihm, die du aus einem Sack geklaut hast, den er zur Heilsarmee bringen wollte. Die Boxershorts trägst du wahnsinnig gern, aber nur wenn er schon im Bett ist, und du schläfst nie darin. Schließlich hast du auch deinen Stolz.

Du putzt sehr sorgfältig, wischst die Türen ganz oben und den Duschvorhang von innen; du schraubst sogar den Abfluss auf und ziehst einen Haarball heraus, so groß wie ein Miniterrier. Er ist so riesig, dass du dir ernsthaft überlegst, ob du ein Foto davon machen sollst, mit deinem grinsenden Gesicht daneben, zum Größenvergleich, aber schließlich wirfst du ihn doch einfach weg.

Du stehst auf dem Rand der Wanne, balancierst einen Eimer mit heißem Seifenwasser auf der Hüfte und putzt gerade die Stange für den Duschvorhang, als Boris reinkommt und sagt: »Oh, hallo, Frau Saubermann.«

Du grinst. Er gähnt. »Brauchst du Hilfe?«, fragt er.

Du reichst ihm den Eimer, während du dich umdrehst, nach oben greifst und mit dem Schwamm die Stange entlangfährst.

»Ich wäre nie darauf gekommen, dass man die auch putzen muss«, sagt Boris. »Kaum zu glauben, dass es schon eins ist.

Fühlt sich fast an, als wären wir verheiratet und das ist unsere erste gemeinsame Wohnung, oder so was.«

Da ist ein Frosch in deinem Hals. Bis zu diesem Augenblick hast du nie darüber nachgedacht, dass das Boris' und deine erste Wohnung ist, und wenn der Mietvertrag ausläuft, gibt es vielleicht keine zweite Wohnung, und dann siehst du ihn nicht mehr täglich.

»Hey«, sagt Boris, »du hast ja meine Boxershorts an.« Er stellt den Wassereimer ins Waschbecken und dreht den Hüftgummi nach außen, damit er das Etikett lesen kann. »Das sind meine!«, ruft er erfreut.

Du erstarrst. Räusperst dich. »Ja, na ja …«, sagst du.

Selbst wenn du auf dem Rand der Wanne stehst, bist du nur ein paar Zentimeter größer als Boris. Er legt einen Arm um deine Hüfte. Er streicht dir das Haar über die Schulter und zeichnet mit dem Finger für einen langen Augenblick ein V auf deinen Rücken, als wärst du ein Mannequin und er ein Mode-designer, der eine neue Kreation entwirft.

Dann spürst du, wie er über dem T-Shirt deinen Nacken küsst. Du erinnerst dich an Halloween und willst sagen: *Boris, sind das deine Lippen?*, aber du tust es nicht. Du tust gar nichts. Du hast dich immer noch nicht bewegt, deine Arme sind über deinem Kopf, deine Hände an der Stange.

»Du bist so lustig, Gwen«, flüstert Boris an deiner Haut.

»Wirklich?«, sagst du. Ein Tropfen Seifenwasser fällt auf dein Augenlid, weich wie Watte, warm wie Wachs. »Ich?«

Single, glücklich, entspannt

Auf den Punkt gebracht: Mayas Hund war sterbenskrank, und Maya war kurz davor, sich nach fünf Jahren von ihrem Freund zu trennen.

Unterm Strich fand sie das mit dem Hund schlimmer.

»Mein Gott, das ist schrecklich«, sagte Rhodes, Mayas Freund. »Ich weiß nicht, ob ich das aushalte. Können wir denn gar nichts tun?«

Er sprach von dem sterbenden Hund. Dass Maya ihn verlassen wollte, wusste er noch nicht. Vermutlich hätte er darauf aber genauso reagiert. Und Maya hätte antworten müssen: »Nein, wir können gar nichts tun. Es ist wie in diesem Lied: *It's not your fault, but you just can't be here, now that my heart is gone.*«

Gestern früh hatte Mayas Hund Bailey, ein gelber Labrador, sein Frühstück nicht gefressen. Das war absolut untypisch für Bailey (Maya konnte sich tatsächlich nicht erinnern, dass es überhaupt schon mal vorgekommen wäre), weshalb Maya und

Rhodes sofort alarmiert waren. Maya machte Bailey ein Rührei, während Rhodes den Hund untersuchte und einen Knoten, so groß wie eine Murmel, an seiner Schnauze fand.

Maya spürte einen glühenden Stich der Eifersucht, weil Rhodes den Knoten vor ihr entdeckt hatte. Bailey war *ihr* Hund, sie hatte ihn, seit sie achtzehn war, also doppelt so lange, wie sie mit Rhodes zusammen war. Sie selbst hätte nach dem Knoten suchen müssen, statt ein Rührei zu machen. Ein bisschen tröstete es sie aber, dass Bailey das Rührei tatsächlich fraß; und dann brachte sie Bailey in die Tierklinik.

Der Tierarzt hatte eine Biopsie gemacht und eben angerufen, um Maya mitzuteilen, dass Bailey einen äußerst aggressiven Krebs hatte und ihr bloß noch sechs bis acht Wochen blieben.

Nachdem Maya aufgelegt hatte, rief sie direkt Rhodes an. Denn die Sache war die: Auch wenn ihr Herz sich verabschiedet hatte − manchmal kam es ja doch wieder zurück. Dann spürte sie es so schwer in ihrer Brust aufschlagen, dass ihr ganzer Brustkorb bebte. Und dann musste sie Rhodes unbedingt sehen, ihre Arme um seinen schmalen Körper legen und ihm einen Kuss geben, obwohl er zu groß war, um ihn bequem küssen zu können. Sie musste sein Gesicht berühren, ihm die Haare aus den Augen streichen und seine Stimme hören, auch wenn er gerade mit jemand anderem sprach und irgendwas unglaublich Langweiliges über Computer sagte, wie: »NFS schaltet sich immer wieder ab und sperrt mir das ganze System.«

Es gab Zeiten, da half nichts außer Rhodes.

An diesem Abend aßen Maya und Rhodes bei seinen Eltern, am anderen Ende der Stadt. Das machten sie ungefähr einmal die Woche, und Maya war froh darüber, dass sie nicht ihr Wochenende opfern mussten, sondern nur einen Abend unter der Woche. Rhodes' Familie war sehr zugänglich und entspannt, und meistens war es nett mit ihnen. Anders als mit ihrer eigenen Familie, die am anderen Ende des Landes lebte. Als sie letzte Weihnachten dort gewesen waren, hatte Rhodes ihre Mutter in den Arm genommen, die Maya daraufhin gefragt hatte, ob er betrunken sei (was er – kaum zu glauben – tatsächlich war, aber darum ging es ja gar nicht).

Doch heute eilte Rhodes' Mutter Hazelene auf Maya zu und drückte sie so fest an sich, dass Maya sich fragte, ob es in der Viertelstunde, die sie und Rhodes unterwegs gewesen waren, einen Terroranschlag oder eine Naturkatastrophe gegeben hatte.

»Meine Liebe«, sagte Hazelene, »du musst völlig am Ende sein. Rhodes hat mich weinend angerufen, gleich nachdem ihr das mit Bailey erfahren habt.«

»Ach so«, sagte Maya. »Ja, es ist wirklich schrecklich.«

Es irritierte sie, dass Rhodes gleich seine Mutter angerufen hatte, weinend sogar. Sie überlegte, ob sie das auch tun würde, wenn es andersrum wäre. Rhodes hatte kein Haustier, dafür aber eine doofe 16-jährige Schwester namens Magellan (alle in der Familie hatten völlig bescheuerte Namen – es gab noch einen Bruder, der Pegasus hieß). Würde Maya weinend ihre Mutter anrufen, wenn Magellan noch sechs Wochen zu leben hätte? Ehrlich gesagt, war sie sich da ganz und gar nicht sicher. Aber immerhin lebte Bailey bei ihnen (anders als Magellan, zum Glück), und Bailey liebte Rhodes mit einer Hingabe, die bei einem Menschen an Schwachsinnigkeit grenzen würde. Während Magellan, mal abgesehen von einer kurzen Schwärmerei vor etwa zwei Jahren, als sie Mayas Fingernägel dunkelblau angemalt hatte, Maya nicht besonders zu mögen schien.

Was sich später wieder zeigte, als Rhodes' Vater Desmond während des Abendessens fragte: »Kann mir mal jemand erklären, wer dieser Pharrell Williams ist und warum der immer so komische Hüte trägt?« Maya warf Magellan einen verschwörerischen, mitfühlenden Blick zu, aber Magellan sagte nur: »Warum starrst du mich so an? Willst du, dass ich dir die Butter gebe?«

Was soll man mit so jemandem anfangen? Maya war Einzelkind. Sie hatte sich immer ein enges Verhältnis zur Schwester ihres Freundes gewünscht, wie zu einer eigenen Schwester. Und genau in diesem Augenblick beim Abendessen wurde ihr klar, dass das immer noch passieren konnte. Nicht mit Magellan (versteht sich), aber mit der Schwester eines anderen Freundes – dem Mann nach Rhodes. Dieser Gedanke erfüllte Maya mit einem so überschäumenden, prickelnden Gefühl, dass sie sich nur ungläubig am Tisch umsehen konnte, weil niemand diese Veränderung bemerkte, weil niemandem auffiel, dass sie schon mit einem Bein aus der Tür war.

Maya arbeitete zwei Tage die Woche als Bibliothekarin an der Uni und drei Tage von zu Hause aus als Webdesignerin, hauptsächlich für Schulen und Bibliotheken. Der Leiter der Bibliothek hieß Gildas-Joseph, er hatte einen leichten französischen Akzent, und an seinen Schläfen zeigten sich erste silbergraue Strähnen. Maya fand ihn wahnsinnig attraktiv, wusste aber auch, dass sie, wenn sie je etwas mit ihm anfangen sollte, sehr bald einen Makel an ihm finden würde. Zum Beispiel seine Frau und die Kinder.

Maya teilte Gildas-Joseph mit, dass sie heute aus persönlichen Gründen früher gehen müsse, aber nicht, dass diese Gründe darin bestanden, Bailey zum Arzt zu bringen.

Gildas-Joseph sah sie nur mit seinen dunklen Augen an und sagte: »Aber natürlich, Maya.« Und sie konnte wieder nur denken, wie sexy er war.

Sie fuhr mit Bailey zur Klinik, diesmal zu einem anderen Arzt. Dr. Drummond war groß, hatte einen kurzen, fast militärischen Haarschnitt und sehr helle blaue Augen. Auch ihn fand Maya sehr attraktiv. Ein weiterer Grund, warum sie das Gefühl hatte, sie sollte Rhodes verlassen: Ständig fand sie alle möglichen Männer attraktiv.

Dr. Drummond saß auf dem Boden, tätschelte Bailey und streichelte ihr den Kopf, während Maya sagte: »Sie frisst kaum, und wenn, dann blutet ihr Mund ein bisschen. Und das Ding an ihrer Schnauze kommt mir auch größer vor.«

Dr. Drummond öffnete vorsichtig Baileys Maul und leuchtete hinein. »Der Tumor breitet sich aus«, stellte er fest und fügte nach einer Pause hinzu: »Ich fürchte, ihr bleiben nur noch etwa zwei Wochen.«

Maya hatte nicht damit gerechnet, dass sie weinen würde, aber als sie versuchte, etwas zu sagen, war ihre Stimme ganz belegt. »Zwei Wochen? Das ist alles?«

Dr. Drummond nickte. »Ich kann ihr ein Schmerzmittel spritzen, aber ich würde sie gern in ein paar Tagen noch einmal sehen.«

Maya sagte nichts. Dr. Drummond gab Bailey die Spritze, was sie aufjaulen ließ, zerbrach dann einen Hundekuchen in kleine Stücke und fütterte sie behutsam.

Dann sah er Maya an. »Ich bringe Sie zu Ihrem Auto.«

Maya ging zum Empfang, aber da wurde sie nur durchgewinkt (wenn ein Hund im Sterben lag, musste man offenbar erst später bezahlen), und Dr. Drummond begleitete sie und Bailey zum Wagen. Er half Bailey hinein und stand dann neben Maya.

»Sind Sie sicher, dass Sie fahren können?«, fragte er.

Sie nickte, und er nahm ihre Hand. Hier, mitten auf dem Parkplatz, hielt er einfach ihre Hand.

Innerhalb weniger Tage verwandelte sich Bailey von einer alten, aber gesunden Hündin in ein schwaches, kränkliches Tier, das bei der kleinsten Anstrengung zu keuchen begann. Wenn sie bellen wollte, musste sie husten. Der Tumor an ihrer Wange war jetzt so groß wie ein Golfball und entstellte ihr Gesicht. Sie fraß kein Hundefutter mehr, noch nicht mal Rührei. Das Einzige, was sie jetzt noch zu sich nahm, war rohes Hamburgerfleisch mit Brot und Milch vermischt.

Weil sie keine Milch mehr hatten, gingen Maya und Rhodes abends mit Bailey zum Laden an der Ecke. Selbst dieser kurze Spaziergang brachte Bailey zum Keuchen.

»Ich warte draußen mit ihr«, sagte Maya.

Rhodes ging in den Laden, und Bailey ließ sich auf den Gehsteig sinken. Ein kleiner weißer, fluffiger Hund war am Fahrradständer angebunden, aber Bailey ging nicht rüber, um ihn zu beschnuppern.

Maya kannte den Hund und seine Besitzerin vom Sehen, eine Frau um die fünfzig, die wohl auch gerade im Laden war. Sie wohnten im Viertel, und die beiden machten bei Wind und Wetter Spaziergänge und Besorgungen. Wahrscheinlich war sein Frauchen Single, Maya hatte sie noch nie mit jemand anderem gesehen (und nie ohne den Hund).

Die Hundebesitzerin und Rhodes traten gleichzeitig aus dem Laden, und der kleine weiße Hund hüpfte freudig herum.

Da blickte die Frau den Hund an und sagte: »Ich liebe dich.«

Sie sagte es nicht in dem hohen, aufgeregten Ton, in dem man mit Hunden spricht, sondern so wie eine Frau es zu ihrem Mann oder Liebhaber sagen würde. Maya und Rhodes sahen sich an.

Auf dem Heimweg gingen sie langsam, ganz langsam, wegen Bailey, und Rhodes legte seinen Arm um Maya, die sich an ihn schmiegte.

»Zumindest«, sagte sie, »werde ich jetzt nie so werden.«

Rhodes war nachdenklich. »Ich hätte nichts dagegen, so zu sein«, sagte er.

Das war typisch Rhodes, es würde ihm tatsächlich nichts ausmachen – ihr aber schon. Ergänzten sie einander, oder hatten sie keine gemeinsame Zukunft? Darauf fand Maya einfach keine Antwort.

Rhodes war donnerstagabends nie zu Hause, weil er freitags an den Projektsitzungen seiner Abteilung in Arlington teilnehmen musste (er arbeitete mit Computern und war Assistenzprofessor, viel mehr wusste Maya aber nicht über seine Arbeit). An diesem Donnerstagabend nahm Maya ein Schaumbad und zog danach den blauen Kimono mit den fliegenden schwarzen Möwen über.

Dann setzte sie sich an den Computer, und Bailey rollte sich unter dem Schreibtisch zusammen, sodass Maya ihre nackten Zehen in ihrem Fell vergraben konnte. Maya trank zwei Gläser Rotwein und suchte online nach Liedern über sterbende Hunde, fand aber nur einen einzigen Song, *Old Blue* von Grandpa Jones. Sie lud ihn runter, drückte Repeat und setzte sich mit einem dritten Glas Wein auf die Couch. Bailey legte den Kopf auf ihren Schoß.

Es läutete an der Tür, und Bailey gab das traurige Husten von sich, zu dem ihr Bellen geworden war.

Maya hielt den Kimono vor der Brust zusammen und öffnete, das Weinglas in der Hand, die Tür.

Vor ihr stand Gildas-Joseph, ihr Chef. Er hatte eine schwere Nylontasche dabei.

»Hallo, Maya«, sagte er. »Ich habe das Zelt gekauft, über das wir gesprochen haben.«

Hatten sie über ein Zelt gesprochen? Ja, wahrscheinlich … Rhodes und sie wollten campen gehen.

»Oh, vielen Dank«, sagte sie. Er erwartete offenbar, dass sie ihm das Zelt abnahm, aber dann wäre der Kimono womöglich aufgegangen. Also dirigierte sie ihn nach Gutsherrinnenart mit dem Weinglas hinein: »Können Sie es bitte hier in die Ecke tun?«

Gildas-Joseph legte das Zelt hin und tätschelte Bailey. »Na, wie geht's dem alten Mädchen«, sagte er. »Hmmm? Wie geht es dir?«

Maya zwinkerte eine Träne weg. Plötzlich fühlte sie sich Gildas-Joseph sehr nah. »Möchten Sie ein Glas Wein?«

»Ich kann nicht«, antwortete Gildas-Joseph. »Meine Frau und die Kinder warten im Auto.«

Seine Frau und die Kinder warten im Auto! Plötzlich war ihr, als hätte sie ihm ein unzulässiges oder zumindest unmoralisches Angebot gemacht. Also sagte sie, wieder ganz die Gutsherrin: »Vielen Dank, dass Sie vorbeigekommen sind.« Etwas umständlich stellte sie das Weinglas auf dem Schuhregal ab und schüttelte ihm die Hand.

Er ging, und sie stellte sich vor, wie er zu seiner Frau ins Auto stieg mit den Worten: »Mir erzählt Maya, sie sei zu beschäftigt, um der Libri-Stiftung zu schreiben, und jetzt sitzt sie im Bademantel rum und betrinkt sich!«

Na, wenn schon. Maya war das gerade egal.

Sie trank den Rest der Weinflasche und den Großteil der nächsten und schlief auf dem Sofa ein. Als sie am nächsten Morgen aufwachte, hatte sie einen steifen Hals, ihre Zunge fühlte sich an, als würde Fell darauf wachsen, und vermutlich hatte sie einen leichten Gehirnschaden davongetragen, weil Grandpa Jones die ganze Nacht gesungen hatte. Aber Bailey leckte an ihrer Hand, und Maya stellte zu ihrem Erstaunen fest, dass es ihr ein klein wenig besser ging.

Mittags kam Hazelene mit zwei Currys vom Inder und einem Markknochen vom Metzger vorbei. Maya und sie aßen die beiden Currys, aber Bailey beschnupperte seinen Knochen nur, legte sich dann daneben und schlug mit dem Schwanz ein paarmal auf den Boden.

»Leider hat sie keinen großen Appetit«, sagte Maya entschuldigend. Früher war es für Bailey immer das Größte gewesen, das letzte bisschen Mark aus einem Knochen rauszuholen. Den ganzen Nachmittag hatte sie dann den Knochen mit Schnauze und Zähnen bearbeitet und rumgeschoben, was immer dieses Geräusch gemacht hatte, dieses *tock-tock*, das nur ein Hund mit einem Knochen machen kann.

Aber Hazelene war aus härterem Holz geschnitzt. Sie holte sich einen Teelöffel aus der Küche, legte sich neben Bailey auf den Boden und fütterte sie löffelweise. »Hier, meine Liebe«, murmelte sie ermutigend. »Na, ist das gut? Du liebes altes Mädchen.«

Als Bailey nichts mehr wollte, blieb Hazelene trotzdem bei ihr und streichelte sie sanft. Maya brachte alles in die Küche und warf den Löffel weg, denn auch wenn er in der Spülmaschine gewaschen und sterilisiert war, wollte sie nicht jeden Morgen beim Frühstück überlegen müssen, ob sie ihren Joghurt gerade von einem Löffel aß, den ein Hund mit Maulkrebs im Mund gehabt hatte.

Dann ging ihr auf, dass Hazelene und sicher auch Rhodes genau das Gegenteil denken würden. Sie wären stolz darauf, Joghurt mit Baileys Löffel zu essen, auch ohne Spülmaschine und alles. Bei diesem Gedanken musste sie weinen (sehr leise in ein Geschirrtuch), denn Rhodes, seine Mutter und Bailey – sie alle hatten jemand Besseren verdient.

Dr. Drummond rief an, als Maya unter der Dusche war, und hinterließ eine Nachricht. Er wollte wissen, wie es ihr und Bailey ging. Maya war klar, dass Dr. Drummond nicht bei allen seinen Patienten anrief, um sich nach ihrem Befinden zu erkundigen. Ein Teil von ihr empfand die Nachricht als sehr vielsagend und schmeichelhaft, ein anderer Teil aber war einfach nur ungeduldig. Am liebsten hätte sie ihn zurückgerufen und gesagt: Hören Sie, mein Hund stirbt bald, und meine Beziehung geht vielleicht zu Ende, also wenn Sie was mit mir anfangen wollen, dann erzählen wir uns doch einfach unsere Geschichten und schauen, was passiert.

Maya hatte nämlich die Theorie, dass jeder Mensch eine Geschichte hat, die seine Persönlichkeit ausmacht, sowohl das

Gute wie das Schlechte darin. Sie war der Meinung, dass man einander diese Geschichten gleich zu Beginn einer Beziehung anvertrauen sollte. Wenn der andere etwas mit der eigenen Geschichte anzufangen wusste, lohnte es sich, die Beziehung fortzuführen; erfasste er aber die Reichweite der Geschichte nicht oder bildete sich zu schnell ein Urteil, hatte weiterer Kontakt eigentlich keinen Sinn. In ihrem Kopf nannte sie das die »Prüfsteingeschichten«.

Mayas eigene Geschichte war folgende: Mit zwanzig hatte sie eine Affäre mit einem übergewichtigen Ökonomieprofessor gehabt. Einmal war er beim Sex oben und lag so schwer auf ihr, dass eine von Mayas Rippen angeknackst wurde. Sie rief: »Halt! Stopp! Ich glaube, du hast mir gerade eine Rippe gebrochen!« Er antwortete: »Aber ich bin noch nicht fertig.«

Das war nur eine kleine Anekdote, doch Maya fand sie sehr aufschlussreich. Einmal, bei einem Date, hatte ein Mann versucht, ihr die Geschichte zu *erklären*: »Was er eigentlich meinte, war –«, und Maya hätte um ein Haar gerufen: »Ich weiß, was er gemeint hat! Aber dass er das überhaupt gesagt hat!« (Diesen Typen hat sie natürlich nie wieder getroffen, genauso wenig wie den Professor, zumindest nicht außerhalb der Uni.)

Rhodes hatte Maya seine Prüfsteingeschichte nach sechs Wochen erzählt. Als er noch zur Highschool ging, hatte sein Freund Vince Brandigan bei ihm übernachtet. Am nächsten Morgen, Rhodes war gerade unter der Dusche, kam Hazelene in sein Zimmer, um zu fragen, was die Jungs frühstücken wollten. Sie hatte geklopft, und Vince hatte »Herein!« gerufen. Als sie die Tür aufmachte, lag er masturbierend auf dem Bett – er hatte eindeutig auf sie gewartet. Und obwohl Hazelene danach darauf bestand, dass Vince nicht mehr vorbeikam, war Rhodes mit ihm befreundet geblieben. Das Ganze löste sich erst auf, als Vince dem Footballteam beitrat und sie nicht mehr viel gemeinsam hatten. (Ein faszinierendes Detail dieser Geschichte war, dass Vince nicht nur Rhodes' Freund, sondern auch sein Nachbar war und seine Eltern immer noch bloß vier Blocks entfernt wohnten. Wahrscheinlich besuchte Vince auch heute seine Eltern gelegentlich, aber leider hatte Maya ihn noch nie gesehen, obwohl sie Rhodes in den Ferienzeiten stets bat, extra langsam am Haus der Brandigans vorbeizufahren.)

Diese Geschichte sagte doch einfach alles über Rhodes, nicht wahr? Warum Maya ihn verlassen wollte und warum sie für immer mit ihm zusammen sein wollte. Außerdem verriet sie auch einiges über Hazelene und machte es Maya absolut unmöglich, bei ihrem Anblick an irgendetwas anderes zu denken.

Maya hatte diesen wiederkehrenden Albtraum von einer Hochzeit mit Rhodes, der sie nachts panisch japsend aufschrecken ließ. Nichts konnte sie dann beruhigen, außer Rhodes zu wecken, was ihm glücklicherweise nichts ausmachte. Er meinte, er brauche nicht viel Schlaf und sei gern mitten in der Nacht wach.

Also rüttelte sie an Rhodes' Schulter und sagte: »Ich hatte einen schlimmen Traum.«

»Schon wieder?«, fragte Rhodes verschlafen. Er wollte nie wissen, was in ihren schlechten Träumen passierte, und ihr war das nur recht.

Auch diesmal kam Rhodes schnell in die Gänge, machte Tee für sie beide, und dann guckten sie *Jeopardy!* im Bett. Irgendwann erwähnte der Moderator, dass die drei erfolgreichsten Berufsgruppen in der Show Anwälte, Lehrer und Bibliothekare seien.

»Hey, vielleicht mach ich da ja mal mit!«, rief Maya.

»Du?«, johlte Rhodes. »Ich sehe dich schon vor mir. ›Ich nehme Lockenstab für 400 und Pilzinfektion für 1000‹.«

Maya lachte, stellte den Fernseher stumm, und dann diskutierten sie über mögliche *Jeopardy!*-Themen für Maya, darunter Räucherkerzen, Stephen King und wahre Kriminalfälle und als Spezialkategorie berühmte Wissenschaftlerinnen (Letzteres war etwas überraschend, aber sie hatte mal eine Website für eine Ausstellung zum Thema »Frauen in der Wissenschaft« gestaltet).

Maya hatte sich beruhigt, und sie schliefen miteinander. Danach schlüpfte Maya wieder unter die Decke, Rhodes dagegen setzte sich an seinen Laptop. Sie war glücklich, entspannt und fühlte sich geborgen, was angesichts ihres Traums reichlich seltsam war. Aber Maya hatte tatsächlich noch nie längerfristig das Gefühl gehabt, dass ihre Beziehung mit Rhodes irgendeinen Sinn ergab.

Maya brachte Bailey wieder zu Dr. Drummond, denn mittlerweile fraß Bailey gar nichts mehr außer einem Brei aus Brot und Milch, und der Tumor an ihrer Schnauze war jetzt fast so groß wie eine Grapefruit. Manchmal meinte Maya fast, sie könne ihn wachsen sehen.

Dr. Drummond setzte sich wieder zu Bailey auf den Boden, öffnete ihr Maul und leuchtete hinein. Bailey wehrte sich, also setzte sich Maya auch auf den Boden, um sie zu beruhigen.

Dr. Drummond untersuchte Baileys Mund ziemlich lange.

Dann knipste er das Licht aus und sah Maya an. »Der Tumor blockiert mittlerweile ihre Kehle«, sagte er. »Sie hat Mühe beim Schlucken und wird bald Atemprobleme kriegen.«

Mayas Griff um Baileys Halsband wurde fester.

»Ich glaube, morgen oder übermorgen wird es so weit sein«, fügte Dr. Drummond hinzu.

»Morgen oder übermorgen?«, rief Maya schrill. »Aber Sie hatten doch zwei Wochen gesagt! Und davor hieß es sechs Wochen!«

»Ich weiß«, sagte Dr. Drummond ruhig. Ihre Vorwürfe schienen an ihm abzuprallen. »Der Tumor ist aggressiver, als wir dachten.«

»Achtundvierzig Stunden, aber …«, setzte Maya an. Das war so kurz. Am liebsten hätte sie mit ihm verhandelt.

»Denken Sie darüber nach«, sagte Dr. Drummond sanft. Er legte seine Hand zwischen ihre Schulterblätter und ließ sie dort. »Morgen oder übermorgen. Dann kommt das Wochenende, und bis Montag wird sie es nicht schaffen. Sie wollen doch nicht, dass sie leidet. Ich kann zu Ihnen nach Hause kommen, wenn Sie glauben, dass Bailey das lieber ist.«

Maya nickte, weil sie nicht wusste, ob sie sprechen konnte.

Dr. Drummond gab Bailey noch eine Schmerzspritze und einen sehr weichen Hundekuchen. Maya solle ihn anrufen, wenn sie sich entschieden habe. Er bot ihr an, sie wieder zum Auto zu begleiten, aber sie schüttelte nur den Kopf.

Sie ging raus zum Wagen und half Bailey auf den Beifahrersitz. Dann stieg sie ein, startete aber nicht gleich den Motor. Ihr ging durch den Kopf, dass sie eines Tages – vermutlich sehr bald – single, glücklich, entspannt und hundelos wäre und sich mit Professoren, Tierärzten und allen möglichen anderen Männern verabreden könnte, auf die sie gerade Lust hatte. Sie wünschte sich, dieser Gedanke würde sie glücklich machen. Sie wünschte sich, irgendetwas anderes zu spüren als den reinen, schwersten, dunkelsten Schmerz.

An diesem Abend kamen Rhodes' Eltern und Magellan vorbei, mit einer selbstgemachte Lasagne, Salat und einer Flasche Wein. »Ich dachte, dir ist sicher nicht nach Kochen«, erklärte Hazelene.

Maya schaute auf das Essen und in ihre erwartungsvollen Gesichter und sagte: »Bleibt doch ein bisschen.«

Rhodes kam in die Küche, blieb stehen, kratzte sich unter dem T-Shirt den Bauch und fragte: »Ruiniert ihr so nicht eure ganze Hilfsbereitschaft, wenn ihr uns was zu essen bringt und dann dableibt, um mitzuessen?« Rhodes sagte ständig so krass negative Dinge zu seinen Eltern, aber entweder kapierten sie es nicht, oder sie hatten sich daran gewöhnt.

Also versammelten sich alle fünf um den Tisch und aßen Lasagne. Hazelene aß mit der rechten Hand und streichelte mit der linken Baileys Kopf. »Bailey, Bailey«, murmelte sie. Dann sah sie Maya an: »Ich glaube, ich hab dich nie gefragt, warum sie Bailey heißt.«

»Weil Baileys Irish Cream damals mein Lieblingsgetränk war«, sagte Maya und setzte hinzu: »Ich war ja erst achtzehn.«

Gemeint hatte sie: Ich war ja erst achtzehn und hatte noch einen grauenhaften Geschmack, was Alkohol angeht, aber es klang eher wie: Ich war ja erst achtzehn, heute trinke ich viel härteres Zeug.

»Oh, ich liebe Baileys«, sagte Hazelene. »In der Weihnachtszeit gieße ich immer welchen in einen Dekanter und stelle ihn mit den hübschen kleinen Likörgläschen auf ein Tablett im Flur. Und jedes Mal, wenn ich daran vorbeigehe, genehmige ich mir ein Gläschen.«

»Jedes Mal, wenn du daran vorbeigehst?«, rief Magellan. »Dann bist du ja mittags schon stockbesoffen.«

»Hör mal«, sagte Rhodes' Vater. »Wie redest du denn mit deiner Mutter?«

(Ah, es gab also noch Hoffnung für Magellan!, dachte Maya, um sich dann der Frage zuzuwenden, wie oft sie wohl schon in Anwesenheit von Rhodes' Vater geflucht hatte.)

An Hazelene schien das alles abzugleiten. Immer noch streichelte sie Baileys Kopf. »Sie ist zehn«, stellte sie fest. »Das bedeutet achtzig in Hundejahren, oder? Und sie war fast immer gesund. Ich wünschte, mir würde es genauso gehen – gesund bis zum Schluss, und viel älter als achtzig will ich sowieso nicht werden.«

»Wenn du willst, können wir einen Termin mit dem Tierarzt machen«, sagte Rhodes. »Wir sagen ihm einfach, er soll am 17. September in vierundzwanzig Jahren bei dir vorbeikommen und dich einschläfern. Und falls du dich wehrst, soll er einfach nicht drauf achten.«

Hazelene sah Maya nur an und schüttelte den Kopf. Maya musste grinsen. Und plötzlich begriff sie, dass sie mit Hazelene genau das Verhältnis hatte, das sie sich immer mit Magellan gewünscht hatte. Hazelene und sie waren befreundet, richtige Freundinnen. Wieder einmal dachte Maya, dass die Menschen nicht dafür gemacht waren, ständig umzuziehen, und die Welt bestimmt viel schöner wäre, wenn alle ihr Leben lang am selben Ort wohnen blieben. Würde sie Hazelene doch aus einem anderen Kontext kennen, aus der Arbeit, dem Fitnessstudio oder der Nachbarschaft ... dann könnte Rhodes' Mutter immer noch an ihrer Seite sein, auch wenn Rhodes es nicht mehr war.

Am nächsten Tag rief Maya von der Bibliothek aus bei der Tierklinik an und vereinbarte für den folgenden Morgen einen Termin mit Dr. Drummond.

Dann rief sie Rhodes an, um ihm Bescheid zu geben. »Aber morgen ist Freitag, und ich habe Projektsitzung.«

»Ich weiß«, sagte Maya. »Aber uns bleibt keine Zeit mehr. Bald kriegt sie Atembeschwerden.«

»Ich möchte nicht, dass du das ohne mich durchstehen musst«, sagte Rhodes. »Und ich will auch nicht, dass Bailey das ohne mich durchstehen muss.«

Plötzlich konnte Maya kaum mehr atmen. Bailey würde Rhodes sicher bei sich haben wollen. Aber jetzt war es zu spät.

»Schon in Ordnung«, sagte sie schließlich. »Für mich wäre es schwerer, wenn du dabei wärst. So muss ich für Bailey tapfer sein.«

Sie wollte mit Bailey alleine sein, wenn es zu Ende ging, so wie am Anfang, damit sie später, falls nötig, so tun konnte, als wäre Rhodes nur ein kurzes Signal auf dem Radar gewesen.

Nachdem sie aufgelegt hatte, ging sie durch den Flur zum Büro von Gildas-Joseph und sagte ihm, dass sie den nächsten Tag freinehmen wolle, weil ihr Hund eingeschläfert werden müsse.

Gildas-Josephs Gesicht verdüsterte sich vor Sorge. Er bat Maya in sein Büro und bot ihr ein Glas Pastis an, den Maya trank – nicht weil sie Pastis so gern mochte oder ihn gebraucht hätte, sondern weil es ihr gefiel, hinter verschlossener Tür in Gildas-Josephs Büro zu sein.

Und da wurde ihr klar, dass sie ihren sterbenden Hund dazu benutzte, Dates mit zwei verschiedenen Männern zu kriegen. Jetzt gab es keinen Zweifel mehr: Sie war ein durch und durch schlechter Mensch.

Am nächsten Morgen fraß Bailey gar nichts mehr, auch nicht als Maya versuchte, sie mit einem Löffel zu füttern.

Dr. Drummond sollte erst um zehn Uhr kommen, und Maya wollte, dass diese letzte Stunde mit Bailey besonders war und denkwürdig, aber sie konnten einander nur anstarren. Was Maya klarmachte, dass ihre Interaktion hauptsächlich darin bestand, dass Maya mit Bailey spazieren ging und Bailey versuchte, ihr Futter zu entlocken. Doch nun war Bailey zu krank für beides.

Also setzte sich Maya auf den Boden, und Bailey legte sich neben sie. Maya sah sich eine Kochsendung an und streichelte Baileys helles Fell, bis ihre Finger fast taub waren.

Um zehn vor zehn erschien Dr. Drummond. Er hatte Jeans an, seinen weißen Kittel und ein blaues Hemd, das gut zu seinen Augen passte. Bailey war ganz aufgeregt, drehte sich unbeholfen im Kreis und leckte an seiner Hand, weil sie bei Dr. Drummond an den Hundekuchen dachte, den sie das letzte Mal zum Abschied bekommen hatte. Und Maya fragte sich unwillkürlich, ob es illoyal war, am letzten Tag von Baileys Leben darüber nachzudenken, ob die Gute vielleicht ein bisschen dämlich war, weil sie sich zwar an den Hundekuchen, aber nicht an die Spritze erinnerte.

»Kommen Sie rein«, begrüßte sie Dr. Drummond. »Wir

schauen gerade fern.« Einen Augenblick zu spät fiel ihr auf, dass das ziemlich bescheuert klang. »Ich meine, *ich* habe ferngesehen. Bailey lag nur da.«

Aber Dr. Drummond hatte sich bereits gebückt, um Bailey zu streicheln, blickte auf und lächelte Maya sanft an. »Ich weiß schon.«

Wahrscheinlich hat er bei seinen Hausbesuchen alle möglichen Mensch-Hund-Beziehungen erlebt, dachte Maya. »Also«, sagte sie. »Was passiert jetzt?«

»Wir legen Bailey einfach irgendwohin, wo sie sich wohlfühlt«, sagte Dr. Drummond.

»Bailey, komm her«, rief Maya und ging wieder zu der Stelle, an der sie zusammen auf dem Boden gesessen hatten. Aber Bailey entschied sich genau in diesem Moment zum Ungehorsam und lief stattdessen zur Hintertür. »Sie will nach draußen«, meinte Maya.

»Schon in Ordnung.« Dr. Drummond lächelte.

Also ging Bailey raus und spazierte langsam über den Hinterhof, während Maya und Dr. Drummond eine eher angestrengte Diskussion darüber führten, was für ein schlechtes Buch *Sakrileg* doch war, und Maya sich fragte, ob sie diesen Termin später als ihr erstes Date würde betrachten müssen.

»Hat Bailey eine Decke oder ein Handtuch, wo sie sich drauflegen kann?«, fragte Dr. Drummond.

Maya holte ein altes Badetuch aus dem Wäscheschrank und breitete es auf dem Teppich aus. Währenddessen kam Bailey wieder zur Tür, und Dr. Drummond ließ sie rein. Maya setzte sich auf das Handtuch, und Bailey legte sich neben sie. Dr. Drummond öffnete seine Tasche und nahm eine Spritze raus.

»Das wird sie müde machen«, sagte er, ging auf die Knie und gab Bailey die Spritze.

»Alles gut«, beruhigte Maya Bailey, obwohl es ihr nicht viel auszumachen schien. Bailey leckte sich über die Stelle und legte dann ihren Kopf auf Mayas Schoß. Die Injektion wirkte erstaunlich schnell, keine Minute später schnarchte Bailey schon.

»Jetzt warten wir zehn Minuten, um ganz sicher zu sein, dass sie schläft«, sagte Dr. Drummond und sah auf seine Uhr.

Während sie warteten, sprachen sie nicht, Baileys Schnarchen war das einzige Geräusch im Raum. Maya konnte später nicht mehr sagen, ob diese zehn Minuten sehr langsam oder sehr schnell vergangen waren. Sie wusste nur, dass irgendetwas mit der Zeit passiert war, sie hatte sich verändert, war weicher geworden.

Dr. Drummond nahm eine weitere Spritze aus seiner Tasche. »Die hier bringt ihr Herz zum Stillstand.« Er sah Maya entschuldigend an. »Es könnte sein, dass sie aufwacht oder kurz in Panik gerät.«

Maya nickte.

Dr. Drummond setzte die Spritze in Baileys Bein, und Maya streichelte ganz sanft Baileys Kopf, immer und immer wieder. Aber Bailey wachte nicht auf. Sie atmete tief ein und nicht mehr aus.

Dr. Drummond hörte mit dem Stethoskop Baileys Herz ab, und dann öffnete er ihr Augenlid und drückte mit dem Finger gegen den Augapfel. Er nickte. »Selbst beim Sterben ist sie ein braves Mädchen«, murmelte er leise.

Falls Maya, die ein auditiver Mensch war, erwartet hatte, fernes Glockenläuten oder das Entweichen von Baileys Seele zu hören, wurde sie jetzt enttäuscht. Sie hörte nur das Tropfen des

Wasserhahns in der Küche, das leise Pochen der Spülmaschine und die Geräusche der Menschen draußen auf der Straße, die ihr Leben weiterlebten.

Dr. Drummond wickelte Baileys Körper in das Handtuch, trug sie zu seinem Wagen und legte sie vorsichtig in den Kofferraum. Er würde sie ins Krematorium fahren und Maya dann die Asche bringen.

Sie stand neben seinem Wagen und sah zu, wie er die Tür schloss.

»Alles in Ordnung?«, fragte er.

Sie nickte.

Dr. Drummond legte einen Arm um sie und hielt sie einen Moment lang fest. Er roch ganz leicht nach Desinfektionsmittel und ein bisschen nach Hund. Wieder war Maya klar, dass er wohl kaum alle seine Klienten umarmte und dies eigentlich ein bedeutender Moment war, aber sie fühlte sich wie betäubt. Umarmte sie wirklich gerade den Tierarzt? Lag Baileys Körper wirklich im Kofferraum dieses Autos? Schien die Sonne wirklich so hell?

Nachdem Dr. Drummond gefahren war, ging Maya hinein und schrieb Rhodes eine SMS: »Es ist vorbei. Bitte ruf nicht an, wenn ich deine Stimme höre, fange ich an zu weinen.« Beim Abschicken merkte sie, dass sie ihm denselben Text schicken könnte, wenn sie mit ihm Schluss machen würde, dazu passte er auch. Es schien so einfach, ihn zu verlassen, wenn er nicht da war, aber in seiner Gegenwart fast unmöglich.

Sie räumte die Spülmaschine aus und machte die Waschmaschine an. Dann brachte sie den Müll raus und schrieb einen Einkaufszettel. Das konnte sie. Sie konnte das. Sie legte Baileys

Trinknapf und ihre Leine in einen Schuhkarton und stellte ihn in das oberste Schrankfach.

Dann machte sie sich eine Tasse Kaffee und setzte sich an den Schreibtisch. Sie streifte die Schuhe ab und streckte automatisch die Füße aus, um sie in Baileys Fell zu vergraben.

Einen Augenblick später zog Maya die Beine hoch, legte den Kopf auf die Knie und fing an zu heulen. Sie weinte, weil Bailey nie mehr wieder unter ihrem Tisch liegen würde, während sie arbeitete. Bailey würde sie nie mehr beschützen, wenn Rhodes donnerstagabends weg war. Bailey würde nie mehr einen gequälten Seufzer ausstoßen, wenn Maya wieder mal zu lange brauchte, um ihre Jacke anzuziehen. Maya weinte wegen all dieser Dinge. Aber hauptsächlich weinte sie, weil ihre Welt durch Bailey schöner geworden war. Und jetzt war Bailey nicht mehr da.

Sie nahm gerade ein Schaumbad, als Rhodes nach Hause kam. Ein Dutzend Duftkerzen brannten im Bad, und ein Glas Rotwein stand am Boden neben der Wanne.

Sie hörte, wie unten die Tür auf- und wieder zuging, wie Rhodes herumlief, seine Post aufmachte, sich etwas zu trinken holte. Er rief nach ihr, aber sie antwortete nicht.

Nach einer Weile kam er ins Bad.

»Hey«, sagte er.

»Hey«, antwortete Maya leise.

Er setzte sich auf den Rand der Wanne, griff unter dem Wasser nach ihrer Hand und hielt sie. Dass sein Ärmel dabei nass wurde, schien ihm nichts auszumachen, wie es ihm ja auch nichts ausgemacht hätte, vom Hundelöffel zu essen.

Rhodes fuhr sich mit der freien Hand durchs Haar. »Das

Haus war so leer, als ich ankam«, sagte er. Dann seufzte er. »Die Welt ist heute ein ganzes Stück düsterer geworden.«

Das war dem, was Maya vorhin gedacht hatte, so ähnlich, dass sie ihn nur ansehen konnte. Sie setzte sich etwas in der Wanne auf, drückte seine Hand fester und meinte zu sehen, wie alle Kerzen plötzlich aufflackerten und einen Moment lang heller schienen.

Und da wusste Maya, dass sie Rhodes nicht verlassen konnte. Baileys Tod hatte das verhindert, so wie eine Reifenpanne oder ein kaputter Wecker verhindern, dass jemand in ein Flugzeug steigt, das dann abstürzt.

Manchmal gab es zu viel zu verlieren. Das wusste Maya jetzt.

Blue Heron Bridge

Das Schlimmste an der Affäre, dachte Nina, war die Tatsache, dass sie so ungeduldig mit den Kindern war. Damit hatte sie nicht gerechnet. Auf große Schuldgefühle, den Stress des permanenten Betrügens, das Entlieben von ihrem Mann oder den grässlichen Tag der Abrechnung – darauf war sie vorbereitet gewesen, aber das alles war bislang nicht passiert. Nur die Ungeduld.

Und es waren tolle Kinder, zwei kleine Mädchen, Jane und Chloe, acht und sechs. Süße, schlaue, lebhafte, gesunde Mädchen. In der Schwangerschaft hatte Nina sich geschworen, dass sie, wenn sie solche Kinder bekäme, sich nie mehr etwas anderes wünschen würde. Jetzt hatte sie solche Kinder, und plötzlich machten sie sie wahnsinnig.

Ihr Mann, Hamish, machte sie auch wahnsinnig, genau wie ihre Freunde, Nachbarn und Arbeitskollegen. Neben David war Francesca, ihre 16-jährige Stieftochter, der einzige Mensch, der ihr nicht auf die Nerven ging, und das war blanke Ironie, denn

Nina hatte es oft schwer gehabt mit Francesca, wenn sie aus England anreiste, um den Sommer bei ihnen zu verbringen. Aber nicht in diesem Jahr. Diesmal war Francesca unglaublich umgänglich, und das lag daran, dass Francesca und sie momentan emotional im gleichen Alter waren.

Es war einfach grässlich, das Gefühlsleben eines Teenies zu haben und den Körper einer vierzigjährigen Frau. Es war entwürdigend. Es war deprimierend. Es war erniedrigend. Sie fühlte sich durch und durch lebendig, bis in die Zehenspitzen.

Dass es die Affäre gab, war nicht Ninas Schuld, zumindest beschloss sie das irgendwann. Sie war vielmehr das Ergebnis einer zufälligen Abfolge von Ereignissen. Hamish und sie waren nach Riviera Beach gezogen, weil es ein besserer Schulbezirk war. Allerdings war das Labor, in dem sie drei Tage die Woche als medizinisch-technische Assistentin arbeitete, jetzt 16 Kilometer weit weg, also zu weit, um mit dem Rad zu fahren. Vorher hatten sie nur zwölf Kilometer entfernt gewohnt, 24 Kilometer Radfahren in der Hitze Floridas schaffte sie noch gerade so – aber nicht 32. Also musste sie sich eine neue sportliche Betätigung suchen.

Sie entschied sich für Joggen und kaufte neue Laufschuhe, zwei Paar Lycra-Hosen und zwei T-Shirts, eins in Schwarz, eins in Beige, und zwei stark stützende Sport-BHs. (Später wurde ihr klar, dass das Kleiderkaufen mit Abstand der beste Teil am Laufen war, und sie wünschte, sie hätte sich mehr Zeit dafür genommen.)

Nach dem Essen an diesem ersten Abend Mitte Juni hatte sie die Mädchen bei Hamish gelassen, die neuen Sachen angezogen und war rausgegangen.

»Hallo, Nina!«, rief ihre Nachbarin Bunny Pringle von der Veranda.

Bunny Pringle war eine äußerst gesellige und etwas übergewichtige Blondine in Ninas Alter, mit einem Beamten verheiratet und hatte Kinder im Alter von Ninas Töchtern. Sie schien eigentlich immer mit einem Eistee auf der Veranda zu sitzen und sprach Nina jedes Mal an, wenn sie nach Hause kam oder das Haus verließ. Ständig lud sie Nina zu reinen Frauenpartys ein, die irgendein Motto hatten, wie Filzen, Schmuck selber machen oder Indisch kochen. Nina ging nie hin. Sie fand, das Interessanteste an Bunny Pringle war, dass alle sie nur unter ihrem vollen Namen kannten. Wie Darth Vader.

»Hallo«, grüßte Nina zurück.

»Gehst du laufen?«, fragte Bunny Pringle. »Echt bewundernswert. Kennst du David? Er wohnt hier um die Ecke und ist Personal Trainer. Letztes Jahr ist er beim Miami-Marathon mitgelaufen.«

»Ich fange ja gerade erst an«, sagte Nina.

Sie lief den Block runter und war noch nicht sehr weit gekommen, als sie merkte, dass ihre Beine, die vom jahrelangen Radfahren ziemlich gut trainiert waren, wahrscheinlich den ganzen Miami-Marathon durchgehalten hätten; ob ihre Lunge es allerdings bis zum Laden an der Ecke schaffen würde – daran hatte sie ernsthafte Zweifel.

Eigentlich wollte sie fünf Kilometer laufen, aber nach einem Kilometer kehrte sie schon wieder um. Am liebsten wäre sie einfach nur gegangen, aber Bunny Pringle würde sie beobachten und wahrscheinlich auch noch ein paar andere Leute. (So waren die Nachbarn hier.)

Also joggte sie zurück, winkte Bunny Pringle zu, machte

die Tür auf, stolperte ins Haus und legte sich keuchend auf den Wohnzimmerboden.

»Meine Güte«, sagte Francesca, die eine Schüssel Eiscreme in der Hand hatte, und stieg einfach über sie hinweg. »Schon mal was von Selbstachtung gehört?«

Heute musste Davids Frau länger arbeiten, und seine Kinder waren bei der Tagesbetreuung. Wenn Nina jemanden auftreiben konnte, der auf Jane und Chloe aufpasste, gehörte der Nachmittag David und ihr. Francesca war zum Arbeiten im Fastfood-Laden, also brachte Nina die Kinder rüber zu Bunny Pringle.

»Gar kein Problem. Die Mädchen können gern ein paar Stunden hierbleiben«, sagte Bunny Pringle. »Meine Kinder freuen sich bestimmt. Geht runter ins Spielzimmer, Mädels. Ach, und Nina, eigentlich wollte ich *dich* um einen Gefallen bitten.«

»Klar«, sagte Nina, die sich schon umgedreht hatte.

»Du weißt ja sicher, dass Reverend McWilliams seit ein paar Monaten in unserem Gästezimmer wohnt, wegen dem Wasserschaden im Pfarrhaus«, begann Bunny Pringle.

»Natürlich«, sagte Nina. Sie wusste es nicht, oder nicht mehr, oder es war ihr egal. Wahrscheinlich alles zusammen.

»Es ist mir ein bisschen unangenehm«, fuhr Bunny Pringle fort, »aber wir wollen das Zimmer neu tapezieren lassen mit Absence of Rose von Vivienne Westwood. Weißt du, wie das aussieht? Ich kann schnell das Muster holen und es dir –«

»Schon in Ordnung.« Nina fürchtete, dass sie gleich auf Bunny Pringle losgehen würde, wenn sie länger hier stehen und sich ihr Gefasel anhören müsste, während David sieben Häuser weiter auf sie wartete. »Wie kann ich dir helfen?«

Bunny Pringle wirkte ein bisschen verblüfft, dass sie gleich zur Sache kommen musste. »Na ja, die Handwerker kommen nächste Woche. Könnte Reverend McWilliams vielleicht eine Woche bei euch wohnen? Ich weiß, das ist viel verlangt, aber –«

»Kein Problem«, sagte Nina schnell. »Lass uns das später genauer besprechen. Jetzt muss ich wirklich los. Vielen Dank für alles, Bunny!«

Und schon war Nina auf dem Weg zu David, und dann wieder auf dem Weg nach Hause, um sich zu duschen und hektisch das Abendessen zuzubereiten. Sie schickte Francesca los, um die Mädchen abzuholen und Milch zu kaufen. Erst spätabends rief Bunny Pringle an, und Nina fiel ihr Versprechen wieder ein.

Als sie aufgelegt hatte, ging sie ins Wohnzimmer, wo Hamish Zeitung las und Jane und Chloe auf dem Boden liegend fernsahen.

»Hamish«, sagte Nina langsam. »Tut mir leid, dass ich das nicht vorher mit dir besprochen habe, aber ein presbyterianischer Geistlicher wird ein paar Wochen bei uns wohnen.« (Die Zeitspanne schien sich auf magische Art verlängert zu haben, seit sie das erste Mal mit Bunny Pringle darüber gesprochen hatte.)

Hamish ließ die Zeitung sinken und starrte sie an. »Heilige Scheiße.«

»Das solltest du in seiner Gegenwart besser nicht sagen«, meinte Nina.

»Warum zur Hölle sollte ein presbyterianischer Priester bei uns wohnen wollen?«

Konnte er eigentlich keinen einzigen Satz sagen, ohne zu fluchen? »Ich weiß nicht, ob er unbedingt so dringend *will*«, sagte Nina. »Ich habe Bunny Pringle nur gesagt, dass er könnte.«

Hamish schlug die Zeitung wieder auf. »Okay«, sagte er. »Vielleicht kann ich ihm ja bei seinen Predigten helfen.« Hamish war Atheist.

Chloe drehte sich auf die Seite. »Er schläft doch nicht in meinem Zimmer, oder?«

»Nein, Liebes, er schläft im Zimmer über der Garage«, sagte Nina, erleichtert, dass alle die Neuigkeit irgendwie hinzunehmen schienen.

»Ich hoffe, ihm macht es nichts aus, dass es da so muffig riecht«, sagte Jane, ohne den Blick vom Fernseher abzuwenden.

»Wir lüften einfach ordentlich.«

»Und *ich* hoffe, dass ihm die Weberknechte nichts ausmachen«, sagte Chloe, »weil da gibt's ungefähr zweihundert Millionen.«

»Wir versprühen einfach was«, sagte Nina.

»Vielleicht betet er ja die Spinnen weg«, stichelte Hamish.

»Aber wo soll er duschen?«, fragte Jane. »Müssen wir ihn im Bademantel sehen?«

»Meine Güte, was sind denn das für Fragen?«, blaffte Nina. »Wir finden schon eine Lösung, okay? Ihr müsst euch ja nicht an jedem kleinen Detail aufhängen.«

Sie drehte sich um und ging nach oben in Francescas Zimmer und sah aus dem Fenster. Es war das einzige Fenster, von dem aus sie Davids Haus sehen konnte, und selbst von hier aus waren nur ein winziger Ausschnitt des spitzen Dachs und ein Dachlüfter zu erkennen. Aber sie konnte es sehen, und es gehörte David, und das war Balsam für ihre Seele.

Nach den ersten Sommerwochen hatte sich Ninas Lungenkapazität erhöht, und sie schaffte gute drei Kilometer ohne Pause, manchmal sogar vier. An einem Abend lief sie fast fünf Kilometer, musste dann aber die letzten Blöcke gehen. Ein Mann mit abgeschnittenen Jeans goss gerade seinen Rasen, und als Nina vorbeikam, fragte er: »Und? Macht Ihnen das Laufen Spaß?«, und bestätigte damit alle ihre Vermutungen über die neugierige Nachbarschaft.

»Ich liebe es«, sagte Nina spontan. Insgeheim aber hatte sie das Gefühl, dass ihr Geist und ihr Körper getrennte Wege gingen. Ihr Geist war wild entschlossen zu laufen, ihr Körper aber glich eher einem alten, störrischen Pferd, dem man die Sporen geben musste. Sie wusste noch nicht, wer den Sieg davontragen würde.

»Ich bin David«, sagte der Mann und streckte ihr die Hand hin.

»Ach ja, der Freund von Bunny Pringle«, sagte Nina und schüttelte ihm die Hand. Er warf ihr einen seltsamen Blick zu, und sie sagte schnell: »Tut mir leid, es gibt sicher viel mehr über Sie zu sagen. Ich meine, mehr mit Substanz.« Jetzt klang sie selbst schon wie Bunny Pringle, aber David nickte bloß. Er war Ende dreißig, hatte dunkles lockiges Haar und die tiefe, gleichmäßige Bräune von jemandem, der schon sehr lange in Florida lebte.

»Wie schnell sind Sie?«, fragte er. »Wie viele Minuten pro Kilometer?«

»Ich habe keine Ahnung«, sagte Nina, die es natürlich ganz genau wusste. »Aber *langsam* trifft es wohl am besten. Letzte Woche hat mich ein älterer Mann in Pantoffeln überholt.«

David lachte und sah sie dabei an, und Nina fühlte sich, wie so oft, wenn sie einen Witz machte – als würde sie dadurch plötzlich sichtbar werden.

David goss weiter seinen Rasen. »Vielleicht sollten wir mal zusammen laufen gehen«, sagte er.

»Ja«, antwortete sie langsam. »Das wäre schön.«

Und so kam es, dass Nina und David jeden Abend zusammen laufen gingen. Am ersten Abend erzählte er ihr von einem 75-jährigen Mann, den man verdächtigte, beim London-Marathon betrogen und die U-Bahn genommen zu haben, denn sonst wäre er plötzlich einen Kilometer in nicht mal drei Minuten gelaufen, und Nina lachte und wäre fast in ein Blumenbeet gestolpert.

Also sagte sie David, dass er beim Laufen nichts Lustiges mehr erzählen dürfe, woran er sich auch hielt. Aber manchmal holte er tief Luft, als wollte er etwas sagen, und Nina fing jedes Mal an zu lachen.

»Wieso lachst du?«, fragte David. »Ich habe doch gar nichts gesagt.«

»Ich weiß nicht«, sagte Nina, und das stimmte. Aber sein Schweigen faszinierte sie. Alles an ihm faszinierte sie.

Mittlerweile schaffte sie acht Kilometer, von der Ecke bei Davids Haus über die Blue Heron Bridge und wieder zurück. Über die Brücke zu laufen gefiel ihr am besten, weil da ein laues Lüftchen wehte und sie und David immer noch einen Fuß auf die andere Seite setzten und dann umkehrten, wie bei einem Staffellauf.

»Gehst du zum Nachbarschaftsfest am Wochenende?«, fragte David, als sie eines Abends wieder über die Brücke zurückjoggten.

Für Samstag war ein Nachbarschaftsfest geplant, das Bunny Pringle organisiert hatte – wer sonst. »Ja«, sagte Nina. »Und du?«

»Ja«, antwortete David.

Schweigend liefen sie weiter. Nina kam der Gedanke, dass es ganz erstaunlich war, wie viel sie sich nicht zu sagen hatten.

Das erste Abendessen mit Reverend McWilliams lief nach Ninas Ansicht prima, nicht weil irgendwas passierte, sondern weil eben gar nichts passierte.

Niemand kicherte oder sagte etwas Unpassendes, als Reverend McWilliams, ein dünner Mann mit sandfarbenem Haar und Brille, fragte, ob man vor dem Essen gemeinsam beten wolle. Der Reverend schlug vor, dass sie im stillen Gebet Gott für seine Gaben danken sollten, und alle schafften es, dreißig Sekunden lang zu schweigen, bis er »Amen« sagte.

Beim Essen gab es auch keine unangenehmen Gesprächspausen, wie Nina befürchtet hatte. Reverend McWilliams war sehr gesprächig. Er dankte ihnen für ihre Gastfreundschaft und sagte, dass er sich bestimmt sehr wohlfühlen werde bei ihnen. (Nina hielt kurz den Atem an, aber niemand erwähnte irgendwelche Spinnen oder den muffigen Geruch.) Er sprach auch über Bunny Pringle, was für ein guter Mensch sie sei, wie freundlich und großzügig, und dass sie ihm so ein kleines Gerät geschenkt habe, mit dem man das Kerngehäuse aus einem Apfel herausschneiden und ihn gleichzeitig in sechs Stücke zerteilen könne.

»Einen Apfelteiler?«, fragte Hamish.

»Ach, Sie meinen, dafür gibt es einen Namen?«, fragte Reverend McWilliams, der offenbar dachte, es handle sich dabei um ein Unikat, das Bunny Pringle in irgendeiner versteckten Werkstatt aufgetrieben hatte.

Francesca erzählte von ihrem Job im Fastfood-Laden, ohne

ihren Chef ein Arschloch zu nennen (wie sich rausstellte, war er an dem Tag nicht da gewesen), und versprach dem Reverend sogar ein Freigetränk, falls er vorbeischauen würde. Nina fürchtete, das sei womöglich unmoralisch oder zumindest nicht erlaubt, aber Reverend McWilliams sagte, er würde sich sehr freuen.

Niemand stöhnte oder verdrehte die Augen, als Hamish den Mädchen erzählte, es gebe Studien, die belegten, dass sie mit ihrem Limonadenstand mehr verdienten, wenn sie um eine Spende baten, anstatt einen festen Preis zu verlangen, und auch noch das ökonomische Prinzip dahinter erklärte. Reverend McWilliams wirkte sogar sehr interessiert und sagte: »Erzählen Sie weiter«, aber Nina nahm an, dass er das in irgendeinem Seminar gelernt hatte.

Ja, das Abendessen war ein Erfolg, aber danach ging's bergab. Jane und Chloe verließen den Tisch, um sich die Simpsons anzuschauen, ohne um Erlaubnis zu fragen, und als Reverend McWilliams anbot, beim Abwasch zu helfen, antwortete Francesca leichthin: »Nein, wir spielen ›Herz ist Trumpf‹. Wer verliert, spült ab.«

»Wirklich?«, fragte Reverend McWilliams. »Dann muss ich es wohl riskieren.«

Das Kartenspielen war eine Familientradition, die Hamish, Nina und Francesca vor langer Zeit begründet hatten, aber Nina hatte eigentlich vorgehabt, den Reverend außen vor zu lassen. Und jetzt klärte Francesca ihn über ihre selbstgemachten Regeln auf, unter anderem darüber, dass bis 58 gespielt wurde, weil das Hamishs Alter war.

»Außer Sie sind sogar noch älter«, sagte sie beiläufig und beleidigte damit wahrscheinlich sowohl Hamish als auch den Reverend.

Der war ein viel besserer Kartenspieler, als Nina gedacht hatte, und sie war froh, dass sie nicht absichtlich verlieren musste, um sich die Peinlichkeit zu ersparen, einen Geistlichen zum Abwasch zu zwingen. Tatsächlich verlor dann Francesca, und zwar wegen Reverend McWilliams, der ihr beim letzten Zug die Pikdame zuspielte und damit ihre Punkte auf 64 hochjagte.

»Fock«, sagte Francesca, und dass sie das Wort leicht falsch aussprach, machte es für Nina nur noch schlimmer.

»Aber Francesca …«

»Was?«, fragte Francesca verwirrt. »Er hat mir eine Königin untergejubelt, falls dir das nicht aufgefallen ist.« Sie schob ihren Stuhl zurück, ging zur Spüle und drehte den Wasserhahn auf.

Nina schloss die Augen, weil sie sich zu sehr schämte, um Reverend McWilliams anzusehen. Sie war ja selbst schuld, das wusste sie, in vielerlei Hinsicht. Nicht zuletzt, weil sie vorhin, als sie im Stillen Gott für seine Gaben danken sollten, Gott für David gedankt hatte.

Nina hatte über eine Stunde gebraucht, um sich für das Nachbarschaftsfest fertig zu machen. Sie schminkte sich sorgfältig und zog ihr honigfarbenes Hängerkleid, die Schuhe mit den Keilabsätzen und die goldenen Kreolen an. Ihre kastanienbraunen Locken band sie seitlich im Nacken zu einem Zopf, sodass sie über eine Schulter fielen. Mit ihrem Anblick im Spiegel war sie vollkommen zufrieden.

Als sie aber auf Hamish und die beiden Mädchen traf (Francesca war im Fastfood-Laden), ging ihr auf, dass solche Verabredungen – wenn das mit David heute eine war – als Single wesentlich einfacher sind, weil man dann nämlich nur sich selbst und nicht gleich eine ganze Familie ausgehfein machen muss.

Jane und Chloe hatten mit Francescas Make-up gespielt und sahen mit ihrem Glitzerlipgloss und dem blauen Lidschatten aus wie Kinderprostituierte. Außerdem hatte Chloe einen großen Schokoeisfleck vorne auf ihrer Bluse. Hamish hatte sich nicht rasiert, und der untere Teil seines Gesichts war mit grauen Stoppeln bedeckt. Er trug ein uraltes T-Shirt mit so vielen Löchern am Kragen, dass es beinahe zwei Kleidungsstücke waren. Am Wochenende lief Hamish oft so rum; als sie mal campen gewesen waren, war er losgezogen, um Feuerholz zu sammeln, und irgendeine Frau wollte ihn verjagen, weil sie ihn für einen Penner gehalten hatte. Daran erinnerte sich Nina immer gerne, aber heute war sie bloß wütend.

»Zieht euch um und macht die Schminke weg«, sagte sie scharf. (Die Mädchen starrten sie an, als hätte sie Spanisch gesprochen.) »Und Hamish, kannst du nicht ein anderes T-Shirt anziehen?«

»Kann ich schon, will ich aber nicht.«

Nach langen Verhandlungen war Chloe endlich bereit, sich umzuziehen, aber beide Mädchen weigerten sich, das Make-up zu entfernen. Hamish zog ein neues T-Shirt an, was aber lediglich den Effekt hatte, dass er jetzt aussah wie ein Penner, der versucht, sein Leben auf die Reihe zu kriegen. Nina musterte alle drei und seufzte.

Aber letztlich war es egal. David war zwar da, sprach jedoch nicht mit ihr, sah sie nicht einmal an. Er blieb in der Nähe des Ausschanks, hatte sein jüngstes Kind auf den Schultern, ein Kleinkind, und unterhielt sich mit einer Gruppe von Männern, die Nina nicht kannte. Seine Frau sei Kinderärztin, erzählte jemand, und habe Wochenenddienst, also bekam Nina sie nicht zu sehen. Als Jane und Chloe kapierten, dass die Straße für den

Verkehr gesperrt war, rannten sie nach Hause, um ihre Räder zu holen, und Nina sah die beiden auch nicht mehr. Hamish sprach die ganze Zeit mit einem Steueranwalt über Public-Key-Verschlüsselung, und Nina war gezwungen, an einem Picknicktisch mit Bunny Pringle zu sitzen und zuzuhören, während sie Vor- und Nachteile eines Meerschweinchens als Haustier erörterte.

Hatte sie je einen so enttäuschenden Abend erlebt? Abgesehen vielleicht von dem einen Abend damals im College, als Ninas Professor darauf bestanden hatte, sie nachts in seinem Büro zu treffen, um über ihre Hausarbeit in Komparatistik zu sprechen, und sie tatsächlich über ihre Hausarbeit gesprochen hatten. (Auch an diesem Abend hatte Nina viel Zeit auf ihr Make-up verwendet.)

Irgendwann konnte sich Nina von Bunny Pringle loseisen und machte sich auf die Suche nach Hamish, um ihm zu sagen, dass sie nach Hause gehen würde. Als sie sich ihm näherte – »Die Entschlüsselung öffentlicher Daten hängt am seidenen Faden der Public-Key-Verschlüsselung«, sagte Hamish gerade –, entstand eine Lücke zwischen den Gästen, und Nina entdeckte David. Er beobachtete Hamish, taxierte ihn mit kühlem Blick. Ein Blick voller Abneigung, wie Nina sofort erkannte, denn genauso wäre es ihr mit Davids Frau ergangen, wäre sie hier gewesen, um sich Ninas Abneigung auszusetzen.

Nina machte kehrt und ging nach Hause, ohne Hamish Bescheid zu geben. Sie schlief kaum in dieser Nacht.

An den Tagen, an denen Nina ins Labor musste, brachte sie Jane und Chloe zur Tagesbetreuung, und Hamish kam früher von der Arbeit, um sie abzuholen. Aber heute Abend sagte Hamish, als Nina die Brotdosen für die Mädchen füllte: »Francesca, könntest du morgen Jane und Chloe abholen?«

Francesca blätterte in einem Magazin, Hamish saß mit einem Glas Wein neben ihr am Tisch. »Nein, ich hab morgen Abendschicht.«

Hamish wandte sich an Nina. »Könntest du einen Babysitter organisieren? Ich muss nach der Arbeit auf einen Drink zu Caroline.«

Caroline war seine Sekretärin. »Wenn du schon zu einer 26-jährigen Frau auf einen Drink nach Hause gehst, kannst du auch selbst einen Babysitter organisieren, oder?«, sagte Nina amüsiert. Dann verstummte sie, weil ihr plötzlich klar wurde, dass sie über Untreue keine Witze mehr machen konnte. Oder sollte.

»Ach, Quatsch«, sagte Hamish. »Die ganze Abteilung kommt, es ist ihre Einweihungsparty. Abgesehen davon würde ich nie etwas mit meiner Sekretärin anfangen.«

»Warum nicht?«, fragte Francesca.

»Viel zu vorhersehbar«, erklärte Hamish, »das totale Klischee.«

»Außerdem interessiert die sich bestimmt nicht die Bohne für dich«, sagte Francesca und blätterte um.

Hamish wirkte beleidigt. »Warum nicht?«

»Oh, bitte«, antwortete Francesca. »So spannend ist das nun auch nicht, dass Jesus einen kleinen Bruder hatte.«

»Zwillingsbruder«, korrigierte Hamish. »Und du fandst es offenbar so interessant, dass du dich noch daran erinnern kannst, wenn auch nicht ganz richtig.«

Nina schob die Karottenschalen in den Mülleimer. David war zwei Jahre jünger als Nina und damit zwanzig Jahre jünger als Hamish. Das bedrückte sie manchmal, denn auch das schien ein

Klischee zu sein: die Frau, die eine Affäre mit einem Mann in ihrem Alter hat. (Hamishs erste Frau, die so etwas schon vor Ewigkeiten prophezeit hatte, wäre sicher sehr erfreut gewesen.) Es war seltsam, aber irgendwie belastete Nina das fast mehr als alles andere – das Ganze war so banal. Hamish hätte etwas Originelleres verdient.

Zwei Tage nach dem Nachbarschaftsfest klingelte das Telefon im Labor.

»Ich bin's«, sagte David.

Bei jedem anderen hätte Nina gesagt: »Wer denn?«, aber sie wollte keinen Witz machen, aus Angst, er würde sonst auflegen. Also sagte sie nur »Ja«.

Eigentlich sagte Nina während des gesamten Telefonats nichts anderes als »Ja«.

David fragte, ob sie wegkönne, ob sie ihn auf einen Drink treffen könne, ob sie wisse, wo die Bar sei, ob sie wisse, dass es eine Hotelbar sei, ob sie wisse, warum er sie in einem Hotel treffen wolle, und ob das für sie in Ordnung sei.

»Ja«, sagte Nina und klammerte sich so fest an den Hörer, dass ihre Hand schmerzte. *Ja. Ja. Ja. Ja. Ja.*

Sie liebten sich stehend mitten im Hotelzimmer, David nahm sie hoch, als würde sie überhaupt nichts wiegen. Nina fand die Muskeln an seinen Schultern schön. »Tut dir davon nicht schrecklich der Rücken weh?«

Hamish hätte gelacht, aber David schüttelte nur den Kopf. Anscheinend war Ehebruch für ihn eine ernste Angelegenheit. Auch gut.

Danach setzte David sie auf die Kommode und strich ihr das Haar aus dem Gesicht. Seine Miene war ernst. »Ich habe das bisher nur ein Mal gemacht«, sagte er. »Ich meine, mit einer einzigen anderen Person. Und du?«

»Noch nie«, sagte Nina. Sie küsste ihn und saugte sanft an seiner Unterlippe. »Ich war blind und taub und habe geschlafen; jetzt nicht mehr.«

David schien sich darüber zu freuen, aber Nina merkte, dass er das Zitat nicht kannte. Er hatte *Meine Cousine Rachel* nicht gelesen, Ninas Lieblingsbuch. Egal.

Man könnte meinen, mit einem Pfarrer als Mitbewohner sei es schwer, die mentale Stärke für eine außereheliche Affäre aufzubringen, aber Nina hatte herausgefunden, dass fast alles möglich war. Eigentlich war es sogar einfacher, denn jetzt konnte sie Reverend McWilliams als Babysitter einspannen und brauchte Bunny Pringle nicht mehr.

»Es ist mir eine Freude, auf Jane und Chloe aufzupassen, Nina«, sagte er jedes Mal, wenn sie ihn fragte. »Worauf habt ihr Lust, Mädchen?«

Er schien zu glauben, »aufpassen« bedeute »Dauerbeschäftigung«, aber vielleicht war er auch nur sehr gewissenhaft. Jane und Chloe mochten ihn, aber Nina vermutete, dass sie sich, wären sie nur ein klein wenig älter, über ihn lustig machen würden.

So viele Dinge waren neu für ihn. Als wäre er ein Austauschstudent aus dem Sudan oder dem hintersten Winkel Schottlands – jedenfalls aus einer vollkommen abgeschiedenen Gegend. Reverend McWilliams hatte noch nie Risotto gegessen oder Pimm's getrunken. Er wusste nicht, dass Shampoo 40 Dollar kosten kann (Nina bestellte es extra), und erschrak jedes Mal, wenn sich im Auto das Navi zu Wort meldete. Er wusste, wer Frank Sinatra war, aber nicht, dass er tot war, und er hatte noch nie vom Glastonbury Festival gehört (hier konnte Francesca nur völlig verständnislos über so viel Ahnungslosigkeit den Kopf schütteln). Er bewunderte Hamishs Klapprad und die Tatsache, dass Nina extra Schuhe nur fürs Joggen hatte. Er hatte noch nie eine Wii gesehen und noch immer nicht damit gespielt, weil es Jane und Chloe lieber war, wenn er nur zusah. Er kannte keinen einzigen Teil von *Jurassic Park*, noch nicht mal den ersten. (»Fragt ihn, warum Gott zulässt, dass nette Menschen von Velociraptoren gefressen werden«, trug Hamish den Mädchen auf, und Nina dachte, das könnte selbst für einen Theologen zu theoretisch sein.) Er kannte weder SpongeBob noch die Simpsons und auch nicht den Unterschied zwischen Miley Cyrus und Hannah Montana, und es war ihm völlig unmöglich, das *i* in *iCarly* richtig auszusprechen, selbst nachdem Jane es für ihn aufgeschrieben hatte.

Von Bunny Pringle wusste Nina, dass Reverend McWilliams verheiratet gewesen war, aber seine Frau im ersten Jahr ihrer Ehe gestorben war, zwischen einem Traktor und einem Heuwagen erdrückt, bei einem Gemeindeausflug zu einem Kürbisfeld. Nina wusste nicht, was sie davon halten sollte. Wäre Reverend McWilliams weltgewandter, wenn seine Frau noch leben würde? War seine Welt auf elementare Weise stehengeblieben, an diesem Halloween vor vielen Jahren? War Mrs McWilliams die Kraft gewesen, die den Reverend angetrieben hatte? Hätte sie ihn davor bewahrt, von Haus zu Haus weitergereicht zu werden, wie eine überschüssige Zucchini aus dem eigenen Garten?

Er war ein leidenschaftlicher Kartenspieler, und manchmal, wenn sie um den Abwasch spielten, brüllten er und Francesca ihren Sieg oder ihre Niederlage so laut heraus, dass Nina sie ermahnen musste. Reverend McWilliams sagte zu Nina, dass diese Spiele das Lustigste waren, was er erlebt hatte. Nina wartete darauf, dass er den Satz beendete mit »in diesem Jahr«, oder »seit dem Softballspiel in der Kirche«, aber anscheinend meinte er wirklich, das Lustigste, was er *je* erlebt hatte, und das war irgendwie erschütternd. Sie fragte sich, ob sie auch noch Karten spielen mussten, wenn Francesca Ende September wieder nach Hause zu ihrer Mutter fuhr. Außerdem, wie lange würde Reverend McWilliams wohl bleiben? Was, wenn er niemals gehen würde? Warum musste er immer »Geh mit Gott« sagen, wenn jemand das Haus verließ? Insgesamt, beschloss Nina, wäre ihr ein Austauschstudent aus dem hintersten Winkel Schottlands lieber gewesen.

Eines Tages Anfang August schliefen sie in Davids Auto miteinander, auf einem staubigen Kiesweg unter Palmen. Als sie fertig waren, ließ David den Motor an für die Klimaanlage und sagte: »Ich muss dir was sagen.«

Nina saß schwitzend und keuchend auf dem Beifahrersitz, im Kopf noch völlig berauscht vom Sex. Aber etwas in seiner Stimme rückte ihren Kopf wieder zurecht, wie bei dem Cyborg in *Terminator* 2, wenn die einzelnen Teile wieder in ihre Position gleiten und mit einem metallischen Klicken einrasten. Sie wusste nur nicht, ob alles schnell genug wieder einsatzfähig war.

»Okay«, sagte sie. Ihr Mund war trocken.

David zog seine Jeans hoch und machte den Reißverschluss zu. Anscheinend musste er angezogen sein für das, was er ihr sagen wollte. Nina hob ihre Unterhose vom Boden auf und zog sie unter dem Rock hoch.

David spielte an seinem Schlüsselanhänger herum. »Du weißt doch, dass ich schon mal eine Affäre hatte«, begann er. »Ich meine, ich hab es dir gesagt, aber du wolltest nichts darüber wissen.«

»Das will ich immer noch nicht«, sagte Nina schnell.

»Aber ich möchte es dir sagen«, sagte er. »Du kennst sie.«

Nina starrte ihn an. »Wer?«

Er zögerte. »Bunny Pringle.«

Nina starrte weiter. Wenn er nur »Bunny« gesagt hätte, hätte sie gefragt: Bunny PRINGLE?, obwohl sie sicher war, dass keiner von ihnen noch eine andere Bunny kannte. Aber so konnte sie nur entsetzt dasitzen.

»Sie −«, setzte Nina an und brach ab. Ihr Gehirn kriegte das alles nicht schnell genug zusammen. Sie setzte noch mal an. »Sie hat ein Doppelkinn.«

Sie sah, dass sie ins Schwarze getroffen hatte. Er schämte sich.

»Sie sammelt *Gartenzwerge*«, sagte Nina. »Du hattest eine Affäre mit jemandem, der Gartenzwerge sammelt.«

David seufzte. »Ich weiß, dass sie auch diese Seite hat«, sagte er. »Aber die habe ich nie gesehen. Ich war in sie verliebt, sehr sogar −«

»Stopp«, sagte Nina. »Ich will nichts mehr hören.« Aber es stellte sich raus, dass sie doch wollte: »Sag mir bloß, von wann bis wann.«

»Es hat letzten Sommer angefangen«, sagte David. Wieder zögerte er. »Und ist seit drei Wochen vorbei.«

»Seit drei Wochen! Aber du und ich −«

»Ja«, sagte David. »Es hat sich überschnitten.«

Nina wandte sich ab und fummelte mit der Hand am Türgriff. Sie stieg aus dem Wagen. Die Hitze traf sie wie ein unsichtbarer Sandsack. Am liebsten hätte sie ihn einfach sitzengelassen und wäre davongelaufen, aber das ging nicht. Die Erde hatte sich verschoben, sie schien zu schwanken. Nina wusste nicht, wohin sie treten konnte, wo der Boden ihr Gewicht tragen würde. Schwindelnd lehnte sie sich an den Wagen und ließ sich dann wieder auf den Beifahrersitz sinken.

»Du hast es mir erzählt, weil wir Nachbarn sind, oder?«, sagte sie. »Du hattest Angst, dass wir miteinander reden.«

David schwieg.

»Bring mich nach Hause«, sagte sie. Hoffentlich war zu Hause noch da, in dieser verschobenen Welt.

Nina fühlte sich erbärmlich, schlimmer, als sie es je für möglich gehalten hätte. Sie konnte weder essen noch schlafen und zitterte unablässig, als hätte sie Fieber. Hamish sagte sie, dass sie wahrscheinlich die Grippe kriege, und er kümmerte sich um die Mädchen, wann immer er konnte. Sie nahm drei Kilo ab, worüber sie sich sonst wahnsinnig gefreut hätte, und es war ihr egal.

David rief ständig auf ihrem Handy an, aber Nina hatte den Klingelton und die Mailbox abgeschaltet. Er würde ihr ohnehin nur das sagen, was er ihr im Auto auf dem Nachhauseweg gesagt hatte – dass er sie liebe und ihr davon erzählt habe, weil er nicht wolle, dass es zwischen ihnen irgendwelche Geheimnisse gebe, dass er ihr niemals habe wehtun wollen, dass es mit ihm und Bunny Pringle vorbei sei, dass sie nicht mal mehr seine Anrufe annehme. Diesen Satz noch einmal hören zu müssen und alles, was er implizierte – das würde Nina nicht überleben.

Die Zeit verging unglaublich langsam, vielleicht weil sie

kaum schlief. Bei der Arbeit schlossen sie die Keimstatistik des zweiten Quartals ab und bestellten zur Feier des Tages Spare Ribs. Reverend McWilliams lernte Nintendo DS spielen. Hamish machte Schmorbraten. Francesca kriegte eine umgekehrte French Manicure, und ihre Hände sahen aus wie ein Strauß Anemonen mit roten Spitzen. Niemand schien zu bemerken, dass Nina innerlich völlig zerstört war. Seit Davids Geständnis war erst eine Woche vergangen.

Einmal stand Nina mitten in der Nacht auf und machte sich einen Tee. Sie hörte Schritte, und einen Augenblick später saß Francesca bei ihr in der Küche.

»Geht's dir wieder besser?«, fragte Francesca.

»Ein bisschen«, sagte Nina. Es rührte sie, dass Nina etwas bemerkt hatte und sogar nachfragte.

Aber offenbar war es nur eine Art Höflichkeitsfloskel, eine Überleitung, um über sich selbst zu sprechen, denn schon sagte Francesca: »Mann, ich bin echt nervös, nächste Woche geht ja die Schule wieder los«, und erzählte dann eine lange und komplizierte Geschichte über ein Mädchen namens Missy Stevens, das nicht besonders beliebt war. Allerdings war Missys Mutter mit Francescas Mutter befreundet, und deswegen konnte Francesca Missy nicht einfach ignorieren. Sie war also nett zu Missy, wenn niemand dabei war, aber Missy wollte mittags immer bei ihr am Tisch sitzen und so Sachen, und Francesca hoffte sehr, dass Missy in den Sommerferien irgendeinen anderen Loser zum Abhängen gefunden hatte.

Nina lehnte an der Küchentheke und trank Tee, aber plötzlich stellte sie ihre Tasse ab und nahm Francesca in den Arm.

»Was?«, fragte Francesca nervös. Nina und sie umarmten sich fast nie.

»Nichts«, sagte Nina. Sie atmete den Geruch von Orangen-
blütenshampoo ein und dachte, in Zeiten von Herzschmerz
sollte jeder einen Teenager zu Hause haben. Sie verlangten ja so
wenig von einem.

Jeder Kontakt zu Bunny Pringle war jetzt eine Tortur. Wobei
der Kontakt zu Bunny Pringle im Grunde genommen schon
immer eine Tortur gewesen war, aber jetzt umso mehr, und
zwar exponentiell, denn Nina musste sich nicht mehr nur jeden Unsinn anhören, der gerade durch Bunnys Hirn und aus
ihrem Mund wieder herausrauschte, sie musste sich auch noch
David mit Bunny Pringle vorstellen.

Nina konnte Bunny Pringle eigentlich nicht als Person sehen,
sondern nur als Summe ihrer Teile, die Nina, einen nach dem
anderen, einer gnadenlosen Prüfung unterzog. Zum einen waren da Bunny Pringles Augen, die okay waren, hübsch blau und
sehr rund. Ihre Augenbrauen waren heller als Ninas und, wie
Nina fand, zu stark gezupft. Ihre Haare waren honigblond, sie
trug sie in einem 0815-Bob mit Ponyfransen, die Nina noch nie
gefallen hatten. Ihre Haut war rein, rötete sich aber schnell,
wenn sie erregt war. (Nein, bloß nicht daran denken – schnell,
denk an was anderes!) Ihre Nase war unscheinbar und die Wan-
gen zu voll. Genau wie ihr Körper, aber so weit kam Nina
fast nie, denn erst prüfte sie Bunny Pringles Mund, und das war
verstörend. Bunny Pringles Mund war hübsch und rund,
die Lippen hellrosa, auch ohne Lippenstift, und Nina ertrug
es nicht, sich vorzustellen, wie dieser Mund Davids Mund
küsste, Davids Körper küsste. Hatte Bunny Pringles Mund, wie
Ninas Mund, Davids Brust mit Schmetterlingsküssen bedeckt?
Hatte sie –

Es war besser, Bunny Pringle nicht zu sehen, um nicht daran denken zu müssen. Aber man entkam ihr kaum. Nina räumte die Garage frei, damit sie das Auto dort parken konnte statt in der Auffahrt. Dann würde sie die Garagentür hinter sich schließen und von hinten ins Haus gehen. Denn jedes Mal, wenn sie das Haus verließ, und sei es nur, um morgens die Zeitung von der Auffahrt zu holen, war Bunny Pringle auf der Veranda und rief ihr etwas zu.

»Hi, Nina, wie läuft's mit Reverend McWilliams? … Hast du schon den letzten *Twilight*-Film gesehen? … Hast du die DVD von *Die Brücken am Fluss*? … Gehst du zum Bauernmarkt? Könntest du mir Mais mitbringen? … Ich bestelle was bei Tupperware, brauchst du auch was?«

Die Dümmlichkeit dieser Frau machte Nina wahnsinnig. Wie hatte David das ausgehalten? Ihre Tupperware-Partys oder Weihnachtsdeko-Tauschbörsen, ihre Junggesellinnenabschiede und Gartenpartys, ihre Süßigkeitenverkostungen und Kuchendeko-Kurse und ihre beschissene Sammlung antiker Fingerhüte?

Selbst außerhalb der Nachbarschaft musste Nina ihr über den Weg laufen. Sie fuhr mit den Mädchen zum Supermarkt, und als sie einparkte, sagte Chloe: »Guck mal, da ist Mrs Pringle.«

Also guckte Nina. Und da stieg Bunny Pringle aus dem Auto und sah riesig aus in ihren weißen Malerhosen und einer geblümten Tunika. Nina schluckte. War es möglich, war es tatsächlich im Bereich des Möglichen, dass sie hier saß, ihr Herz zerfleischt vor Eifersucht auf eine fette Frau, die bastelte? Wie hatte es so weit kommen können?

»Warum steigen wir nicht aus?«, fragte Jane. »Hast du dein Portemonnaie vergessen?«

Nina brauchte eine Minute, ehe sie ihre Stimme wiederfand. »Ja, Liebes«, sagte sie schließlich. »Genau das ist passiert.« Und dann sie fuhren wieder nach Hause.

Eines Abends gingen sie alle zusammen ins Kino. Reverend McWilliams machte noch schnell eine Tüte Mikrowellenpopcorn zum Mitnehmen.

»Die verkaufen das Zeug übrigens auch im Kino«, sagte Jane.

»Ja, ich weiß, aber so ist es viel ökonomischer.«

Francesca kämmte sich die Haare vor dem Spiegel im Flur. »Aber im Kino waren Sie schon mal, oder?«, fragte sie.

»Na klar«, gab der Reverend zurück.

Francesca warf Nina einen Blick zu, so kurz, dass es mehr ein Flattern ihrer langen Wimpern war. »Wollte nur sichergehen«, sagte sie und kämmte weiter ihre Haare.

Reverend McWilliams kam nicht dazu, sein Popcorn im Kino zu essen – Jane und Chloe aßen es auf dem Weg dahin. Es roch einfach zu gut. Sie gingen nebeneinander auf dem Bürgersteig und reichten die Papiertüte hin und her. Reverend McWilliams und Francesca liefen hinter ihnen, und Francesca erklärte dem Reverend, wie viele Kalorien der Eisbecher in ihrem Fastfood-Laden hatte. Nina und Hamish folgten dahinter, und Nina überlegte sich, dass sie eine Dating-Website lancieren sollte, die sozial bedürftige Priester mit egozentrischen Teenagern zusammenführte.

Nach dem Film gingen alle zusammen nach Hause und setzten sich auf die Veranda. (Bunny Pringle war zum Glück nicht da; sie war im Haus, weil sie, das wusste Nina, eine Geschenkverpackungsparty gab.) Die Kleinen zogen ihre Badeanzüge an und stellten die Sprinkleranlage an, während die Erwachsenen

Pfefferminzeiscreme aßen. Hamish begann über Quantenkryptographie und schwache Photonen-Messungen zu sprechen, bis Francesca sagte: »Dad, sag mal, überlegst du dir eigentlich manchmal, was du so erzählst und ob uns das wirklich interessiert? Oder muss einfach alles raus, was auf dem Bildschirm auftaucht?«

»Ich überlege nicht, ob es dich interessieren könnte«, sagte Hamish. »Ich bin mir sicher.«

»Und wie kommst du darauf?«, wollte Francesca wissen.

Auf dem Rasen rannten die Mädchen quietschend durch den Wasserstrahl. Jane hatte einen hellblauen Badeanzug an, Chloe einen limettengrünen, und ihre Arme und Beine waren so glatt, gebräunt und makellos wie brauner Samt.

Es war ein perfekter Abend, bis auf die Tatsache, dass Nina sich fühlte, als würde sie gleich anfangen zu schluchzen und nie mehr damit aufhören können.

Nina konnte Bunny Pringle nicht für immer aus dem Weg gehen. Bunny fing sie eines Morgens im Café ab.

»Nina!«, rief sie. »Wir haben uns schon ewig nicht mehr unterhalten. Kann ich mich zu dir setzen?«

Nina seufzte leise und legte ihre Zeitung beiseite. Bunny Pringle setzte sich, bestellte einen Bagel mit extra Frischkäse und Minztee. Nina hatte bloß Minztee, irgendwie hatte sie das mit dem Essen mehr oder weniger aufgegeben.

»Du errätst nie, wer mir heute Morgen eine Freundschaftsanfrage auf Facebook geschickt hat«, sagte Bunny Pringle.

Nina fiel auf, dass Bunny Pringles Gesicht irgendwie knollig aussah, wenn man den Kopf in einem bestimmten Winkel hielt. »Wer?«

»Reverend McWilliams!«

»Ach, das war Francesca«, sagte Nina. »Sie hat ihm einen Account eingerichtet und pflegt ihn auch. Ungefähr drei Stunden lang hat sie versucht, ihm das Konzept zu erklären, aber er nennt es immer noch Friendbook.«

Die ganze Familie nannte es mittlerweile Friendbook. Genau wie sie auch ihr Brotmesser das »spezielle Messer« nannten und ihre Smartphones Tragphon. Es war, als hätte man wieder einen Zweijährigen im Haus, nur dass er weder süß noch mit ihnen verwandt war.

»Wir haben's tatsächlich getan, wir haben uns ein Meerschweinchen gekauft«, verkündete Bunny Pringle. »Sie heißt Lady und frisst Sonnenblumenkerne.«

Nina wartete, aber es folgte keine Pointe oder etwas Ähnliches. »Und warum erzählst du mir das?«, fragte sie schließlich.

Bunny wirkte eher nachdenklich als beleidigt. »Na ja, ich dachte, deine Mädchen könnten rüberkommen und es sich anschauen.«

»Vielleicht«, sagte Nina. »Wobei das, ehrlich gesagt, nicht so aufregend klingt.«

Sehr aufregend dagegen war diese neue Freiheit, unfreundlich zu Bunny sein zu können.

»Na ja –«, setzte Bunny an, aber in diesem Augenblick kam die Kellnerin mit ihrem Bagel.

Bunny strich Frischkäse auf ihren Bagel und leckte dann das Messer ab. Diese Geste wirkte auf Nina so selbstgefällig und dumm – wie wenn eine Kuh Medizin vom Finger des Bauern leckt –, dass sie plötzlich einen fast unwiderstehlichen Drang verspürte, Bunny von sich und David zu erzählen. Sie sah regelrecht vor sich, wie Bunnys Gesichtsausdruck sich von Ungläubigkeit zu Erkenntnis verwandeln, ihr Kinn zittern und ihr gesamtes Gesicht in sich zusammenfallen würde, wie bei Chloe, wenn sie etwas kaputt gemacht hatte.

Aber Nina würde Bunny niemals davon erzählen, nicht um Diskretion zu wahren, sondern weil Nina und Bunny dann einander ebenbürtig wären, vereint in einer Art Schwesternschaft der betrogenen Frauen. Es würde sie gleich machen, und das waren sie ganz und gar nicht. Sie waren so unterschiedlich, wie man nur sein konnte. Und Nina würde niemals wieder Minztee trinken.

Am nächsten Morgen stand Nina um sieben auf und zwang sich, eine Banane zu essen. Sie wollte laufen gehen, zog sich oben ihre Laufhose und das schwarze T-Shirt an und schnürte ihre Laufschuhe.

Als sie wieder nach unten kam, saßen Francesca und Reverend McWilliams in der Küche, er im Bademantel, Francesca in ihrer Arbeitskluft. Francescas Laptop stand auf dem Tisch zwischen ihnen, Facebook war offen.

»Ich verstehe es immer noch nicht«, sagte Reverend McWilliams. »Wieso macht es mein Leben schöner, wenn ich weiß, dass Bunny Pringle Maismuffins backt?«

Gab es denn vor dieser Frau kein Entkommen?

»Darum geht es doch –«, begann Francesca.

»Und gestern hat sie den Kühlschrank geputzt«, sagte Reverend McWilliams. »Das habe ich auch gelesen.«

Francesca seufzte. »Die ist halt echt eine Idiotin.«

»Nun«, sagte Reverend McWilliams. »Wenn man es so direkt sagen will.«

Nina berührte Francescas Schulter und sagte: »Bitte warte doch auf mich, ja? Die Mädchen schlafen noch.«

»Ich kann nicht«, sagte Francesca. »Ich hab Frühschicht und muss in zehn Minuten los.«

»Ich bleibe gerne«, sagte Reverend McWilliams.

Nina zögerte. »Sind Sie sicher?«

»Natürlich. Gehen Sie mit Gott, Nina«, setzte er hinzu. Aber Nina hatte sich so über seinen Kommentar zu Bunny Pringle gefreut, dass sie diesmal nicht entnervt zusammenzuckte.

Im Flur hörte sie noch, wie er zu Francesca sagte: »Nun, was die Bibel dir zu Friendbook sagt, ist –«

Sie war schwer versucht, stehen zu bleiben, um das Ende dieses bemerkenswerten Satzes zu hören, aber sie ging nach draußen und ließ die Tür hinter sich ins Schloss fallen. Sobald sie von der Veranda runter war, begann sie zu laufen, fand schnell ihren Rhythmus, spürte, wie ihr Herz und ihre Beinmuskeln zu arbeiten begannen. Wie immer stieg dieser dumme kleine Stolz in ihr auf: Sie joggte, sie war eine Läuferin, sie war eine von ihnen.

Nina wünschte, sie könnte Reverend McWilliams fragen, was die Bibel ihr zu David sagen würde. Das Problem war nur, dass Nina wusste, was die Bibel raten würde: Meide ihn für alle Zeiten. Ein kluger Rat, aber nicht das, was sie hören wollte. Vielleicht könnte sie ja die Bibel überlisten. Wenn sie sich anderswo Rat holte? Wenn sie auf ein Zeichen wartete? Wenn sie – nur mal so ins Blaue gesprochen – ihre Mailbox aktivieren und sich anhören würde, was David zu sagen hatte? Das könnte sie machen, wenn sie wieder zu Hause war, und eigentlich hätte es nichts zu bedeuten.

Aber Nina musste gar nicht warten, bis sie wieder zu Hause

war. Als sie die leichte Erhöhung in der Mitte der Blue Heron Bridge erreicht hatte, sah sie, dass David auf der anderen Seite auf sie wartete. Er war weit weg, aber sie erkannte die Umrisse seines Körpers. Die Art, wie er leicht sein Fußgelenk schüttelte, um den Knöchel zu lockern, erinnerte sie daran, wie sie ihr Gesicht gegen sein rotes T-Shirt gedrückt hatte, daran, dass es irgendwie frisch, aber auch verschwitzt roch. Diese Dinge waren Nina so vertraut wie der Atem ihrer Kinder im Schlaf.

Jede Pore ihres Körpers öffnete sich vor Freude und Sehnsucht. Das ist das Problem mit Körpern: Sie denken nur an sich selbst.

David blickte auf und hob eine Hand, aber nur ganz leicht, weil er wohl fürchtete, sie würde ihn nicht erkennen. Nina konnte nicht gleichzeitig laufen und winken, sie lächelte nur. Dann hatte er eben eine Affäre mit einer Frau gehabt, die selbst ein Pfarrer für eine Idiotin hielt. Das war nichts, verglichen mit Ninas Gefühlen, nichts, das jemanden wie sie stören sollte.

Als sie auf ihn zulief, hatte Nina einen Augenblick lang das Gefühl, sie würde einen Schweif hinter sich herziehen wie ein Komet. Aber statt aus Steinen und Staub bestand ihr Schweif aus Rosenblüten, Puderzucker und Konfetti, die vom Wind über die Brücke, über das Wasser, über das Ufer in die Stadt getragen wurden, damit die Menschen dort einen winzig kleinen Geschmack von der Süße bekamen, die Nina jetzt durchflutete – von ihrem Glück. Denn so etwas würden sie selbst niemals erleben, dachte Nina. Niemals, niemals, niemals.

Der ganz normale Wahnsinn

Der Kuchen, den du deinem Sohn zum achten Geburtstag backst, hängt seltsam schief auf eine Seite. Du kontrollierst das Backblech, aber es sieht völlig gerade aus. Besorgt fragst du dich, ob vielleicht das Fundament des Hauses schräg ist? Möglicherweise verkürzt sich mit der Zeit jeweils ein Bein deiner Kinder? Vielleicht solltest du jemanden anrufen, um das Haus zu überprüfen, aber jetzt kannst du dich nicht darum kümmern. Jetzt musst du entscheiden, was mit dem Kuchen wird. Du könntest oben etwas wegschneiden, damit er gerade wird, aber es ist ein Schokoladenkuchen mit Vanilleguss, und man könnte sehen, dass er abgeschnitten ist. Am besten glasierst du ihn, so wie er ist, in der Hoffnung, dass es nicht allzu sehr auffällt.

Das Motto der heutigen Geburtstagsparty ist Magie, und du hast dich für einen rechteckigen Kastenkuchen entschieden – eigentlich ein Trapez – und hast einen kleinen Zauberer aus Plastik gekauft, der jetzt zusammen mit dem Guss auf den Kuchen kommt.

Genau in diesem Augenblick stürmt das Geburtstagskind in die Küche. Er bleibt stehen, als er den Kuchen sieht, zeigt auf den Zauberer auf dem Kuchen und fragt: »Warum fährt der Mann Ski?«

»Das ist eine lange Geschichte«, sagst du. »Alles Liebe zum Geburtstag, mein Schatz!«

Er umarmt dich, und du küsst ihn auf den Kopf.

»Kann ich Waffeln mit Himbeeren als Geburtstagsfrühstück haben?«, fragt er.

Liebend gern würdest du ihm Waffeln mit Himbeeren machen, dich mit ihm in die warme Morgensonne setzen und ihm von dem Tag erzählen, an dem er geboren wurde, und dass du geweint hast, als er vierundzwanzig Stunden alt war, weil du nicht wolltest, dass er größer wird.

Aber genau in diesem Augenblick klingelt es an der Tür – die Luftballonlieferung. Du hast fünfzig mit Helium gefüllte Ballons bestellt, aber geliefert werden eine Heliumflasche und fünfzig unaufgeblasene Ballons.

Der Teenager, der sie ausliefert und jetzt wie versteinert vor dir steht, versichert dir, dass es wirklich einfach ist, die Ballons aufzublasen, was vielleicht auch stimmt – unter anderen Umständen. Aber mit zwei aufgekratzten Kindern im Schlepptau (die Klingel hat deinen jüngeren Sohn geweckt) ist es fast unmöglich. Schließlich kriegst du doch alle Ballons gefüllt und verteilst sie gebündelt in Haus und Garten und wickelst sogar blaues Kreppband um die Eiche vor dem Haus. Du denkst nicht darüber nach, wie viele der kleinen Partygäste diese Dekoration überhaupt bemerken werden, weil du die Antwort nicht wissen willst. So macht man das eben an Kindergeburtstagen, und zwar schon immer. Für

dich und unzählige andere Eltern ist das nur ein Teil des all-
täglichen Spagats.

Während dein Mann den Rasen mäht und deine Kinder von
Wilbur und Charlotte gebannt sind, machst du das Bügeleisen
an, steckst den mp3-Player ein und stellst dich auf eine gemüt-
liche halbe Stunde ein, in der du die T-Shirts für die Geschenktüten fertig machst.

Vorher hast du schon elf Aufdrucke gestaltet, auf denen neben einem (illegal runtergeladenen) Zaubererhut steht »Danke,
dass du dabei warst!«. Ja, ja, die Sache mit den T-Shirts wäre
nicht nötig gewesen, sie war sogar ein bisschen übertrieben,
aber eben auch das Einzige, was dir bei der Vorbereitung wirklich Spaß gemacht hat.

Doch als du jetzt den ersten Schriftzug aufbügeln willst,
merkst du, dass du vergessen hast, die Schrift spiegelver-
kehrt zu setzen, und jetzt steht es falsch rum auf dem T-Shirt.
»Fuck!«, sagst du und wegen der Musik im Ohr viel lauter, als du
wolltest.

»Was ist los?«, fragt dein jüngerer Sohn gelangweilt. Das Geburtstagskind hält es nicht mal für nötig nachzufragen.

Also hast du statt einer entspannenden halben Stunde an-
derthalb Stunden Stress, in denen du hektisch neue Vorlagen
machst, die Schränke deiner Kinder nach einem schlichten weißen T-Shirt durchwühlst, von dem du – nachdem du schließlich eins gefunden hast – noch einen uralten Spaghetti-Fleck
entfernen musst. Dann endlich bügelst du alle Drucke auf.

Als du verschwitzt und genervt aus dem Wäschezimmer
kommst, sitzt dein Mann mit dem Geburtstagskind auf dem
Schoß auf dem Sofa. Dein Sohn ist traurig, weil Charlotte am

Ende des Films stirbt. (Du hast das Buch, aber auch die schlechte Angewohnheit, nicht alles zu Ende zu lesen, und er war offensichtlich nicht darauf vorbereitet.)

Du setzt dich neben die beiden aufs Sofa und streckst vorsichtig die Hand aus, um deinem Sohn den Rücken zu streicheln. »Ich weiß, es ist schlimm«, sagst du. Er sagt nichts und vergräbt seinen Kopf an der Brust deines Mannes.

Eine Welle der Zärtlichkeit durchströmt dich. »Ich kann kaum glauben, dass es schon acht Jahre her ist, dass er auf die Welt gekommen ist«, murmelst du deinem Mann zu.

Er sieht dich an und dann runter auf den Kopf eures Sohnes. »Acht lange Jahre.«

Deine Kinder werden langsam unleidllich, weil sie Hunger haben, aber du warst nicht einkaufen, außer für das Partyessen, also ladet ihr die Kinder ins Auto und fahrt zu McDonald's.

Dort hält dein Mann den Jungs einen Vortrag über die Kosten-Nutzen-Rechnung eines Happy Meals mit einem schlechten Spielzeug. Es wäre doch viel sinnvoller, sich ein paar Happy Meals zu sparen und dafür in richtiges Spielzeug zu investieren. Sie hören ziemlich geduldig zu (nicht zum ersten Mal) und bestehen dann trotzdem auf ihren Happy Meals.

Dein Mann isst einen Salat, und du trinkst nur einen schwarzen Kaffee, während du kleine Origami-Hüte für die Gäste faltest. Das Geburtstagskind hat das im Fernsehen gesehen, weswegen du Origami-Papier gekauft hast. Er hat genau zwei Hüte gefaltet, bevor er das Interesse daran verlor. Irgendwo hast du gelesen, dass Origami beruhigend wirken soll, aber du findest die ganze Falterei nur nervtötend.

Deine Kinder spielen mit ihrem schrottigen Spielzeug, essen

ihr Happy Meal und wirken, na ja, happy. Auch wenn sie immer wieder den Mund aufmachen, um sich gegenseitig ihr zerkautes Essen zeigen.

Du seufzt und sagst zu deinem Mann: »Der Weg zu gutem Benehmen ist lang und steinig.«

»Ja«, stimmt er zu, »und wahrscheinlich kommt man von hier aus gar nicht hin.«

Deine Kinder sind mit dem Essen fertig, rennen zum Spielbereich und hinterlassen ein Chaos aus Essensresten, Papier und Abfall, das aussieht wie etwas, das sich nach einem Sturm unter einer Parkbank ansammelt. Du bringst deinen Mann dazu, auch einen Papierhut zu falten, aber entweder sind seine Daumen wirklich zu dick, oder er tut nur so, als wäre er unfähig, um nicht noch mehr machen zu müssen.

Gerade willst du ihm sagen, wie unfair das ist, als aus dem Spielbereich ein Schrei ertönt. Deine Kinder streiten sich, rollen über den Boden, eigentlich prügeln sie sich richtig, aber zum Glück sind sie unter sich. Ist es möglich, noch tiefer zu sinken als mit Kindern, die sich so schlecht benehmen, dass sie sogar bei McDonald's unangenehm auffallen?

Ihr trennt die beiden voneinander, wiederholt mehrfach, dass euch ganz egal ist, wer angefangen hat, und bringt sie zum Wagen. Und so fahrt ihr nach Hause – die Jungs sprechen nicht miteinander, du bist immer noch genervt, weil dir niemand beim Origami geholfen hat, und dein Mann tippt Arbeitsmails in seinen BlackBerry.

Denk einfach dran: So ist das eben vor einer Party, und jeder, der dir was anderes erzählt, ist ein Lügner.

Jetzt ist es an der Zeit, die Geschenktüten für die Gäste fertig zu machen, und du merkst, dass du entweder falsch gezählt oder jemanden vergessen hast, denn es sind elf Gäste und nur zehn Geschenktütchen. Eine kurze Suche im Haus ergibt, dass die einzige verfügbare Papiertüte von Victoria's Secret ist. Was ist wohl schlimmer – einen kleinen Jungen mit einer pinkfarbenen Tüte abzuspeisen, wenn alle anderen blaue kriegen, oder die Eltern des Victora's-Secret-Jungen in der Schule zu treffen?

Werden die wichtigsten Erinnerungen deiner Kinder darin bestehen, dass du keinen Sinn fürs Detail hast? Wie letztes Jahr, als dein älterer Sohn Cello-Unterricht bekam und du vergessen hast, ihm einen Stachelhalter zu kaufen, weshalb er beim Frühjahrskonzert mit einem Badvorleger auf die Bühne musste.

Aber dann kommt dein jüngerer Sohn rein und sieht, was du tust. »Oh, Mama«, haucht er, »darf ich die hübsche Tasche mit den Streifen haben? Bittebittebitte!«

»Natürlich«, antwortest du, und er hüpft glücklich davon.

Vielleicht sind sie zu jung, um nachtragend zu sein, oder zu unreif, um die Folgen bestimmter Handlungen zu verstehen. Oder vielleicht kennen sie auch einfach nicht genügend Mütter, die all diese Dinge mühelos organisieren. (Bei der Auswahl deiner Freunde warst du sehr vorsichtig.) Aber egal, in diesem Augenblick und noch ein klein bisschen länger ist alles in Ordnung.

Du bist gerade auf dem Weg ins Schlafzimmer, um das Mieder zu suchen, das du normalerweise unter dem tief ausgeschnittenen T-Shirt trägst, als es an der Tür klingelt.

Du öffnest und ein Mann mittleren Alters, der aussieht wie ein Vorstadt-Serienkiller, starrt dir in den Ausschnitt und sagt: »Hallo, ich bin Manny, der Magier.«

Viel zu spät erkennst du den Wert frühzeitiger Planung: Man muss sich nicht mit drittklassigen Spaßmachern abgeben.

»Hallo«, sagst du. »Kommen Sie rein. Sie sind ein bisschen früh dran.«

Manny erklärt, dass er sich mit der Zeit vertan hat, aber du vermutest, dass er zu früh ist, weil er nichts anderes zu tun hat. Er ist sehr sanftmütig, hat hängende Schultern, schütteres Haar und trägt eine Gleitsichtbrille und einen Seemannssack, in dem vermutlich all seine magischen Utensilien stecken. Bisher jedenfalls wirkt er weder besonders geheimnisvoll oder magisch noch sonst irgendwie aufregend, aber was noch schlimmer ist – als du ihm die Jacke abnimmst, siehst du, dass er ein Footballtrikot trägt, auf dem die Zahl »16« prangt.

Nun hat es sich so ergeben, dass du in deinem Leben Sex mit fünfzehn Männern hattest, und jetzt siehst du Manny, den Magier, hier in deinem Flur stehen als eine Nummer sechzehn, und dich überkommt eine unbehagliche Ahnung. Hierher hat dich also der helle, verheißungsvolle Korridor deiner zwanziger und dreißiger Jahre geführt?

Manny sieht dich erwartungsvoll an. »Kann ich mich irgendwo umziehen?«

Du bringst ihn in euer Schlafzimmer – nicht ganz passend, weil das Bett aussieht wie ein Flickenzelt aus vielen verschiedenen Dessous, die du bei der Suche nach dem Mieder aus dem Schrank gezogen hast. Außerdem steht der Behälter für dein Diaphragma auf dem Nachttisch neben einer Ausgabe von *Alien & Possum: Unzertrennliche Freunde*. Aber wahrscheinlich hat Manny schon Schlimmeres gesehen. Hauptsache, er zieht das Trikot endlich aus.

Trotzdem bist du nicht darauf vorbereitet, als er fünf Minuten später in einem knöchellangen hellblauen Umhang und mit spitzem Hut vor dir steht. Er sieht aus wie der Oberzauberer vom Ku-Klux-Klan. Es wäre zum Lachen, wenn er nicht so seltsam aussehen würde mit seiner Gleitsichtbrille und seinem müden Gesichtsausdruck. Und du denkst, das ist fast so schrecklich wie das Footballtrikot, wenn auch auf andere Art.

Weil du nicht wahnsinnig bist und hin und wieder eben doch vorausplanst, hast du für heute einen Babysitter engagiert, und der kommt genau zur rechten Zeit. Rebecca ist ein sehr hübsches Mädchen mit bläulicher, fast durchschimmernder Haut und flammend rotem Haar.

Gemeinsam baut ihr im Garten einen Hindernislauf aus Leitkegeln, Absperrbändern und Autoreifen auf. Eine Gruppe trainierter Affen bräuchte wohl keine Minute, um ihn zu bewältigen, aber wahrscheinlich ist er zu schwierig für ein Dutzend überdrehter Jungs.

Du betrachtest Rebecca, während sie das Absperrband am Boden festmacht, und dir geht auf, dass sie wahrscheinlich gar nicht weiß, wie hübsch sie ist. Und auch, dass Teenager diese Art Schönheit noch nicht zu schätzen wissen. Plötzlich fragst du dich, an welchem Tisch Rebecca in der Schulmensa sitzt, ob die anderen Mädchen ihr einen Platz frei halten, oder ob sie sich beeilen muss; ob sie einen Freund aus einer höheren Klasse hat, und wenn ja, ob er sie wirklich mag oder bloß mit ihr ins Bett will? Ist er eine Nummer zu groß für sie, wird er ihr das Herz brechen? Plötzlich wünschst du dich auf die Highschool zurück, wo du die Antworten auf all diese Fragen kennen würdest, und jeder andere auch.

Der erste Gast ist Kenny, ein koreanischer Junge, und sobald das Geburtstagskind ihn sieht, werden seine Augen sehr groß: »Scheiße! Kenny ist allergisch gegen Schokolade, hab vergessen, dir das zu sagen.«

Wahrscheinlich solltest du wegen seiner Wortwahl mit ihm schimpfen, aber es ist ja einigermaßen offensichtlich, wo er das herhat, oder? Außerdem spricht Kennys Mutter kaum Englisch, und du bist dir ziemlich sicher, dass sie nichts mitgekriegt hat. Die Allergie macht dir viel mehr zu schaffen.

Du lächelst Kennys Mutter freundlich an, und sobald Kenny im Haus und die Tür zu ist, fragst du: »Stimmt das mit dem Schokokuchen?«

»Ja«, sagt Kenny.

»Wie allergisch?«, fragst du. »Was passiert, wenn du welchen isst?« Falls es nur Kopfweh ist oder so was, geht es ja vielleicht doch.

»Ausschlag«, sagt Kenny, »und Atemnot.«

Okay, dann nicht. »Und bist du noch gegen etwas anderes allergisch?«, fragst du.

Sicher wäre es viel einfacher gewesen, Kenny mit in die Küche zu nehmen und ihm die vier oder fünf Süßigkeiten zu zeigen, die du noch auf Vorrat hast, aber er ist ohnehin schon mit quietschenden Sohlen in den Garten gerannt.

Schnell hintereinander treffen die anderen Kinder ein, abgeliefert von Eltern, die wahrscheinlich ziemlich froh sind, zwei ganze Stunden für sich alleine zu haben. Diese verdammten Glückspilze!

Dann steht ein Mann vor der Tür, den du noch nie gesehen hast, mit einem ziemlich gruseligen Teenager. Du willst dem Mann gerade sagen, dass er wohl die falsche Adresse erwischt hat und du furchtbar viel zu tun hast, als er die Hand ausstreckt und sagt: »Ich bin Calebs Vater. Vielen Dank, dass Sie ihn eingeladen haben.«

Caleb ist das neue Kind in der Klasse, und du hast ihn eingeladen, damit er sich nicht ausgeschlossen fühlt, aber gesehen hast du ihn bislang noch nicht. Beziehungsweise schon gesehen, aber nicht gewusst, wer er ist. Er ist fast so groß wie du, und auf seiner Oberlippe sprießt der erste Flaum. Dir kommen Zweifel – ist er wirklich in der sechsten Klasse? Vor allem aber verunsichert dich, wie er dich jetzt langsam und düster anlächelt. Deine eigene Schulzeit mag schon eine Weile her sein, aber diesen Typ Jungen erkennst du trotzdem noch: ein Unruhestifter.

Der letzte Junge wird von einer erschöpften Mutter gebracht, die ein unruhiges Mädchen im Stillalter auf der Hüfte balanciert. Sobald das Kind dich sieht, streckt es die Arme nach dir aus, und erst als du an dir herabblickst, bemerkst du, dass du das Mieder zu deinem Oberteil nicht mehr gefunden hast. Was bedeutet, dass alle Eltern einen ziemlich guten Einblick in dein Dekolleté bekommen haben, wenn du dich hinabgebeugt hast, um ihre Kinder zu begrüßen.

Das wird wohl deinen Ruf besiegeln, obwohl du nicht genau weißt, wie der aussieht. Sexy Vollweib oder chaotisches Flittchen? Wirklich schwer zu sagen. Und viel zu spät, wahrscheinlich Jahrzehnte zu spät, um jetzt noch was daran ändern zu wollen.

Am Anfang läuft die Party ganz gut, zumindest würde sie das, wenn Caleb nicht da wäre. Als Erstes geht er zu Rebecca, der Babysitterin, und starrt sie von oben bis unten an. Sie wirft dir einen nervösen Blick zu, und du machst eine hilflose Geste, aber insgeheim bist du entsetzt. Wie oft kann Caleb die sechste Klasse eigentlich wiederholt haben? Höchstens dreimal, oder?

Die Kinder ignorieren den Hindernislauf vollkommen, rennen rum und kicken sich Fußbälle zu, bis Caleb alle Fußbälle über die Hecke in Nachbars Garten geschossen hat, wo du sie morgen mit einer Entschuldigung wieder abholen musst.

Dein Mann arbeitet in der Sicherheitsabteilung eines Unternehmens, und du fragst dich, ob er Calebs Vater nicht als Sicherheitsrisiko einstufen und des Landes verweisen könnte.

Das einzige richtige Partyspiel, das du vorbereitet hast, ist eine gekaufte Piñata in Form eines Esels, die an einem Baum hängt. Die Jungs stellen sich in einer Reihe auf, und du bist schlau genug, Caleb als Letzten drankommen zu lassen. Dann verbindest du dem ersten Jungen die Augen, gibst ihm einen Besenstiel und lässt ihn auf die Piñata schlagen. Und so weiter und so fort. Die meisten Jungs treffen sie immerhin, aber keinem gelingt es, sie zu zerschlagen.

Dann ist Caleb an der Reihe, und obwohl du die Binde sorgfältig angebracht hast, sieht er wohl doch etwas, denn das Erste, war er tut, ist, Rebecca mit dem Besenstiel in die Brust zu stechen. Sie stößt einen kleinen Schrei aus, und du drehst ihn schnell an den Schultern, bis er Richtung Piñata steht. Tief im Innern hast du gewusst, dass er derjenige sein würde, der die Piñata zerbricht, aber du warst nicht auf die Heftigkeit vorbereitet, mit der er jetzt darauf einschlägt. Bevor du reagieren kannst, hat er den Esel nicht nur zerbrochen, sondern ihn auch vom Baum gerissen und drischt jetzt auf dem Boden auf ihn ein.

Als du ihm endlich den Besenstiel weggenommen hast, liegt

die Piñata platt wie ein überfahrenes Tier auf dem Boden, und Kenny ist so traumatisiert, dass er auf das Niveau eines Dreijährigen zurückfällt: »Esel okay? Esel wird wieder heil?«

Du nimmst Kenny an der Hand, holst eine Handvoll Piñata-Füllung, gehst mit ihm rüber zur Veranda und setzt dich. Die anderen Kinder streiten darum, wer am meisten Süßes und Spielzeug kriegt, aber das überlässt du Rebecca und deinem Mann. Du legst einen Arm um Kenny und lenkst ihn ab, indem du ihm die Süßigkeiten zeigst, eine kleine Armbanduhr, eine Pfeife und, oh, sieh mal, ein kleiner SpongeBob.

Wenn du jemand wärst, der ein Notizbuch führt, würdest du als Erstes unter »Geburtstagsparty/Verbesserungen« notieren: »Caleb nicht mehr einladen«. Aber so jemand bist du nicht. Ganz im Gegenteil, eher machst du dieselben Fehler immer wieder. Bei deinem Glück wird dein Sohn wahrscheinlich beschließen, dass Caleb *wahnsinnig cool* ist, und dir wird nichts anderes übrigbleiben, als viele destruktive Spielnachmittage mit ihm zu ertragen.

Es ist Zeit für die Zaubershow. Du rufst die Kinder zusammen und platzierst sie auf dem Wohnzimmerboden. Als Manny in seiner ganzen hellblauen Pracht erscheint, flüstert dein jüngster Sohn: »Lady!«, in demselben ängstlichen Tonfall wie damals, als er im Einkaufszentrum zum ersten Mal den Osterhasen gesehen und »Maus!« geflüstert hat. Aber alle anderen zeigen sich wenig beeindruckt, und Caleb sagt Manny, er soll aus dem Weg gehen, damit er den Fernseher sehen kann.

Also muss Manny ihnen erklären, dass sie jetzt nicht fernsehen werden, sondern dass es eine Zaubershow gibt, und dann legt er los. Du fragst dich, ob du jemals eine öffentliche Vorführung gesehen hast, bei der die Hauptperson weniger Charisma hatte als Manny, und dabei schließt du den Lehrer der Hundeschule mit ein. Es ist deprimierend, und du wünschst dir für dich und ihn, er wäre zu Hause bei seinen Lieben geblieben, anstatt durch die Vorstadt zu ziehen und sich zum Affen zu machen.

Er führt ein paar ziemlich lahme Zaubertricks vor, unter anderem den mit den hüpfenden Büroklammern und den mit den vier Assen. Wenn die Kinder nur einen Tick älter wären, würden sie ihn sicher ausbuhen. Und tatsächlich werden sie unruhig und fangen irgendwann an, sich hin und her zu schubsen.

Du gibst Rebecca ein Zeichen, und sie setzt sich mitten in die Gruppe hinein. Caleb grinst sie an und rutscht näher, sodass sein Bein ihres berührt. Sie ist sichtlich nervös, aber die Show geht weiter.

Schließlich verkündet Manny ohne einen Hauch von Ironie, dass er auch ein »Ballonologist« sei. Er zieht eine Handvoll langer Gummischläuche hervor und sagt, dass jedes Kind einen bekommt, und er, Manny, bläst ihn dann auf und formt daraus, was immer das Kind haben will.

Nun würde man denken, dass ungefähr jedes Kind so schlau ist, sich etwas völlig Unmögliches zu wünschen, ein Riesenrad zum Beispiel oder ein menschliches Skelett. Aber anscheinend haben acht Jahre Fernsehen und Computerspiele ihr Hirn verkümmern lassen, und sie wünschen sich bloß einfaches Zeug, das sie schon mal gesehen haben, eine Giraffe zum Beispiel oder einen Teddybären. Als Caleb an der Reihe ist, schließt du die Augen und schickst ein Stoßgebet zum Himmel, damit er sich kein Geschlechtsteil oder eine tödliche Waffe wünscht, aber er will nur einen Dackel, was beweist, dass er noch weniger Phantasie hat als alle anderen.

Damit ist die Show beendet, und die Kinder rennen raus in den Garten und hauen sich mit ihren Luftballontieren. Manny packt seine Zauberutensilien ein, und dein Mann zieht dich in die Küche und fragt dich zwei Dinge: »Was, denkst du, trägt Manny unter seiner Robe, und wo hast du ihn her?«

Auf die erste Frage antwortest du: »Ich will nicht darüber nachdenken.« Auf die zweite: »Liz Beaumont hat ihn mir empfohlen. Sie meinte, er sei lieb und verspielt.« Aber vielleicht hat Liz auch von den schwimmenden Delphinen in Florida Keys gesprochen, denkst du jetzt, und das ist alles deine Schuld, ganz allein deine.

Der Rest der Feier zieht einfach an dir vorüber, so ähnlich wie deine Hochzeit. Eigentlich haben Kindergeburtstage und Hochzeiten ziemlich viele Gemeinsamkeiten: Man legt großen Wert auf bedeutungslose Details, man gibt bestimmten Entscheidungen viel zu viel Gewicht, man trifft seine Freunde, kann sich aber nicht wirklich mit ihnen austauschen, am Ende ist man wahnsinnig gestresst, und im Nachhinein hätte man alles viel einfacher gehalten. Du kannst dich nicht daran erinnern, dass du bei deiner Hochzeit immer wieder auf die Uhr geschaut und dir gedacht hast: »Gott sei Dank, nur noch eine Stunde, dann ist es vorbei«, aber das hast du höchstwahrscheinlich getan.

Du hattest mit dem Gedanken gespielt, Kenny eine Ofenkartoffel mit einer Geburtstagskerze drauf zu servieren, aber zuletzt wurde daraus ein Knuspercreme-Doughnut (von ca. 1980) aus der Gefriertruhe im Keller. Du taust ihn auf, und Kenny scheint ganz glücklich damit zu sein, jedenfalls glücklich genug.

Außerdem hast du Eis zum Kuchen gekauft, aber versehentlich eine gemischte Packung, und jedes Kind will nur eine Sorte, also musst du sehr aufpassen beim Verteilen. Gott sei Dank ist Rebecca da, die mit Tellern und Besteck hin und her huscht, denn dein Mann ist überhaupt keine Hilfe.

Er sitzt auf der Couch, trinkt Scotch und liest im *Wall Street Journal*, als ginge ihn das alles nichts an. Ziemlich ärgerlich. Als wärt ihr – also du, ein psychisch labiler Zauberer, eine rothaarige Babysitterin und ein Dutzend kleiner Jungs, kurz vor dem Zuckerschock – nur irgendeine lärmende Gruppe in einem Restaurant, das er heute ganz bestimmt zum letzten Mal besucht hat.

Danach packt das Geburtstagskind seine Geschenke aus. Du hast ihm eingeschärft zu sagen: »Vielen Dank! Das ist super!«, ganz egal was es ist, hast aber leider vergessen, das auch seinem kleinen Bruder einzutrichtern, der direkt daneben steht und kommentiert: »Cool!«, oder »Haben wir schon!«, oder »Lego mag er doch gar nicht mehr«.

Aber das ist alles nicht mehr so schlimm, denn jetzt trudeln langsam die Eltern ein, um die Gäste wieder mitzunehmen. Obwohl du nicht verstehen kannst, ganz ehrlich nicht, also wirklich nicht!, wie sie ihre Kinder zwanzig Minuten zu spät abholen können. Ist es denn möglich, dass sie nicht ahnen, wie sehr du in den letzten zwei Stunden die Zeit beschworen hast, doch ein wenig schneller zu vergehen? Können sie sich denn überhaupt nicht an die Geburtstagsparty ihres eigenen Kindes erinnern? Haben sie überhaupt kein Mitgefühl, kennen sie keine Gnade?

Calebs Vater kommt, und du siehst ihm die Anspannung an, als er fragt: »Wie war die Party?«

Aber du kennst das ungeschriebene Gesetz: Solange kein Blut geflossen ist, tut man so, als wäre alles in Ordnung.

»Es war toll!«, sagst du. »Ich hoffe, Caleb hat Spaß gehabt.«

Caleb schlendert mit einem selbstzufriedenen Grinsen an dir vorbei, am liebsten würdest du ihm eine scheuern. Du versuchst, souverän zu wirken, aber wahrscheinlich siehst du einfach nur verängstigt und erleichtert aus.

Als Caleb weg ist, lehnt sich das Geburtstagskind an dich und sagt: »Ich mag ihn nicht. Er riecht aus dem Mund nach Ketchup und hat allen G. I. Joes den Kopf abgerissen.«

Ah, Seelenverwandtschaft. Du beugst dich zu ihm und küsst seinen Nacken, auch wenn er sich gerade wegdreht. Wirklich, so einen wie ihn gibt's nur einmal.

Schließlich sind alle Gäste weg und mit ihnen auch die Geschenktüten. Manny hat sich in deinem Schlafzimmer umgezogen und ist wieder in Straßenkleidung. Wochen später merkst du, dass ein schwarzer BH fehlt, und du fragst dich, ob er ihn mitgenommen hat. Aber genauso gut könntest du ihn im Wölflings-Pfadfinderlager vergessen haben, weil du es so eilig hattest, wieder in die Zivilisation zurückzukehren.

Dein Mann bezahlt Manny, hebt bei der Summe die Augenbrauen und sagt dann, als er sieht, dass Manny wieder Richtung Wohnzimmertisch geht: »Ich bringe Sie zur Tür.«

Dafür bist du ihm zutiefst dankbar, denn Manny scheint jemand zu sein, der sich gern irgendwo festsetzt und darauf wartet, dass man ihn zum Abendessen einlädt. Und das wäre mehr, als du jetzt ertragen könntest.

Als ihr dann alle im Flur steht und Manny seine Jacke anzieht, dreht er sich mit ausgebreiteten Armen um und sagt: »Eins noch – zum Abschied kriege ich immer eine Umarmung.«

Das ist so abstoßend, so überraschend (und doch so unglaublich vorhersehbar), dass er dich völlig kalt erwischt. Dir fällt keine einzige Ausrede ein, also machst du einen Schritt auf ihn zu und lässt dich von ihm umarmen.

Es könnte schlimmer sein. Manny stinkt nicht, flüstert dir keine Sauereien ins Ohr und zieht dir auch nicht wie ein richtiger Zauberer ein Kondom aus der Nase. Er drückt dich nur ein wenig lüstern an sich, was zur Folge hat, dass aus deinem Mitleid schlagartig Hass wird. Und dann ist es vorbei.

»Auf Wiedersehen«, sagt Manny und wendet sich deinem Mann zu, um ihm die Hand zu schütteln.

»Und wo bleibt meine Umarmung?«, fragt dein Mann, und du lachst. Genauso gut hättest du weinen können.

Zusammen mit Rebecca sammelst du die dreckigen Teller und Gabeln, das Geschenkpapier, das Absperrband vom Hindernislauf ein und wirfst den ganzen Müll aus hundert unbestimmbaren Quellen und die verstümmelte Piñata weg. Kurz spielst du mit dem Gedanken, sie zu fotografieren, damit du irgendwann in einer Dokumentation über die kriminelle Karriere von Caleb auftreten kannst, aber dann landet sie doch im Abfall.

Du bezahlst Rebecca und gibst ihr ein saftiges Trinkgeld, obwohl sie noch ganz frisch und munter aussieht. Wahrscheinlich macht sie sich noch einen schönen Tag, während du einfach nur in dich zusammensinkst. Plötzlich ist dir danach, zu sagen: »Es ist Herbst; nicht draußen / Doch in mir ist es kalt.« Aber wahrscheinlich giltst du schon als exzentrisch genug, auch ohne Longfellow zu rezitieren. Also sagst du: »Danke, Rebecca, du hast mir heute das Leben gerettet«, und sie geht.

In der Zwischenzeit hat dein Mann den Kindern Waffeln mit Apfelsoße serviert, und er beeindruckt dich noch mehr, als er dir eine Flasche gekühlten Champagner hinhält und meint, er könnte ja Pizza bestellen, sobald die Jungs im Bett sind.

Am liebsten würdest du sie auf der Stelle ins Bett bringen, aber sie sind schmutzig, verschwitzt und verschmiert mit Dreck, Tränen und Eis. Sie sehen aus wie Straßenkinder aus irgendeinem Land, für das UNICEF Geld sammelt. Und dass einer von ihnen auf einer alten Brotrinde herumkaut, macht es auch nicht besser. Du musst wirklich dringend einkaufen gehen.

Also lässt du ihnen ein Bad ein, sie hüpfen rein, plappern durcheinander und bespritzen sich mit kleinen Wasserpistolen aus der Piñata.

Du setzt dich neben die Wanne auf den Boden, lehnst dich an die Wand und schließt die Augen. Du hörst, wie Wasser auf den Boden platscht, und sagst nichts. Ist ja nur Wasser. Wird trocknen. Selbst als einer der Jungs schreit, dass er Seife im Auge hat, dass es brennt, richtig schlimm, dass er es nicht aushält, dass er jetzt sofort ein Handtuch braucht, rührst du dich nicht. Es geht einfach nicht.

Aber irgendwann sind deine Kinder wie von Zauberhand in ihren Schlafanzügen, die Zähne geputzt, die Haare gekämmt, in ihre Betten gekuschelt, und du sitzt auf dem Schaukelstuhl zwischen ihnen. Allein die Gutenachtgeschichte trennt dich noch vom Champagner.

Du liest ein Kapitel aus *Der Wind in den Weiden*, aber schon nach der ersten Seite schluchzt das Geburtstagskind leise.

»Was ist denn?«, fragst du und legst den Finger in das Buch.

Keine Antwort, nur mehr Schluchzen.

Du blickst zu deinem jüngeren Sohn und siehst, dass er vor lauter Erschöpfung mit offenen Augen zu schlafen scheint. Vielleicht solltest du sie ihm schließen? Aber nein, er zuckt ein bisschen, wie jemand, der einen Regentropfen spürt, und blinzelblinzel, ist er eingeschlafen.

Das Geburtstagskind weint jetzt lauter. Du seufzt und denkst an den Champagner, die Pizza und deinen Mann, der unten auf dich wartet. »Was ist denn?«, fragst du noch einmal.

»Meine Party ist vorbei!«, jammert er.

Ja, und mögen die Götter die nächste um hundert Jahre verschieben, denkst du. Aber du sagst: »Es war eine tolle Party.«

»Ja, aber sie ist vorbei!«

Du seufzt wieder. »Wein doch nicht, Liebes!«

»Ich kann nicht anders«, jammert er.

»Dann können wir keine Partys mehr machen, wenn du danach immer weinst«, sagst du. »Soll ich noch weiterlesen?«

Er schüttelt den Kopf und drückt ihn ins Kissen.

Du solltest das Buch weglegen, aber du bist so müde, dass du es einfach fallen lässt und dich auf den Rand des Betts zum Geburtstagskind setzt und seine Hand nimmst.

»Ich war so stolz auf dich heute«, sagst du und streichelst seinen Arm. »Man konnte genau sehen, dass du schon acht Jahre alt bist, weil du dich bei deinen Freunden bedankt hast, dass sie gekommen sind, und weil du die Geschenke mit deinem Bruder geteilt hast.«

Eigentlich weißt du gar nicht, ob das stimmt, aber du bist zu müde, um in deiner Erinnerung nach echten Beispielen zu kramen. Das genügt ohnehin, er hört auf zu weinen und liegt still da. »Du bist schon so erwachsen«, sagst du.

Du trocknest sein Gesicht mit deinem Ärmel, küsst ihn auf die Wange und flüsterst: »Gute Nacht.«

»Ich bin immer noch traurig wegen der Party«, flüstert er zurück.

Du antwortest nicht. Draußen im Flur machst du das Nachtlicht an, das den Weg ins Badezimmer erhellt. Du schaust noch einmal zu ihm rein und siehst, dass er die Decke zurückgeworfen hat, was du ärgerlich und melodramatisch findest, aber du lässt es ihm durchgehen.

»Alles Gute zum Geburtstag, Liebling«, sagst du leise.

Du solltest bei ihm bleiben, bis er eingeschlafen ist, aber du hast wirklich keine Lust mehr, weiter über die Party zu reden. Abgesehen davon ist er eh viel zu müde, um noch viel länger als ein paar Minuten wach zu bleiben. Du gehst zur Treppe. Und fragst dich, ob er weiß, dass du ihn genau jetzt, in diesem Augenblick, mehr liebst als je zuvor, dass du ihn nicht mehr lieben könntest, als du es tust.

Dunkle Materie

Das Erste, was Mayas Chef zu ihr sagte, nachdem sie zum ersten Mal miteinander geschlafen hatten, war: »Wusstest du, dass Dynamit Erdnüsse enthält?«

Maya, die sich gerade ihre Strumpfhose anzog, hielt inne und sah ihn an. Ganz eindeutig gehörte er zu den Männern, deren Gehirn direkt nach dem Sex unnützes Wissen absonderte. Maya nannte das für sich immer Orgasmus-Fakten.

Bei Gildas-Joseph war das keine große Überraschung. Maya hatte immer das Gefühl gehabt, je intellektueller der Mann, desto großzügiger war er mit Orgasmus-Fakten (und sie hatte mit genügend Uni-Professoren geschlafen, um das zu wissen). Irgendwo hatte sie gelesen, dass wissenschaftlich orientierte Menschen bei Nahtod-Erfahrungen nicht wie alle anderen das Licht am Ende des Tunnels sahen, sondern Lösungen von komplexen mathematischen Gleichungen. Orgasmus-Fakten waren da ganz ähnlich. Irgendwie wird das Gehirn beim Sex leer gefegt. Und wenn man wieder zu sich kommt, setzt es einen Gedanken frei, den der Mann dann an die Frau weitergibt.

»Ohhh«, sagte Maya schließlich. »Interessant.«

Sie sprach das Wort *interessant* halb ernsthaft und halb ironisch aus, wobei sie so wohlgesetzt intonierte, dass man nie wissen konnte, wie es gemeint war. Maya hatte Jahre gebraucht, um das zu perfektionieren (all die Professoren …), und mittlerweile traf sie genau den richtigen Ton, wie eine sehr gute Cellistin. (Der Sex war sehr intensiv und Maya verdammt nahe dran gewesen, ihre eigenen Orgasmus-Fakten auszuplaudern.)

Sie sammelte ihre Kleider ein, die im gesamten Büro von Gildas-Joseph verstreut lagen. Er saß auf seinem Schreibtischstuhl und schien ein wenig benommen.

Obwohl Maya für Gildas-Joseph schwärmte, seit sie in der Bibliothek angefangen hatte, war ausgerechnet heute, als sie mit ihren Kollegen ihre Verlobung mit Rhodes gefeiert hatte, zum ersten Mal etwas zwischen ihnen gelaufen. Nach der Arbeit hatte die gesamte Belegschaft im Konferenzraum Champagner getrunken, um auf Mayas Verlobung anzustoßen (es war eins dieser Büros, in denen alles gefeiert wird und immer eine Kiste günstiger Champagner in der Vorratskammer steht), und nach und nach waren alle verschwunden, bis auf Maya, weil Rhodes lange arbeiten musste, und Gildas-Joseph, dessen Frau noch eine Harfenstunde gab.

Und so hatten sie die letzte Flasche mit in Gildas-Josephs Büro genommen, und er hatte ihr noch einmal gratuliert und dann gesagt: »Aber du hast ja noch gar keinen Ring.«

»Werde ich auch nicht«, sagte Maya. »Ich mag das nicht.«

Er sah sie amüsiert an. »Was magst du nicht?«

Maya dachte kurz nach. »Mir kommt es vor wie ein Platzhalter. Der Mann steckt der Frau einen Ring an den Finger, und schwups! – ist sie verlobt und gebunden. *Er aber nicht, bis zur Hochzeit.*«

»Manche Männer tragen nicht mal dann einen Ring.«

»Und was ich richtig blöd finde, ist, wenn Männer ihren Frauen einen Verlobungsring zu Weihnachten schenken«, fuhr Maya fort. »Als wäre es ein Geschenk, geheiratet zu werden, als würde der Mann sagen: *Also, wenn du unbedingt willst, dann hier, bitte, fröhliche Weihnachten.*«

Er lachte. »Du würdest eine gute Französin abgeben, Maya.«

»Ist das ein Kompliment?«, fragte sie.

Er nickte und sah sie an. »Ich muss schon sagen –«, setzte er an, zögerte dann aber.

»Was?«, fragte Maya. »Was musst du sagen?«

»Irgendwie macht es mich traurig, dass du heiraten wirst.«

(Das war der Champagner. So sprachen sie sonst nie miteinander; echt nicht. Bisher war das Intimste, was Maya je zu Gildas-Joseph gesagt hatte, dass sie *Große Erwartungen* nie zu Ende gelesen hatte.)

»Warum?«, fragte sie.

»Du weißt, warum«, gab er zurück.

Natürlich wusste sie. Sie wollte es nur von ihm hören. Dieses Wissen hatte dazu geführt, dass ihre Kleider ausgezogen wurden, im Zimmer verstreut und sie einen Orgasmus-Fakt zu hören bekam. Das war das Seltsamste am Verlobtsein und etwas, womit Maya nicht gerechnet hatte, was sie auch nicht verstand: Sie fühlte sich unglaublich sexy, und (wie sich zeigte) nicht nur, wenn sie mit Rhodes zusammen war.

Als Maya nach Hause kam, war sie erleichtert, dass, abgesehen von der Lampe über der Spüle in der Küche, alle Lichter aus waren. Also war Rhodes schon im Bett. Sie parkte ihr Auto in der Auffahrt und ging durch die Hintertür rein. Sie knipste das Küchenlicht aus und ging leise durch den Flur zu ihrem Schlafzimmer.

Aber Rhodes schlief noch nicht. Obwohl es Januar war, saß er, nur in Pyjamahose, in Mayas Büro am Computer und machte ein Update ihres Antivirenprogramms.

»Hallo«, sagte er, »du bist spät dran.«

»Ich hab noch die Drucksammlung für das *Grove Dictionary* mit Gildas-Joseph fertig gemacht.«

»*Zut alors!*«, rief Rhodes.

Das war keine Absicht, mehr ein Tick. Immer wenn sie Gildas-Josephs Namen erwähnte, sagte Rhodes etwas auf Französisch. Sie hatte gelernt, immer eine kurze Pause einzulegen, damit Rhodes auch den Rest ihres Satzes hörte. Das Gleiche geschah, wenn sie ihre australische Freundin Sophie erwähnte und er einen Satz aus *Crocodile Dundee* zitierte, oder wenn sie von ihrer irischen Freundin Ellen sprach und er »Begorrah!« ausrief. (Zum Glück hatte Maya nicht noch mehr Freunde im Ausland.)

»Ich dachte, du bist schon im Bett«, flüsterte Maya und trat zu ihm.

»Wollte ich gerade«, antwortete Rhodes. Er schob den schwarzen Computerstuhl zurück und zog sie auf seinen Schoß.

Maya drückte ihre Lippen auf seine nackte Schulter.

Etwas auf dem Bildschirm erregte Rhodes' Aufmerksamkeit, und er griff an ihr vorbei und drückte ein paar Tasten. Gedankenverloren legte er seinen Arm um ihre Hüfte und zog sie an sich, damit sie nicht das Gleichgewicht verlor.

Maya schloss die Augen. Irgendwas passierte mit der Zeit. Es fühlte sich an, als würde dieser Augenblick nicht einfach vergehen, sondern als würde sie ihn durchreisen, langsam, ohne ihr eigenes Zutun, als stünde sie auf einem Laufband am Flughafen. Und Maya schwor sich, dass sie, wenn sie diesen Augenblick hinter sich bringen würde, wenn sie auf der anderen Seite wieder auftauchte, nie mehr tun würde, was sie heute Abend getan hatte. Es war ihr ernst. Sie würde es nie wieder tun.

Am nächsten Morgen ging Maya in Gildas-Josephs Büro, um ihm zu sagen, dass sie ihn nicht mehr treffen könne, und dann hatten sie Sex auf dem Schreibtisch. (Ein Wesenszug, den Maya schon öfter an sich festgestellt hatte, eine Art innere Widersprüchlichkeit; am meisten trank sie an Abenden, an denen sie sich vorgenommen hatte, nur auf ein Club Soda in die Bar zu gehen.)

Danach sagte Gildas-Joseph: »*Almost* ist das längste Wort der englischen Sprache, in dem alle Buchstaben in alphabetischer Reihenfolge stehen.«

Was hatte Maya schon erwartet, wenn sie sich mit einem Bibliothekar einließ?

»Und *rhythm* ist das längste englische Wort ohne –«, fuhr Gildas-Joseph fort, aber Maya legte ihren Zeigefinger an seine Lippen.

»Einmal langt«, sagte sie.

Gildas-Joseph sah sie verblüfft an. Er wusste natürlich nicht, dass Maya über Orgasmus-Fakten sprach – er kannte wahrscheinlich noch nicht mal das Wort –, und dachte vielleicht, sie meinte den Sex. Oder er dachte, sie wollte damit sagen, dass es ihr einziges Mal sein würde (aber eigentlich war es jetzt schon das zweite Mal), oder vielleicht dachte er, sie meinte, er könnte nur einmal. Maya klärte ihn nicht auf.

»Bis später dann«, sagte er.

(In ihrem Kopf ging eine Tür auf, und Rhodes sagte schnell »A tout à l'heure!«, und Maya schlug die Tür zu.)

»Bis später«, bestätigte sie.

In den folgenden Wochen und Monaten hatte Maya das Gefühl, sie beobachte ihr Leben, als würde es jemand anderem passieren: Sieh dir die hübsche junge Frau an, wie sie jeden Morgen aufsteht und acht Kilometer läuft. Wie sie nach Hause kommt und ihrem Verlobten eine Tasse Tee bringt, noch bevor er wach ist. Wie sie manchmal noch verschwitzt zu ihm ins Bett kriecht und sie sich lieben. (»Wusstest du, dass dunkle Materie irgendwie zu *verstehen* scheint, wie sichtbare Materie verteilt ist?«, fragt ihr Verlobter danach. »Wusstest du, dass Diät-Cola grün wäre, wenn sie keinen Farbstoff hinzufügen würden?«)

Sieh ihr dabei zu, wie sie zu ihrem Job in die Bibliothek geht und in ein paar Stunden die Arbeit erledigt, für die sie sonst den ganzen Tag gebraucht hat. Sie muss effizient sein, denn ihr Chef könnte jeden Augenblick einen freien Termin haben, und dann könnten sie zusammen sein, sich in der Lounge einen Blick zuwerfen, im Microfiche-Raum Händchen halten, in seinem Auto miteinander schlafen, wo die Ledersitze seltsame Muster auf ihrer Haut hinterlassen.

Die Tage, an denen sie zu Hause arbeitet, sind sogar noch besser. Nachdem sie geduscht hat, zieht sie ihren Kimono über und arbeitet bis Mittag an ihrem Computer. Dann fährt ihr

Chef von der Bibliothek herüber und parkt das Auto einen Block weiter. Er klopft an die Hintertür, und sie schlafen auf dem Küchentisch miteinander oder auf dem Wohnzimmerboden, weil sie es nicht bis zum Bett im Gästezimmer schaffen, obwohl sie dort manchmal noch ein zweites Mal miteinander schlafen, langsamer und gründlicher, so unglaublich gründlich; es gibt nichts, was sie nicht füreinander tun würden. »Mein Gott, du bist phantastisch«, sagt der Chef zur jungen Frau. Und dann sagt er ihr, dass die menschliche DNA zu sechzig Prozent mit der von Fruchtfliegen übereinstimmt.

Fruchtfliegen sind ein Problem in ihrem Haus, in dem es immer unordentlicher wird. Sie hat die Frucht, die in der Schale vor sich hin schimmelte, weggeworfen, aber die Fruchtfliegen sind geblieben. Die Fruchtschale bleibt leer, genau wie die Vorratskammer und der Kühlschrank. Nie findet sie Zeit, einkaufen zu gehen – »Warum essen wir eigentlich immer was vom Inder?«, fragt der Verlobte der jungen Frau mit indischem Akzent –, ihre Eltern anzurufen, zum Zahnarzt zu gehen oder die Wäsche wegzuräumen.

Manchmal fragt sich die junge Frau, warum sie ihren Chef will, wenn sie schon einen Verlobten hat, und kann es nicht wirklich erklären, nicht mal sich selbst, außer damit, dass sie ihren Chef schon immer gewollt hat, schon immer die Silberfäden an seinen Schläfen gemocht hat, seine dunklen Augen und den leichten französischen Akzent. Und jetzt hat sie ihn und kann es kaum glauben. Jedes Mal, wenn sie daran denkt, läuft ihr ein seliger Schauder über den Rücken, genau wie wenn sie etwas sehr Teures kauft. Die Handtasche von Chanel zum Beispiel, die sie immer wieder aus der Verpackung nimmt, entzückt ansieht und darüber staunt, dass sie nun ihr gehört, wodurch der schöne Gegenstand einen Hauch von Vertrautheit bekommt. Sie hat sich die Tasche immer wieder im Laden angesehen und sich gewünscht, sie zu besitzen, und jetzt gehört sie ihr. Wahrscheinlich würde es ihrem Chef nicht gefallen, mit einer Handtasche verglichen zu werden, noch nicht mal mit einer französischen. Sie betrachtet ihn nicht als Gegenstand, doch der Rausch des Besitzens ist der gleiche.

Die junge Frau hat den Eindruck, dass es in der Welt eine Art sexuelle Unterströmung gibt, in die sie jetzt geraten ist. Die Welt scheint durchströmt zu sein von Sex wie nie zuvor. Er ist überall, in Büchern, Filmen, in der Werbung und auch im echten Leben. Männer betrachten sie auf ganz neue Art und Weise. Sie will nichts mit diesen anderen Männern zu tun haben, sie ist glücklich mit den beiden, die sie hat, aber sie genießt die Aufmerksamkeit, es amüsiert sie, wie diese anderen Männer plötzlich überall auftauchen: auf der Straße, in der Bibliothek, im Park, im Getränkemarkt.

»Wussten Sie, dass der Druck in einer Flasche Champagner genauso groß ist wie der Druck im Reifen eines Doppeldeckerbusses?«, erzählt der Typ im Getränkemarkt Maya.

Denn natürlich ist die Welt plötzlich auch voller Orgasmus-Fakten.

Maya kam zu spät zum Abendessen bei Rhodes' Eltern. Sie hängte ihren Mantel in die Garderobe und ging in die Küche. »Entschuldigt, dass ich so spät bin«, sagte sie in der Tür. »Ich war noch was trinken mit meiner Freundin Vanessa.«

»God save the Queen«, sagte Rhodes, was Maya verwirrte, bis ihr einfiel, dass Vanessa (die sie seit Monaten nicht gesehen hatte) Engländerin war. Rhodes saß mit Magellan am Küchentisch, vor ihnen lag ein Schulbuch. Desmond saß ihnen mit der Zeitung gegenüber.

»Kein Problem, Liebes«, rief Hazelene vom Kamin herüber. »Ich habe gerade erst den Tisch im Esszimmer gedeckt. Möchtest du etwas trinken?«

»Ich nehm mir schon selbst«, sagte Maya. Sie holte sich ein Weinglas aus dem Schrank und schenkte sich aus einer Rotweinflasche ein, die vor Rhodes auf dem Tisch stand.

»Hallo«, sagte er und griff nach ihrer Hand. »Wie geht's dir? Und wie geht's Vanessa?«

»Gut und gut«, sagte Maya und küsste ihn. »Hey, Magellan, was lernst du denn?«

»Hi«, grüßte Magellan wie immer lustlos. »Rhodes übt mit mir für den Erdkunde-Arbeitskreis morgen.«

»Kann ich beim Abendessen helfen?«, fragte Maya Hazelene. Jedes Mal musste sie sich dazu ermahnen, denn bei Rhodes' Eltern fühlte man sich immer wie ein Teenager und wurde automatisch genauso träge. Rhodes ging es genauso, und Magellan ebenfalls (die ja tatsächlich noch ein Teenie war), und Desmond hatte in den letzten dreißig Jahren offensichtlich auch nichts im Haushalt getan, deshalb war es ziemlich einfach, Hazelene alles alleine machen zu lassen.

»Nein, nein, das Essen ist fast fertig«, sagte Hazelene. »Setz dich doch einfach dazu.«

Also zog Maya einen Küchenstuhl unter dem Tisch hervor und setzte sich neben Desmond.

Er blickte von seiner Zeitung auf. »Wusstest du, dass Rechtshänder durchschnittlich neun Jahre länger leben als Linkshänder?«

(Hatte er gerade einen Orgasmus gehabt? Darüber wollte

Maya lieber gar nicht nachdenken, es drängte sich allerdings auf.)

»Interessant«, sagte sie. »Wusstest du, dass es bei Zwillingen ziemlich wahrscheinlich ist, dass einer von beiden Linkshänder ist?«

Desmond runzelte die Stirn. »Stimmt das wirklich?«

Wie sexistisch war das denn bitte? Maya hatte ihr halbes Leben damit verbracht, sich die Orgasmus-Fakten von Männern anzuhören und so zu tun, als wäre sie fasziniert, und wenn sie ein einziges Mal selbst einen solchen Fakt von sich gab, meldete ihr männliches Gegenüber Zweifel an!

»Ja, das stimmt. Ich habe die Website für den Linkshänderclub von Illinois gestaltet.«

»Aha«, sagte Desmond wenig beeindruckt.

Unwillkürlich fragte sich Maya, ob das mit den Zwillingen wirklich stimmte. Aber sie wurde ja schließlich für die Gestaltung der Seite bezahlt, nicht für den Faktencheck.

Auf der anderen Seite des Tischs hörte Rhodes Magellan ab. »Welche kanadische Provinz produziert mehr als die Hälfte der im Land hergestellten Güter?«

»Keine Ahnung«, sagte Magellan. »Ich kenne keine kanadischen Provinzen.«

»Ich geb dir einen Tipp«, sagte Rhodes. »Sie hat Zugang zum Sankt-Lorenz-Seeweg.«

»Ich hab doch gesagt, dass ich keine Provinzen kenne.«

»Es ist die zweitgrößte.« Rhodes hörte sich an, als wäre er gerade wahnsinnig großzügig.

»Sag entweder ›Es klingt wie soundso‹, oder stell einfach die nächste Frage«, sagte Magellan.

»Essen ist fertig«, unterbrach Hazelene, und alle gingen ins

Esszimmer, allerdings nahm Rhodes das Buch mit und stellte seine Fragen jetzt an alle. Es gab Tacos (Hazelene kochte sogar Dinge, die Teenager mögen), sie sprachen über Geographie, und Magellan verließ dreimal den Tisch, um ans Telefon zu gehen.

»Unser Leben wird von der modernen Technologie kontrolliert«, sagte Desmond zu Maya nach dem dritten Mal.

Maya war sich da nicht so sicher. Das Telefon wirkte wie ein Überbleibsel aus den frühen Siebzigern. Seit Maya vor sieben Jahren mit Rhodes zusammengekommen war, hing es an der Küchenwand, und wahrscheinlich schon Jahrzehnte zuvor. Obwohl Magellan das Spiralkabel so weit dehnte wie möglich, war sie noch zu hören: »Ich bin mir sicher, dass ich in der ersten Runde rausfliege.«

»Kein Witz«, sagte Rhodes. »Sie kennt nicht mal den höchsten Berg Europas.«

»Mont Blanc«, sagte Maya ungebremst. Gildas-Joseph hatte ein Sommerhaus in Haute-Savoie.

»Ah, la vache«, sagte Rhodes überrascht. »Sehr gut, Maya.«

Nach dem Essen half Maya Hazelene beim Abräumen und Spülen. »Danke, meine Liebe«, sagte Hazelene. »Schön, dass du heute Abend mitgekommen bist. Rhodes meinte, du arbeitest ziemlich viel in letzter Zeit.«

Bei Maya schrillten kurz die Alarmglocken. Wie viel konnte man realistischerweise schon arbeiten als Teilzeitbibliothekarin und Webdesignerin? Und die Tatsache, dass Rhodes es bemerkt und sogar Hazelene davon erzählt hatte, machte ihr Sorgen.

»Ja«, sagte sie langsam. »Aber das geht nicht ewig.«

Das konnte es auch nicht, das wussten Gildas-Joseph und

sie ganz genau. Es würde enden. In den nächsten Tagen, versprach sich Maya selbst. Oder zumindest bald.

»Wie war dein Tag, Hazelene?«, fragte sie, ziemlich erleichtert, dass sie daran gedacht hatte. Denn das war noch so etwas, das hier einfach passierte – man vergaß, dass Rhodes' Eltern auch ein eigenes Leben hatten.

»Ach, langweilig«, sagte Hazelene. »Ich habe den ganzen Vormittag auf den Handwerker für den Trockner gewartet, und als er endlich auftauchte, funktionierte der Trockner einwandfrei. Und er sagt: ›Sie wissen aber schon, wie man ihn einschaltet?‹ Und ich fahre ihn an: ›Natürlich weiß ich das, ich bin ja kein Vollidiot!‹ Darauf folgten zehn sehr ungemütliche Minuten, in denen wir darauf warteten, dass der Trockner ausging, was er dann irgendwann auch tat. Aber erst nachdem ich angefangen hatte, mir zu überlegen, ob ich nicht vielleicht doch ein Vollidiot bin. Falls ja, woher wüsste ich es dann?«

Maya lachte. Hazelene hatte mit Orgasmus-Fakten nichts am Hut, noch nicht mal mit geographischen. Sie erzählte Geschichten. Selbst wenn das Ende der Welt nahte oder sie aus dem brennenden Rom fliehen müssten – Hazelene würde neben ihr herjoggen und keuchend eine Anekdote über den Supermarktkassierer zum Besten geben. Maya liebte sie dafür.

Emily aus der Bibliothek war schwanger und gab eine Cocktailparty, weil sie, wie sie sagte, damit rechnete, dass ihr Sozialleben mit einem Schlag vorbei sein würde, wenn das Baby im Frühling auf die Welt kam, und sie vorher noch ordentlich was erleben wollte, auch wenn sie an diesem Abend nur Mocktails trank. Sie führte Maya und Rhodes zum Esstisch, der zu einer Bar umfunktioniert war, inklusive eines pickligen Barkeepers, der noch zur Schule ging.

Maya bat um ein Glas Rotwein und Rhodes um ein Bier, und als sie sich umwandten, standen Gildas-Joseph und seine Frau Adèle direkt vor ihnen.

Natürlich hatte Maya gewusst, dass sie kommen würden. Gildas-Joseph und sie hatten sich darauf geeinigt, dass nichts dagegensprach, wenn sie beide hingingen. Damit könnten sie schon umgehen. Außerdem hatten sie vereinbart, an diesem Tag keinen Sex zu haben, aber Maya wünschte nun, sie hätten doch miteinander geschlafen, dann wäre sie entspannter gewesen.

»Hallo, Maya«, sagte Adèle. »Wir haben uns ja eine Ewigkeit nicht gesehen.«

Maya lächelte, sagte hallo und stellte Rhodes vor. Sie hatte Adèle unzählige Male bei Bürofesten getroffen, aber sie nie besonders beachtet. Gildas-Joseph sprach selten über Adèle, aber einmal sagte er, dass Maya und Adèle nicht unterschiedlicher sein könnten. Und daraus zog Maya zahlreiche Rückschlüsse wie zum Beispiel, dass Maya Lust auf Sex hatte und Adèle nicht, und Maya Gildas-Joseph viel Aufmerksamkeit schenkte und Adèle nicht. Dass sie selbst sehr ironisch, Adèle dagegen sehr seriös war. Aber Adèle in Fleisch und Blut vor sich zu sehen war doch etwas anderes.

So sieht also mein Gegenpart aus, dachte Maya, als sie ihren Blick über Adèle huschen ließ. Adèle war größer als Maya, aber das waren fast alle. Adèle trug ihr schwarzes Haar kurz, sie hatte mandelförmige Augen und einen langen grazilen Nacken. Maya hatte lange braune Haare, die ihr in wirren Locken über den Rücken fielen, und große braune Augen, ihr Hals war okay, aber nicht schwanengleich. Adèle war hübsch, aber das machte Maya nichts aus, denn sie hatte immer gewusst, dass sie selber auf der Hübsch-bis-sexy-Skala eher Richtung *sexy* tendierte. Adèles Kleidung war weniger ein Outfit als eine Vielzahl von hauchdünnen sich überlagernden Schichten in schimmernden Silbertönen. (Maya hätte wetten können, dass es nicht möglich war, die ganzen Lagen ein zweites Mal in derselben Reihenfolge anzuziehen.) Die hauchdünnen Stoffe sahen an Adèles schlankem Körper toll aus. Maya dagegen hätte darin den Eindruck erweckt, als wäre sie gerade aus ihrer brennenden Wohnung geflohen und hätte sich schnell noch etwas überwerfen müssen. Aber das war auch okay, denn Maya gefielen ihre eigenen Klamotten, die schlichten Bluejeans und das cremefarbene Oberteil. Adèle wirkte sehr kultiviert, das war nicht zu leugnen, und obwohl das Gegenteil von kultiviert unkultiviert war, nahm Maya lieber an, dass Gildas-Joseph sie für natürlich und unkompliziert hielt. Adèle hatte ein majestätisches, entrücktes, auf vornehme Weise zurückhaltendes Auftreten. Maya selbst konnte nicht einschätzen, wie sie auf andere wirkte, vermutete aber, dass sie eher etwas von einem Golden Retriever hatte, der nach einem langen Spaziergang ins Haus stürmt. Und auch das war okay, denn Maya liebte Hunde. (Was, wie sie zufällig wusste, nicht für Adèle galt.)

Offenbar hatte Rhodes Adèle noch nie getroffen, oder zumindest nicht mit ihr gesprochen, denn er fragte: »Und was machen Sie, Adèle?«

»Ich unterrichte die Harfe«, sagte Adèle. Ihr französischer Akzent war stärker ausgeprägt als der ihres Mannes.

»In welchem Fach?«, fragte Rhodes. (Tief in ihrem Innern hatte Maya gewusst, dass er das sagen würde.)

Diese Seite von Rhodes hatte sie beinah vergessen: Manche

Menschen machten dumme Witze und lachten selbst darüber, aber Rhodes machte dumme Witze und schaute wie ein Schaf, was die anderen zum Lachen brachte.

Adèle lachte.

»Stimmt es eigentlich, dass Harfenisten nur die ersten vier Finger benutzen?«, fragte Rhodes.

Das klang zwar wie ein Orgasmus-Fakt, war aber keiner. So redete Rhodes eben. Er wusste zu allem ein bisschen was. Einmal hatte Rhodes Maya zu einem Treffen mit seiner kompletten Großfamilie mitgenommen – zweiundzwanzig Verwandte plus Maya; sie hatten Trivial Pursuit gespielt, alle gegen Rhodes, und Rhodes hatte trotzdem gewonnen. (Maya hatte keine einzige Antwort gewusst und hätte genauso gut in der Küche bleiben und Kartoffeln schälen können.)

»Ja, das stimmt«, sagte Adèle. »Der kleine Finger hat nicht genügend Kraft zum Zupfen.«

Rhodes sah sie nachdenklich an. »Und warum trainieren die Leute dann nicht ihre kleinen Finger? Das würde einem doch einen riesigen Vorteil verschaffen?«

Und so entspann sich ein langes Gespräch zwischen ihm und Adèle über kleine Finger, Orchester, klassische Musik und Fingerübungen. Kurz streiften sie sogar die Geschichte der Harfe, während Maya mit einem Glas Rotwein in der zitternden Hand (vielleicht sollte sie ihre Hand trainieren, wie Adèle) danebenstand und überlegte, was sie Unverfängliches zu Gildas-Joseph sagen konnte.

Sie war so nervös, dass sie Gildas-Joseph kaum ansehen konnte, aber als sie es doch tat, lächelte er sie beruhigend an. Sie hätte wissen müssen, dass er mit so einer Situation umgehen konnte. Er war genauso kultiviert wie seine Frau.

»Wie läuft es mit der Jazz-Abteilung vom Grove?«, fragte er, und Maya erging sich dankbar in einer so ausführlichen und langweiligen Beschreibung, dass ein eingeweihter Zuhörer hätte denken müssen, sie würde mit ihm Schluss machen.

Und dann geschah eine dieser kleinen Verschiebungen, die es bei Partys immer wieder gibt, und plötzlich unterhielt sich Gildas-Joseph mit Rhodes und Maya mit Adèle.

»Sagen Sie mir doch noch mal die Namen Ihrer Kinder«, bat Maya, nicht weil sie die Namen vergessen hatte, sondern weil sie Angst hatte, etwas zu erwähnen, das sie gar nicht wissen konnte.

»Mary Ellen, Lorraine und George«, sagte Adèle lächelnd, und Maya wunderte sich einmal mehr, dass Namen, die auf Englisch so langweilig waren, auf Französisch so elegant klingen konnten.

»Und wie alt sind sie?«, fragte Maya, obwohl sie auch das natürlich wusste: fünfzehn, zwölf und neun.

Adèle antwortete und lächelte dann wieder. »Gildas-Joseph hat mir erzählt, dass Sie verlobt sind.«

»Ja, das stimmt«, sagte Maya.

»Herzlichen Glückwunsch«, sagte Adèle. »Planen Sie schon die Hochzeit, oder sind Sie erst mal einfach glücklich verlobt?«

»Erst mal einfach glücklich verlobt«, gab Maya zurück. »Hochzeiten können ja echt ein Albtraum sein.«

»Das stimmt«, sagte Adèle. »Heutzutage ist der Druck auf die Braut immens!« Ihre Stimme war sanft und wohltönend, selbst wenn sie lauter sprach.

»Ja, genau«, antwortete Maya, »und ich plane noch nicht mal gern einen Besuch im Einkaufszentrum.«

»Ganz genau«, sagte Adèle.

Auf dem Nachhauseweg sagte Maya im Auto zu Rhodes: »Denkst du, dass Adèle genau das Gegenteil von mir ist?«

»Das Gegenteil? In welcher Hinsicht?«, fragte Rhodes mit einem Stirnrunzeln.

»In jeder.«

»Ich denke, ein richtiges Gegenstück zu dir wäre ein alter Polynesier in einem Fischerboot vor der Küste von Perth«, sagte Rhodes. (Maya sah später im Internet nach: Perth lag genau auf der anderen Seite des Planeten.)

»Ja, vielleicht«, sagte Maya. »Aber was ich meine – ist sie irgendwie besser als ich? Hübscher oder schlauer oder kultivierter?«

»Hübscher?«, fragte Rhodes in einem Ton, als wäre er verwirrt. »Schlauer? Du bist der schlaueste Mensch, den ich kenne, Maya.«

Das stimmte natürlich nicht, aber Maya wusste, dass er das irgendwie wirklich glaubte. Und das war das Wunderbare an Rhodes.

Ende Februar erzählten Rhodes und Gildas-Joseph Maya innerhalb von einer Woche dasselbe Orgasmus-Faktum, nämlich dass es eine Initiative gab, die Pluto wieder den Status eines Planeten zusprechen wollte. Vor einigen Jahren war Maya an einem Wochenende mit zwei verschiedenen Dates in ein und demselben Restaurant gelandet, und sie empfand jetzt das Gleiche wie damals – dass der Standard sinkt.

Vermutlich war diese Pluto-Geschichte in den Nachrichten gewesen (sonst wäre es wirklich ein nahezu unglaublicher Zufall), so wie sie damals angenommen hatte, dass das Restaurant gerade gut besprochen worden war.

»Glaubst du, ich lese keine Zeitung oder sehe keine Nachrichten?«, sagte sie zu Rhodes, der mit seinem Pluto zu spät kam.

»Das tust du nicht«, sagte Rhodes.

Was stimmte (dafür hatte sie keine Zeit mehr), aber darum ging es doch gar nicht.

Was sollte sie mit einem Verlobten *und* einem Liebhaber anfangen, wenn sich die beiden so ähnlich waren, dass sie im Augenblick sexueller Entrückung (oder zehn Sekunden danach) exakt dasselbe dachten? Maya war unbehaglich zumute, denn Rhodes und Gildas-Joseph waren sich tatsächlich in vielerlei Hinsicht ähnlich. Manchmal machten sie sogar dieselben Witze, und beide sprachen gern über dunkle Materie.

Aber schließlich kam Maya ziemlich genau zu demselben Schluss wie schon Jahre zuvor: Besser, in einem Restaurant essen, das kein Geheimtipp ist, als gar keine Verabredungen haben. Besser, ein uninspiriertes Orgasmus-Faktum hören, als den Kühlschrank putzen (was Maya seit Wochen nicht getan hatte.) Besser, sich mit einem unterdurchschnittlichen Orgasmus-Faktum zufriedengeben, als es einer anderen Frau überlassen. Maya hätte es nicht ertragen, wenn Rhodes oder Gildas-Joseph mit einer anderen geschlafen hätten.

Und ja, sie wusste, dass man so etwas Doppelmoral nannte.

Gildas-Joseph war über Ostern drei Tage weg, und Maya hatte damit gerechnet, ihn fürchterlich zu vermissen. Sie wollte die Zeit mit all den Dingen überbrücken, die liegengeblieben waren – das Haus putzen, die Ventilatorblätter abstauben, die Kühlschrankspiralen absaugen, vielleicht den Kaminkehrer kommen lassen.

Aber Maya tat nichts dergleichen. Sie verbrachte die ganze

Zeit mit Rhodes. Sie brachte ihm Essen ins Büro, sie gingen mitten am Nachmittag ins Kino, sie duschten gemeinsam und gingen in ein Schreibwarengeschäft, um sich Hochzeitseinladungen anzusehen, aber die Verkäuferin schüchterte sie mit ihren Fragen so sehr ein, dass sie sich nicht entscheiden konnten. Also gingen sie nach Hause, hatten dreimal hintereinander Sex, bestellten etwas beim Chinesen, tranken Bier im Bett, und Rhodes erzählte ihr, dass Google ein Wortspiel ist und von dem englischen Wort *googol* kommt, das für eine Zahl steht, und zwar für eine Eins mit hundert Nullen. Dann machte er nach, wie er das dem Mädchen vom China-Lieferdienst nach dem Sex erklärte (nicht dass er tatsächlich mit ihr geschlafen hätte, es war nur eine imaginierte Darstellung) und wie sie später ihren Freunden erzählte: »Oh, sehl klug, el hat mil viel übel Suchmaschinen elklält.« Rhodes wusste von den Orgasmus-Fakten, Maya hatte ihm schon vor langer Zeit davon erzählt.

Maya begann sich anzuziehen. »Meinst du, ich kann noch fahren?«, fragte sie.

»Klar, das war doch nur ein halbes Bier«, sagte Rhodes vom Bett aus. »Wo fährst du hin?«

»Ich muss was aus der Reinigung abholen und noch kurz bei der Arbeit vorbei«, sagte Maya. In Wirklichkeit wollte sie Gildas-Joseph am Flughafen abholen. Sie konnte es kaum erwarten, ihn zu sehen.

An einem Sonntag besuchten sie Rhodes' Eltern zum Brunch und aßen Egg Benedict. Danach saßen alle Zeitung lesend im Wohnzimmer herum.

Hazelene machte ein Kreuzworträtsel. »Ein französisches Wort mit neun Buchstaben, für ›gelenkte Marktwirtschaft‹?«

»*Dirigisme*«, sagte Maya.

»Super, vielen Dank«, sagte Hazelene erfreut und kritzelte es mit ihrem Kuli rein.

Maya legte den Kunstteil der Zeitung weg. »Das hat mir mein Chef erzählt«, sagte sie. »Gildas-Joseph.«

»*C'est la fin des haricots*«, sagte Rhodes.

Natürlich hätte Maya nicht erklären müssen, woher sie das wusste. Rhodes' Familie wusste jede Menge solcher Dinge (abgesehen von Magellan). Wahrscheinlich wären sie eher misstrauisch gewesen, wenn sie die Antwort *nicht* gewusst hätte. Maya erwähnte Gildas-Joseph nur aus einem einzigen Grund: Weil es ihr Freude machte, seinen Namen auszusprechen. Selbst ihrer künftigen Schwiegermutter gegenüber.

Maya und Rhodes gingen freitagabends ins Kino. Als sie in der Schlange standen, blickte Rhodes über ihre Schulter und sagte leise: »*Poser un lapin*«, und Maya wusste, noch bevor sie sich umdrehte, dass Gildas-Joseph da sein musste.

Er kam gerade mit Adèle zur Tür herein. Wie seltsam, dass sie ihm in drei Jahren nie zufällig begegnet war, und jetzt tauchte er hier auf.

»Maya, Rhodes, hallo!«, rief Adèle. »Wie schön, euch zu sehen!«

Sie standen direkt hinter Maya und Rhodes, und es ging nur langsam voran, also mussten sie lange über das Wetter und Heinrich VIII. sprechen (alle vier wollten *Die Schwester des Königs* sehen) und dass Historienfilme ja immer wieder für den Oscar nominiert wurden, und über die Gewinnspanne von Kinos mit Popcorn, und wie erstaunlich es war, dass Maya noch vor fünf Stunden im Gästezimmer vor Gildas-Joseph gekniet

143

hatte und er so heftig gekommen war, dass er ihr nachher kaum sagen konnte, wie viele Liter Wasser im Golf von Mexiko waren (okay, über den letzten Teil sprachen sie nicht, obwohl er Maya im Kopf herumhämmerte und unbedingt rauswollte).

Dann waren Maya und Rhodes endlich an der Reihe, kauften ihre Tickets, verabschiedeten sich und gingen in den Kinosaal.

»Kaum zu glauben, dass wir sie hier getroffen haben«, sagte Rhodes. »Ich hätte nicht gedacht, dass sie ins Kino gehen.«

»Warum nicht?«, fragte Maya verstimmt. »Warum sollten sie nicht ins Kino gehen wie jeder andere auch?«

»Einfach so«, sagte er. »Ich hätte eher vermutet, dass sie zu Hause bleiben und Kammermusik hören, oder nur in Filme mit Untertiteln gehen.«

Maya hatte einen ähnlichen Gedanken gehabt. »Ich weiß.«

»Zum Glück waren sie letzte Woche nicht da, als wir uns *Cloverfield* angeschaut haben«, sagte Rhodes. »Das wär mir peinlich gewesen.«

»Mir auch«, sagte Maya.

Und plötzlich stand Adèle neben ihnen und hielt ihnen Mayas Handschuhe hin. »Die hast du am Kartenschalter vergessen«, sagte sie.

»Oh, danke«, sagte Maya. »Die vergesse ich immer. Ich weiß gar nicht mehr, wo ich sie schon überall habe liegenlassen.«

»Vielleicht ist es einfacher, wenn du die Orte zählst, an denen du sie *nicht* hast liegenlassen«, schlug Rhodes vor.

Adèle reichte ihr die Handschuhe, und Mayas Finger berührten kurz ihre – ein seltsames Gefühl.

»Danke«, sagte Maya.

Adèle lächelte. »Keine Ursache.« Sie ging durch den Gang zurück zu Gildas-Joseph, der ihr einen Sitz frei gehalten hatte.

Hatte Gildas-Joseph die Handschuhe am Kartenschalter gesehen? Hatte er gewusst, dass sie Maya gehörten, so wie er ihre Stimme oder ihren Geruch erkannt hätte? Hatte er die Handschuhe gesehen und an sie gedacht, während seine Frau sie ganz ahnungslos an sich nahm?

Denn Adèle ahnte nichts, daran hatte Maya keinen Zweifel. Als sie Maya angesehen hatte, war ihr Blick freundlich und interessiert gewesen, ohne jeden Argwohn. Sie tat Maya richtig leid. Arme arglose Adèle. Arme Adèle, die nicht wusste, dass ihr Mann, wenn er zur Arbeit ging, in ihre, Mayas, Arme eilte; die nicht wusste, dass Maya in ihrem Zuhause gewesen war, mit ihrem Mann auf der Ausziehcouch im Büro geschlafen hatte und auf dem Boden neben der Couch, weil Maya die harten Eisenstangen des Sofas an ihrem Rücken nicht mehr aushielt. Adèle wusste nicht, dass Gildas-Joseph während Georges' Fußballturnieren Maya vom Handy aus anrief, dass er mit Maya vor Lorraines Kunststunden telefonierte, dass Maya der erste Mensch war, dem er erzählt hatte, dass er in Mary Ellens Tasche Zigaretten gefunden hatte. Adèle wusste nichts von alldem. Sie wusste nicht, dass ihr Mann sie zehntausendmal betrog an einem einzigen Tag.

Im Saal gingen die Lichter aus, und Rhodes griff nach Mayas Hand. Im Kino hielt er immer gern ihre Hand.

Aber plötzlich waren Mayas Hände eiskalt, und sie konnte kaum noch atmen. Sie starrte im Halbdunkel zu Rhodes. Daran hatte sie noch nie zuvor gedacht, nicht weil sie es nicht gewollt hätte, nicht weil sie sich verweigerte, sondern weil es ihr wirklich nicht bewusst gewesen war. Aber *jetzt* wurde es ihr bewusst, mit einem Schlag: Auch sie betrog Rhodes zehntausendmal am Tag.

Maya traf sich mit Gildas-Joseph im Café bei der Uni, weil er dort abends eine Besprechung hatte und sie gerade zum Laden gegangen war, um Milch und Brot zu kaufen. Mit ein wenig Glück blieb Zeit für einen schnellen Kaffee und vielleicht noch ein bisschen mehr, um auf dem Rücksitz von Mayas Auto miteinander zu schlafen. So war Mayas Leben: völlig verrückte Zeitpläne, die nur mit viel Glück aufgingen. Und zum ersten Mal in ihrem Leben verstand sie die Redewendung »seines eigenen Glückes Schmied sein«, denn sie und Gildas-Joseph waren ihres eigenen Glückes Schmied, sie schufen sich ihre eigene Zeit, wo vorher keine gewesen war.

Aber heute Abend stieß sie die Glastür zum Café auf, und eine Stimme hinter ihr sagte: »Hi, Maya.«

Es war Magellan.

»Hallo«, sagte Maya. »Was machst du denn hier?« Die Gefahr war klein, dass Magellan im Gegenzug fragte, was Maya hier machte, denn Magellan sprach nie über etwas anderes als sich selbst.

»Ich wollte mich mit Angie treffen«, sagte Magellan. Oh ja, Angie war Magellans beste Freundin. Die beiden kicherten wahnsinnig viel hinter vorgehaltener Hand, was Maya unglaublich nervte.

Maya sah sich im Café um. Weder Gildas-Joseph noch Angie waren da. »Wo triffst du Angie denn?«

»Ich *wollte* sie hier treffen«, sagte Magellan. »Aber sie hat mir gerade eine SMS geschickt.«

Manchmal dachte Maya, dass Magellan ohne jeden Sinn für Kommunikation geboren war, so wie manche Leute farbenblind auf die Welt kamen. »Was stand denn in der SMS?«, fragte sie.

»Na ja, dass sie es nicht schafft, weil sie länger in der Schule bleiben muss.«

»Sie kommt also gar nicht?«, fragte Maya.

Magellan schüttelte den Kopf.

»Dann trink doch einen Kaffee mit mir«, schlug Maya vor und fragte sich gleichzeitig, wie sie Magellan wieder loswerden konnte, die plötzlich so jung und schutzlos wirkte, als wäre sie dreizehn und nicht sechzehn. Wie würde sie nach Hause kommen? Es war ja schon dunkel.

Maya bestellte sich einen Latte und Magellan eine heiße Schokolade. Maya zahlte beides. Magellan bot weder an zu bezahlen, noch bedankte sie sich, aber Maya wusste, dass Magellan sie als Erwachsene betrachtete, wie ihre Eltern oder Rhodes – jemand, der sich automatisch um sie kümmerte.

Sie setzten sich, und Magellan sagte: »Du solltest nicht Latte bestellen, weißt du?«

»Warum nicht?«

»Weil Latte auf Deutsch auch Erektion heißt.«

Jetzt erzählte ihr Magellan schon Orgasmus-Fakten! Orgasmus-Fakten über Orgasmen, oder zumindest über Sex.

»Ach ja?«, fragte Maya. »Und woher weißt du das?«

»Von Angie.«

»Und wo hat die das her?« So verliefen alle Gespräche mit Magellan, endlose Frage-und-Antwort-Reihungen, die nie irgendwohin führten. Selbst Sokrates hätte sie dafür erwürgt.

»Von ihrer Großmutter.«

»Welche Großmutter weiß denn so was?«, fragte Maya. »Und außerdem sind wir doch gar nicht in Deutschland?«

»Na ja«, sagte Magellan langsam. »Was, wenn die Frau hinter der Theke Deutsche ist?«

Das war – man glaubt es kaum – das Interessanteste, was Magellan jemals zu Maya gesagt hatte. Und dieser Gedanke fesselte Maya so sehr, dass sie gar nicht bemerkte, wie Gildas-Joseph an ihren Tisch trat.

»Oh, hey, hallo«, sagte sie verdutzt. »Magellan, das ist mein Chef, Gildas-Joseph. Und das ist Magellan, Rhodes' Schwester.«

»Hi«, sagte Magellan. (Bei Gelegenheit würde Maya ihr eine interessantere Grußformel beibringen.)

»Hallo, Magellan«, sagte Gildas-Joseph locker. »Macht es den Damen etwas aus, wenn ich mich dazusetze?«

»Natürlich nicht«, sagte Maya.

Er nahm Platz, und sie lächelten sich über Magellan hinweg an.

»Magellan. Das ist ein origineller Name«, sagte Gildas-Joseph. »Gefällt er dir?«

Für gewöhnlich sagten Leute, die Magellan kennenlernten, *Ach, wie der Entdecker, oder?*, als wollten sie schnell ihr Geschichtswissen loswerden. In Mayas Beisein hatte jedenfalls noch niemand Magellan gefragt, ob sie ihren Namen mochte.

»Ich mag ihn nicht«, antwortete Magellan. »Man weiß im ersten Moment noch nicht mal, ob es ein Jungen- oder Mädchenname ist.«

»Wie würdest du denn gern heißen?«, fragte er.

»Jenny«, sagte Magellan, ohne zu zögern. »Oder vielleicht Lynn. Irgendwas Normales.«

»Wahrscheinlich wirst du deinen eigenen Kindern ganz normale Namen geben«, sagte Gildas-Joseph. »Und sie werden ihren Kindern ungewöhnliche Namen geben, und so wird es über Generationen hinweg weitergehen.«

»Meinen Sie?«, fragte Magellan. Magellan war offensichtlich geschmeichelt, vielleicht weil er davon auszugehen schien, dass sie eines Tages Kinder haben würde. Maya spürte ein wenig Besitzerstolz. Das war *ihr* Liebhaber, der die unbezirzbare Magellan bezirzte.

»Und was habt ihr beiden heute noch vor?«, fragte Gildas-Joseph.

»Ich gehe noch zum Buchladen und dann wahrscheinlich nach Hause«, sagte Magellan.

»Wie kommst du denn nach Hause?«, fragte Maya.

»Mit dem Bus.«

»Quatsch, ich fahre dich«, sagte Maya und versuchte, nicht allzu gereizt zu klingen. Sie *musste* Magellan fahren, daran führte kein Weg vorbei.

»Okay«, willigte Maya ein. »Macht es dir was aus, wenn ich vorher noch in den Buchladen gehe?«

»Nein, natürlich nicht«, sagte Maya. »Ich warte einfach hier.«

Magellan ging und ließ ihren Schal auf dem Stuhl zurück. Maya hatte das Gefühl, dass er nur da lag, um sie im Auge zu behalten.

»Tut mir leid«, sagte sie zu Gildas-Joseph.

Er griff nach ihrer Hand. »Mir auch.«

»Wusstest du, dass Latte auf Deutsch Erektion bedeutet?«

»Im Französischen heißt es *trique*.« Er lächelte betrübt. »Und ich hab eine.«

Maya sah ihn an, mit einem Blick, der einen Kuss ersetzen sollte. »Tut mir leid«, sagte sie noch mal.

»Schon okay«, sagte Gildas-Joseph. »Du bist so lieb zu ihr, zu Magellan.«

Und dann küsste Maya ihn, Café hin oder her.

Denn auch wenn sie sich genügend um Magellan sorgte,

um sie nicht in der Dunkelheit allein mit dem Bus nach Hause fahren zu lassen, weil sie ja entführt und umgebracht werden könnte, und obwohl sie einmal spontan einen silbernen Charm-Anhänger für Magellans Armband in einem Secondhand-Laden gekauft hatte (er hatte nur einen Dollar gekostet, sonst hätte sie ihn nicht genommen) und obwohl sie sich manchmal extra nach hinten setzte und Magellan vorne fahren ließ, weil Magellan im Auto schnell schlecht wurde, war Maya überhaupt nicht und in keiner Hinsicht jemals wirklich lieb zu Magellan.

Und deshalb wusste Maya – was sie einander niemals sagen wollten, das hatten sie vereinbart –: Er liebte sie. So war es.

Maya und Gildas-Joseph schliefen still miteinander, weil im Besprechungszimmer eine Babyparty für Emily stattfand und das Besprechungszimmer direkt neben Gildas-Josephs Büro lag. Maya war mit dem Rücken an der Tür, denn sie trauten dem Türschloss nicht hundertprozentig, und Gildas-Joseph hatte seine Hand auf ihren Mund gelegt (er meinte, sie sei sehr laut). Sie bewegten sich langsam, so langsam, fast unmerklich, weil sie Angst hatten, die Tür könnte knarren.

Als sie fertig waren, küsste Maya ihn leise und ging, immer noch schweigend, auf Zehenspitzen aus seinem Büro zum Parkplatz.

Auf dem Heimweg musste sie an der Tankstelle anhalten, weil der Tank fast leer war. Außerdem war die Stromrechnung überfällig, ihre DVDs hatte sie auch nicht zurückgegeben, und sie und Rhodes mussten bei Kerzenlicht duschen, weil irgendwas mit dem Licht im Bad nicht stimmte und Maya noch keinen Elektriker gerufen hatte. Sie hatte wichtigere Dinge im Kopf.

Sie stand in der kühlen Abendluft und hielt den Zapfhahn in

den Tank, als ein bärtiger Mann seinen Kopf um die Zapfsäule streckte und sagte: »Wollen Sie mal was Spannendes sehen?«

Oh Gott, wollte der jetzt blankziehen? Maya stöhnte, was der bärtige Mann offenbar als Zustimmung verstand, denn er kam um die Säule herum (zum Glück komplett angezogen) und stellte sich neben sie.

»Schauen Sie mal«, sagte er und deutete zum Himmel. »Sehen Sie den Stern, der heller leuchtet als die anderen und nicht flimmert?«

»Venus«, sagte Maya (schließlich war sie ja nicht umsonst mit Rhodes verlobt).

»Ja!«, bestätigte der Bärtige in leicht herausforderndem Ton. »Aber wussten Sie, dass Venus heute und morgen sowohl in der Morgen- als auch in der Abenddämmerung sichtbar ist? Das geschieht nur alle acht Jahre.«

»Ah ja? Interessant.«

»Nicht wahr?«, antwortete der Mann und schaute sie an, als hätte er noch mehr zu sagen, aber Mayas Tank war voll, und sie gab ihm mit einer Geste zu verstehen, dass sie jetzt zahlen musste.

Als sie losfuhr, fragte sie sich, warum der Mann wohl ausgerechnet sie ausgewählt hatte für seine spontane Astronomiestunde. Sah sie zu passiv, zu erschöpft aus? Hätte eine selbstbewusstere Frau ihm ihre Handtasche übergezogen und ihm gesagt, er solle seine Orgasmus-Fakten gefälligst für sich behalten?

Denn – das wurde ihr jetzt klar – er *hatte* ihr ein Orgasmus-Faktum erzählt. Ein Fremder hatte ihr ein Orgasmus-Faktum erzählt. Vielleicht war das eine Art physikalisches Gesetz, dachte sie plötzlich. Zwar hatte der Mann, der ihr einen Orgasmus beschert hatte, ihr kein Orgasmus-Faktum erzählt, dafür aber der nächstbeste Mann auf der Straße. War das eine natürliche Art von Gewaltenteilung, weil der Kosmos ein paar Minuten lang nicht im Einklang gewesen war? Maya gefiel der Gedanke, dass sie ein Ungleichgewicht im Universum ausgelöst hatte (wer konnte das schon von sich behaupten?), und dann wurde sie plötzlich melancholisch. Sie wollte jemandem davon erzählen, aber dieser Mensch war Rhodes.

Gildas-Joseph lehnte sich in die Kissen im Gästebett von Maya und Rhodes zurück. Mit dem Daumen strich er Maya zärtlich die Haare aus dem Gesicht und sagte: »Wusstest du, dass der Name Vermont von den Worten *verts monts* kommt, das ist Französisch für ›grüne Berge‹?«

»Ja, das wusste ich tatsächlich«, sagte Maya (sie hatte als Kind bei unzähligen Autofahrten das Buch *Alles über die 50 Staaten* gelesen). Sie lächelte. »Zählt es auch als Orgasmus-Fakt, wenn ich es schon wusste?«

Mittlerweile hatte Maya auch Gildas-Joseph von den Orgasmus-Fakten erzählt; ihr Betrug an Rhodes war vollkommen.

Gildas-Joseph zögerte. »Vielleicht nicht. Aber es gibt einen Grund, warum ich das gesagt habe.«

»Dann zählt es definitiv nicht«, sagte Maya. Sie war abgelenkt, weil sie ihn ansehen musste. Selbst nach all der Zeit konnte sie manchmal immer noch kaum glauben, dass er bei ihr war. »Es zählt nur, wenn es dir ganz plötzlich in den Kopf kommt.« Dann sah sie ihm in die Augen. »Was war der Grund?«

Er drehte sich zu ihr. »Man hat mir dort einen Job angeboten«, sagte er. »Eine feste Stelle, vielleicht sogar auf Lebenszeit, wenn alles gut läuft. An der University of Vermont.«

»Ich will nicht, dass du gehst«, sagte Maya sofort, so instinktiv, wie sie sich an ihren Geldbeutel klammern würde, wenn jemand versuchte, ihn zu klauen. *Den kriegst du nicht, das ist meiner, der gehört mir.*

»Es ist ein gutes Angebot, Maya.«

Einen Augenblick lang herrschte Schweigen.

Sie schluckte. »Du hast schon zugesagt, oder?«

»Maya –«, setzte er an. »Ja. Ich gehe in einem Monat.«

Sie wandte sich von ihm ab und starrte an die Wand. Aber sie widersetzte sich nicht, als er näher rückte und die Arme um sie schlang. Er legte seine Hand auf ihren Bauch, und sie griff danach und hielt sie fest.

»Ich wollte es dir schon früher sagen«, fuhr er fort.

Sie seufzte. »Es ist okay.«

Sie dachte, dass sie bald wieder Zeit haben würde, einkaufen zu gehen, sogar auf dem Bauernmarkt, sie konnte eine Sommer-Gazpacho machen mit den frischesten, reifsten Tomaten und sie mit Avocado-Scheiben verzieren. Wenn diese Vorstellung sie nur nicht so unendlich traurig machen würde.

Im folgenden Monat war Maya ganz und gar mit dunkler Materie beschäftigt. Das also war aus ihr geworden – eine Frau, die bedenkenlos untreu war und herumrannte und sich Gedanken um dunkle Materie machte.

Natürlich würde Gildas-Joseph mit seiner Familie nach Vermont ziehen. Sie hatten immer gewusst, dass es nicht endlos so weitergehen konnte. Maya hatte nie daran gedacht, Rhodes für Gildas-Joseph zu verlassen, kein einziges Mal. Wie hätte sie drei Kindern eine Stiefmutter sein können, deren Namen sie nicht mal ordentlich auf Französisch aussprechen konnte?

(Mary Ellen war besonders schwierig.) Und obwohl Maya früher öfter mit dem Gedanken gespielt hatte, Rhodes zu verlassen, manchmal sogar sehr ernsthaft, war es ihr nie gelungen. Rhodes machte das Leben interessant. So einfach war das. Und weil er an ihr interessiert war, war auch Maya interessant. Ohne Rhodes wäre sie ein Nichts gewesen in Gildas-Josephs Augen.

Also dachte Maya stattdessen über dunkle Materie nach.

»Stimmt es«, fragte sie Rhodes, »dass dunkle Materie mehr als neunzig Prozent des Universums ausmacht?«

»Ja«, sagte Rhodes. »Also, genau genommen dunkle Materie und dunkle Energie.«

Maya verfolgte den Teil mit der dunklen Energie nicht weiter. »Und wir wissen nur wegen der Schwerkraft, dass es sie gibt, oder?«

Er nickte. »Es gibt einfach nicht genügend baryonische Masse, um die ganze Schwerkraft zu erklären, die unsere Galaxie zusammenhält. Zumindest nicht nach unserem heutigen Wissensstand.«

Sie war still und dachte nach.

»Ich kann kaum glauben, dass du über dunkle Materie sprichst«, sagte Rhodes. »Mach weiter, das turnt mich an.«

Maya dachte, dass ihre Beziehung zu Gildas-Joseph wie dunkle Materie sein musste und nur durch ihre Auswirkungen auf die sichtbare Materie nachweisbar sein durfte. Die dunkle Materie ihrer Affäre würde die Anomalien in der galaktischen Rotation erklären – in diesem Fall, dass Maya näher zu Rhodes gedrängt wurde –, aber nur sie selbst würde das bemerken. Rhodes nicht. Da war sich Maya sicher.

Zum letzten Mal liebten sie sich in Gildas-Josephs Haus auf einer ekligen unbezogenen Matratze, die das Umzugsunternehmen zurückgelassen hatte. Die Knöpfe der Matratze stachen Maya schmerzhaft in den Rücken. Manchmal dachte sie, der ganze Verlauf ihrer Affäre könnte anhand der unbequemen Oberflächen, gegen die ihr Rücken gedrückt worden war, dargestellt werden – nicht dass ihr das etwas ausgemacht hätte.

Die Matratze lag in einem der hinteren Zimmer, in dem uralte Jalousien verbogen und nutzlos im Fenster hingen. Der Raum war erfüllt von spätnachmittäglichem Sonnenlicht. Die Luft war so dicht und sepiafarben, dass Maya an abgestandenes Wasser denken musste.

Sie brachte nicht genügend Konzentration auf, um zu kommen. Gildas-Joseph schon, aber er erzählte ihr danach kein Orgasmus-Faktum. Langsam zogen sie sich wieder an. Sonst waren sie immer lachend, quatschend und mit der schönen Gewissheit, dass sie sich in ein oder zwei Tagen wiedersehen würden, in ihre Kleider gestürzt.

Jetzt steckte Gildas-Joseph sein T-Shirt in die Hose und sagte: »Ich könnte zu Besuch –«

Maya schüttelte den Kopf. »So möchte ich das nicht.«

»Ich weiß«, seufzte er.

Sie umarmten sich zum Abschied. Eine Umarmung war für Maya irgendwie befremdlich, jedenfalls war es nichts, was man mit einem Liebhaber tat. Liebhaber küsste man, man schlang die Arme umeinander, man hatte Sex und hielt Händchen, man löffelte sich und saß beim anderen auf dem Schoß, und manchmal quetschte man sich gemeinsam in die Wanne. Aber man nahm sich nicht in den Arm. Offenbar übersprangen Liebhaber diese Phase. Jetzt wusste sie, warum. Eine Umarmung bedeutete das Ende.

Maya fuhr zu Rhodes' Eltern und parkte in der Auffahrt. Die manische Energie, die sie monatelang erfüllt hatte, war wie weggeblasen. Wie würde sie diesen Abend überstehen? Wie sollte sie all die Tage hinter sich bringen, die nun vor ihr lagen?

Sie stieg aus dem Wagen. Im Garten konnte sie Stimmen hören und den Rauch vom Grill riechen. Es war ein kühler Frühling gewesen, und es schien zu kalt und dunkel, um draußen zu essen.

Ein hoher Holzzaun umgab den Garten, und als Maya daran entlang aufs Tor zuging, konnte sie Magellan hören, die sagte: »Dad, könntest du die Steaks diesmal richtig durchbraten?«

»Medium sind sie viel besser«, antwortete Desmond.

Wie viele Jahre führten sie diese Diskussion jetzt schon?, fragte sich Maya.

»Dann löffel zumindest nicht das Blut auf«, sagte Magellan. »Das ist so eklig.«

»Das ist kein Blut«, sagte Desmond. »Es ist Bratensaft.«

»Ich muss Magellan recht geben«, hörte sie Rhodes sagen. »Oder tu es zumindest in der Küche, wenn du alleine bist.«

»Du könntest Ebola davon kriegen«, sagte Magellan.

»Ebola!«, höhnte Rhodes. »Du meinst E. coli. Manchmal denk ich wirklich, wir haben das falsche Baby aus dem Krankenhaus mit nach Hause genommen.«

»Also bitte, Rhodes«, ging Hazelene dazwischen. »Was redest du denn da?«

Maya erreichte das Ende des Zauns und wollte gerade um die Ecke zum Haus biegen, als ihr Telefon piepte. Sie blieb stehen und kramte in ihrer Tasche. Eine SMS von Gildas-Joseph. Das hatte er noch nie gemacht. Maya drückte auf den Knopf, um sie zu lesen: *Wusstest du, dass, wenn jemand tatsächlich an einem gebrochenen Herzen stirbt, es Tako-Tsubo-Kardiomyopathie genannt wird, weil sich die linke Herzkammer aufbläht und damit einer tako-tsubo, einer japanischen Tintenfischfalle, ähnelt?*

Ein letztes Orgasmus-Faktum. Der Kummer traf Maya wie ein kalter Nordwind. Oh, mein Liebster. Sie schloss die Augen und drückte das Handy an ihr Herz.

»Maya?«

Sie schlug die Augen auf. Rhodes stand vor ihr; er wollte wohl gerade ins Haus, um mehr Bier zu holen.

»Was ist los?«, fragte er und deutete auf ihr Handy. »Schlechte Nachrichten?«

»Es ist nur –« Mayas Stimme setzte aus, und sie musste noch einmal von vorne anfangen. Für eine Lüge fehlte ihr die Geistesgegenwart. »Nur eine Abschiedsnachricht von Gildas-Joseph.«

»*Ah, chérie*«, sagte Rhodes sofort mit einer Pepe-das-Stinktier-Stimme.

Maya sagte nichts, und Rhodes sah sie an. Sie merkte, dass er ihren Gesichtsausdruck genau studierte. Er trat vor und legte seine Arme um sie. Maya lehnte sich an seine Brust. Er streichelte über ihr Haar und sagte diesmal mit seiner normalen Stimme, mit seiner Rhodes-Stimme, der Stimme, die Maya am meisten liebte auf der ganzen Welt, noch einmal: »*Ah, chérie.*«

Preiselbeersoße

Josie willigt ein, Billy in dem Café auf halbem Weg zu treffen, etwa eine Autostunde entfernt. Sie trägt nur schnell etwas Mascara auf und rennt in Jeans und Flanellhemd zum Wagen. Vor einem Jahr war sie zum selben Café unterwegs gewesen, damals hatte sie eine weiße Bluse, einen roten Rock, schwarze Stiefel und einen winzigen Spitzen-BH getragen, der kaum ihre Brüste bedeckte. Vor einem Jahr waren ihre Hände so kalt gewesen, dass sie Mühe hatte, das Lenkrad festzuhalten. Vor einem Jahr – man muss wissen, Josie ist Schriftstellerin, aber selbst ihr hängt dieses Vor-einem-Jahr-Gelaber zum Hals raus. Vielleicht einigen wir uns einfach darauf, dass damals alles anders war. Damals sollte Josie Billy zum ersten Mal treffen. Sie hatte sich online verliebt, in diesen Fremden, der zwei Stunden entfernt wohnte und den sie ohne Facebook nie kennengelernt hätte. Er war nur in ihr Leben geraten, weil sie einen seiner Kommentare auf der Seite eines anderen gelikt hatte, und dann hatte er eins ihrer Fotos gelikt – ach, besser gar nicht erst mit den Übeln von Facebook anfangen.

Als Josie die Tür zum Café öffnet und Billy in der Ecke sitzen sieht, beschleicht sie das gleiche Gefühl wie jeden Sommer, wenn sie ihre Nichten und Neffen nach einem Jahr wiedersieht: Schock, Faszination und eine Art Ungläubigkeit – es gibt sie wirklich! Und Billy gibt es auch.

Er ist stämmig und muskulös, hat sehr kurzes, früh ergrautes Haar, strahlend blaue Augen und unglaublich ebenmäßige weiße Zähne. Er sieht aus wie ein Schauspieler, der einen Bauunternehmer gibt, oder vielleicht eher wie der Bauunternehmer, den man sich wünschen würde. In Wirklichkeit ist er Vertreter einer Softwarefirma.

Er trägt immer blaue oder violette Anzughemden mit weißem Kragen (Josie ist sich sicher, dass er weiß, wie gut diese Farben zu seinen Augen und Haaren passen). Heute ist sein Hemd kobaltblau und wirkt beinah lebendig, als würde es mit der Luft um ihn herum verschmelzen. Eigentlich scheint der ganze Billy mit der Luft um ihn herum zu verschmelzen, als wäre er nicht ganz von dieser Welt.

Josie ist verheiratet – natürlich. Ihr Mann heißt Nathaniel, ist ungewöhnlich groß und breitschultrig und hat ein langes, attraktives, markantes Gesicht. Eine Art gutaussehender Herman Munster.

Am Vorabend stand Nathaniel gerade in der Küche und ging die Post durch, als Josie vom Büro nach Hause kam, ihre Arme um seine Hüfte schlang und sich an ihn schmiegte wie an einen Mammutbaum. Er küsste sie auf die Stirn und las ihr aus einem

Brief vor, der von Mickeys Schule kam. »Ihr Sohn ist zum Schüler des Monats gewählt worden, weil er Respekt, Integrität, Engagement und außerordentliche Leistungen gezeigt hat.‹ Meinst du, die haben den Brief an die falsche Adresse geschickt?«

Josie lachte, und gemeinsam überprüften sie den Namen auf dem Kuvert; doch, ja, er war tatsächlich für sie gedacht. Sie hatten großes Glück – Josie hatte großes Glück, und das wusste sie auch. Nur hatte sie es vor einem Jahr kurz vergessen.

Als Billy Josie sieht, sagt er: »Du siehst gut aus.« Josie ist aufgefallen, dass Männer das oft zu Frauen sagen (obwohl sie kaum je eine Frau gehört hat, die es zu einem Mann sagt), und es kann zweierlei bedeuten, nämlich: *Du siehst so gut aus, dass ich es dir auf der Stelle besorgen würde, wenn ich wüsste, dass du mich lässt,* oder *Du siehst gut aus – ausgeruht und frisch, als würdest du genügend Wasser trinken.* Wenn man weder sexy *noch* gesund aussieht, sagen Männer etwas anderes. Zum Beispiel: »Was denkst du über die Situation in der Ukraine?« Allerdings weiß Josie darüber nicht so genau Bescheid, denn sie hört fast immer »Du siehst gut aus« – zum Glück.

Josies Söhne sind mittlerweile Teenager, dreizehn und fünfzehn, und haben keine Ähnlichkeit mehr mit den molligen, glucksenden Babys oder den niedlichen kleinen Jungs, die sie so gerne geküsst und geherzt hat. Eigentlich erinnern sie kaum mehr an Menschen. Sie sind in ein erschreckendes Larvenstadium übergetreten, in dem sie grunzen, mit tiefer Stimme sprechen und unter ihrer Haarmähne hervorblinzeln wie ein Dachs aus seinem Bau. Kit und Mickey (getauft sind sie auf die Namen Christopher und Mitchell, aber jetzt laufen sie unter Kit und

Mickey – wie konnte das nur passieren?) verbringen die meiste Zeit bei den Nachbarn oder in ihren Zimmern hinter verschlossenen Türen, und wenn Josie reinkommt, um das dreckige Geschirr mitzunehmen und ihnen frische Wäsche zu bringen, sagen sie keinen einzigen Ton. Was ist aus ihrem fröhlichen Geplapper geworden? Josie hofft darauf, dass diese Phase ein Ende nimmt und die beiden sich als zwei gesellige junge Männer entpuppen, die mit ihr über das aktuelle Zeitgeschehen sprechen. Aber tief in ihrem Herzen weiß sie, dass sie auch noch mit zwanzig oder zweiundzwanzig gänzlich gelangweilt »Ja, Mama«, murmeln werden, in der Hoffnung, dass sie schnell wieder verschwindet, damit ihre Freunde kastenweise Bier durch die Hintertür bringen können.

Josie ist unsicher, wie sie Billy begrüßen soll, deshalb gibt sie ihm einfach die Hand, wie jemandem von der Handelskammer. Ihn scheint das zu amüsieren.

Sie setzt sich ihm gegenüber, und er sieht zu, wie sie die Jacke auszieht und ihr Haar über die Schultern wirft. Das hatte sie vergessen – wie er jede ihrer Bewegungen beobachtet, als wäre sie der faszinierendste Mensch der Welt. Einen Augenblick lang wird sie sentimental – das ist ein wunderbares Gefühl gewesen.

Die Kellnerin kommt, und Josie bestellt eine Tasse Kaffee. Dann beugen Billy und sie sich leicht vor, wie zwei Menschen, die nicht wollen, dass jemand ihr Gespräch belauscht.

»Also, was gibt's?«, fragt sie.

Billy setzt sich aufrecht hin und fährt sich mit der Hand über den Kopf. Sie weiß, was kommt, noch bevor er es ausspricht. »Ich habe jemanden kennengelernt.«

Josies direkte Nachbarin heißt Maricella, was für Josie so sehr nach Varicella klingt, dass Josie sie heimlich Windpocke getauft hat, und jetzt bekommt sie diesen Spitznamen nicht mehr aus dem Kopf. Windpocke hat mit ihrem Mann vier Söhne, allesamt Teenager, und in ihrem Haus wurden nicht nur Zugeständnisse an die Bedürfnisse von Teenagern gemacht, wie bei Josie mit dem zusätzlichen Kühlschrank in der Garage und dem extrastarken Waschpulver – nein, ihr Haus ist großflächig für Teenager umgebaut, mit Whirlpool und einem Billardtisch, einem Soundsystem und einem extra Raum für Videospiele. Zweifellos halten sich Kit und Mickey dort am allerliebsten auf, genau wie alle anderen Jungs aus der Nachbarschaft. Josie weiß nicht, wie Windpocke da drüben überleben kann, aber sie ist ihr dankbar – genau wie alle anderen. Die Nachbarn bringen Windpocke immer wieder Geschenke vorbei – Topfpflanzen, Kuchen, Weinflaschen –, sie würden ja auch dem Gemeindezentrum jeden Monat eine Gebühr zahlen oder vielleicht irgendeiner Gottheit kleine Opfergaben bereiten.

Windpocke selbst hat nichts von einer Göttin. Sie ist eine kleine Frau mit übergroßer Brille und stumpfen braunen Locken, und sie ist der ironiefreiste Mensch, den Josie kennt. Wenn Josie so etwas sagt wie: »Der Supermarkt war heute der Vorhof zur Hölle«, sieht Windpocke zutiefst verwirrt aus. Aber vielleicht wird man einfach so, wenn man sein Leben lang nur Sandwiches schmiert.

Als Billy sagt, dass er jemanden kennengelernt hat, fühlt sich Josies Brust an, als würde dort fast unmerklich etwas fallen, wie wenn die Eiswürfelmaschine im Kühlschrank einen neuen Eiswürfel ausspuckt. Man hätte schon ein Ohr an Josies Brust pressen müssen, um es zu hören. Ganz sicher sieht man es ihr nicht an.

»Sie heißt Paisley«, sagt Billy. »Und sie ist wunderbar. Paisley ist ganz wunderbar.« Offenbar spricht er gerne ihren Namen aus, was erstaunlich ist, denn wenn Josie in eine Paisley verliebt wäre, würde sie diesen Namen niemals laut aussprechen, noch nicht mal wenn Paisley Gefahr liefe, vor ein Auto zu rennen.

»Wie hast du sie kennengelernt?«, fragt Josie.

Billy seufzt. »Wir haben uns noch nicht wirklich getroffen«, räumt er ein. »Ich kenne sie von Twitter.«

Twitter, na klar. Josie und Billy haben sich auf Facebook kennengelernt, aber Paisley und Billy kennen sich von Twitter, weil sich nämlich die Zeiten ändern. Und wer das nicht glaubt – wie viele Leute essen denn heute noch Grünkohl?

Was hat Josie gedacht, als sie Billy zum ersten Mal gesehen hat? Schwer zu sagen. Vielleicht hatte sie ihn gar nicht so richtig gesehen, weil ihr die Aufregung wie ein starker Wind ins Gesicht schlug, ihre Augen tränen ließ und die Welt dahinter nur verschwommen schimmerte.

Sie kann sich nur noch daran erinnern, dass sie in diesem Café ihm gegenüber Platz genommen hat und er ihre eiskalten Hände gehalten und gesagt hat: »Warum bist du denn so nervös?«

Und Josie hat geflüstert: »Weil wir das alles hier rückwärts machen«, was natürlich bedeuten sollte, dass sich ihre Köpfe schon ineinander verliebt hatten, noch bevor ihre Körper es taten. Aber was, wenn ihre Körper auf stur schalteten und nicht mitmachten?

»Erzähl mir von Paisley«, sagt Josie zu Billy.

Was gibt es Schöneres für einen Frischverliebten? Billy strahlt.

»Sie ist verheiratet – natürlich«, sagt er, als wäre das selbstverständlich, was Josie genauso sieht. »Sie ist fünfunddreißig und Mathelehrerin, und hat lange dunkle Haare und große braune Augen.«

»Wie kannst du dir sicher sein, dass sie ist, was sie vorgibt zu sein?«, fragt Josie. »Vielleicht ist sie ja ein Mann oder eine Studentin oder ein Serienmörder?«

»Warst du auch nicht«, sagt Billy.

»Nein. War ich nicht.«

Langsam kann sie sich entspannen. Sie weiß immer noch, wie sie ihn zu nehmen hat.

»Außerdem habe ich sie auf Skype gesehen«, sagt er.

Ah ja, Skype. Mehr muss er gar nicht erzählen. Sie weiß auch so, dass Billy und Paisley auf Skype nicht über Bücher und Filme reden. Sie weiß genau, worüber sie dort reden. Haargenau.

Josie und Billy haben nie Skype-Sex gehabt, aber nur weil Josie Telefonsex und Cybersex lieber mochte. Josie ist Schriftstellerin, Josie liebt Sprache. Und Cybersex war fast wie schreiben – eine Phantasie weiterspinnen, die einen anderen berührte, mit nichts weiter als dem eigenen Gehirn und Worten, wie sie jedem zur Verfügung stehen. Nur musste man sich im Gegensatz zum Schreiben danach nicht die brennenden Augen reiben, der Kopf tat nicht weh, und man brauchte sich keine Sorgen zu machen, dass man nie einen wirklich originellen Gedanken gehabt hatte oder dass die Figuren langweilig waren. Und musste sich auch nicht fragen, ob man eine untalentierte alte Hexe war, die vielleicht doch besser Zahnarzthelferin geworden wäre. Das Schlimmste, was einem beim Cybersex passieren konnte, war, so stark zu kommen, dass man im Kopf ganz matschig wurde und Windpockes Briefkasten rammte, wenn man die Jungs von der Schule abholen wollte. Aber das war nicht so schlimm.

»Paisley und ich wollen uns nächstes Wochenende treffen«, sagt Billy, »aber ich weiß nicht, ob ich es wirklich durchziehe.«

Die Antwort darauf kennt Josie schon, bevor er die Frage überhaupt gestellt hat: Natürlich wird er es durchziehen, natürlich wird er sie treffen. Wenn man sich erst mal entschieden hat, den Schritt in die Realität zu machen, gibt es kein Zurück mehr, ganz egal wie sehr man damit hadert, es überdenkt oder sich einredet, dass man es nicht tun wird. Josie muss es ja schließlich wissen. Es ist so unvermeidlich wie – wie – wie der weiße Atem eines Büffels im Winter oder irgendein anderes Indianersprichwort, falls es welche über Internet-Dates gibt.

Eines Nachts, als Josie und Billy gerade auf Facebook chatteten, fragte Josie: *Was, denkst du, wird passieren, wenn wir uns treffen?* Nicht, weil sie sich das wirklich fragte, sondern weil sie es von ihm hören wollte.

Ich werde mit dir schlafen, schrieb Billy zurück, *und sobald ich wieder kann, werde ich es noch mal tun.*

Den Sobald-ich-wieder-kann-Teil fand Josie sehr sexy. Denn das implizierte eine Zeit des Wollens-aber-nicht-Könnens, was für Josie den Kern ihrer Beziehung ausmachte: wollen und nicht können.

»Hast du Paisley von mir erzählt?«, fragt Josie.

»Oh nein«, sagt Billy erschrocken. »Nein, nein, nein.«

Hatte Josie schon erwähnt, dass Unehrlichkeit eine von Billys schlechtesten Eigenschaften war? Ganz zu schweigen davon, dass er nicht lügen konnte?

Natürlich hatte er Paisley von ihr erzählt. Schließlich hatte er auch Josie von seiner Freundin davor erzählt: die rothaarige Lisa, mit der er auf der Highschool gewesen war und die jetzt als Anwaltsgehilfin in Boston arbeitete. Sonst wusste Josie nur, dass Lisas Mann dachte, sie sei beim Handglocken-Chor, wenn sie sich mit Billy traf, und dass Lisa die Affäre beendet hatte.

Josie würde gerne glauben, dass Billy Paisley erzählt hat, er sei mit einer unglaublich selbstsicheren Frau zusammen gewesen, die fesselnde Geschichten schrieb und sexy Grübchen hatte, wenn sie lächelte. Das würde sie gern glauben, tut es aber nicht. Wahrscheinlich hatte er gesagt, dass sie beim Sex mit dem Mund gut war, mit der Hand aber nicht, und es dabei belassen.

Wissen Sie, wie viele Frauen es in Boston gibt, die Lisa heißen, als Anwaltsgehilfin arbeiten, rote Haare haben und möglicherweise mit Billy in der Highschool waren? Josie auch nicht, aber es sind wirklich viele. Und Josie hat *sie* gefunden! Josie hat Billys Lisa aufgestöbert, mit Hilfe von Google und Facebook und einer Findigkeit, von der MacGyver nur träumen konnte. Als sie Lisa gefunden hatte – es musste einfach Lisa sein, denn sie war auf Facebook Mitglied einer Handglocken-Gruppe mit dem Namen *The Embellishments* –, konnte Josie nur den Bildschirm anstarren und diese Frau mit dem neutralen Gesichtsausdruck und dem kastanienbraunen Haar, das sie brav hinter die Ohren geklemmt hatte. Diese Frau war Billys Liebhaberin gewesen, diese Frau hatte aufgegeben, was Josie am meisten begehrte. Josie wurde ein bisschen mulmig zumute, und der Raum schien zu schwanken. Es fühlte sich an, als ob ihr Herz mit dicken, breiten Füßen versuchen würde, ihren Hals hinaufzuklettern.

Paisley zu finden wäre einfach, angesichts ihres ungewöhnlichen (und unglücklichen) Namens und der Tatsache, dass sie Billy auf Twitter folgte. Aber Josie muss sie gar nicht finden – sie kennt sie so gut wie sich selbst.

Josie ist nicht bescheuert, obwohl man das manchmal kaum glauben möchte. Im Augenblick hat sie da allerdings so ihre Zweifel, genau wie damals: Kann man sich denn wirklich in jemanden verlieben, der im Grunde nichts anderes ist als Fingerschläge auf einer Tastatur? Natürlich ist es möglich. Hatte Josie nicht auch Stephen King geliebt? William Shakespeare? Dr. Seuss? Ganz zu schweigen von Rhett Butler, der noch nicht mal Fingerschläge auf der Tastatur vorzuweisen hatte.

Billy hatte sie zum Lachen gebracht, online zumindest, und ihr ein gutes Gefühl gegeben. Er hatte sie ihr eigenes Leben genauer betrachten lassen und ihr geholfen, besser mit Enttäuschungen und Absagen zurechtzukommen. Er hatte ihre Erfolge mit ihr gefeiert, selbst die ihrer Kinder, und der Gedanke, dass er eine andere Frau berührte, hatte Josies Finger verkrampfen lassen. War das dann nicht Liebe? Das war es doch, oder?

Immer wenn Josie von Windpocke nach Hause kam und Nathaniel sah, saugte sie seinen Anblick mit großer Zufriedenheit und Erleichterung in sich auf – ein kluger Mensch, der ihre

Witze kapierte! Im Grunde ging es ihr genauso, wenn sie Nathaniel sah, nachdem sie bei Billy gewesen war.

Aber trotz seiner Klugheit war Nathaniel Windpocke gegenüber seltsam tolerant, schien sie sogar zu mögen. Einmal hatte er vorgeschlagen, Windpocke und ihren Mann zum Abendessen einzuladen, eine Vorstellung, der Josie nur marginal mehr abgewinnen konnte als dem Zusammenbruch der Industriegesellschaft. Wie konnte Nathaniel so etwas wollen? Wie konnte er mit Josie verheiratet sein und so etwas wollen?

»Ich mache mir wirklich Sorgen, Kimberley könnte es rauskriegen«, sagt Billy.

Josie legt ihre Hände um die Kaffeetasse. »Na ja, das wird sie wohl auch, früher oder später.« Das glaubt sie wirklich, obwohl es ihr selbst nie passiert ist. Aber es gibt eine Grenze dafür, wie lange man spätnachts herumsurfen und das mit Online-Weihnachtseinkäufen oder NFL-Ergebnissen erklären kann. Irgendwann ist es zu offensichtlich.

»Ja, Mist«, sagt Billy und sieht sie erschrocken an, woran Josie merkt, dass er nicht wirklich geglaubt hat, Kimberley könnte es rauskriegen, sondern es nur theoretisch durchgespielt hat, so wie Peter Higgs all die Jahre über dieses Elementarteilchen nachgedacht haben muss.

Kimberley ist natürlich Billys Frau. Josie hat irgendwann ziemlich viel über sie gewusst, aber alles, woran sie sich jetzt noch erinnert, ist ihr Trainingsplan, den Josie fast so gut kennt wie die Geburtstage ihrer Kinder: Body Pump am Montag um fünf, Zumba am Dienstag um halb sechs; Mittwoch und Donnerstag Spinning um sechs, Strong, Strechted und Balanced am Freitag um halb fünf. Und eine wunderbare zweistündige

Yogastunde am Samstagmorgen: in Stein gemeißelte Zeitblöcke für Telefonsex mit Billy. Josie kann nur hoffen, dass die arme Frau wirklich gern Sport macht. Zumindest so gern, dass sie alle eine Zeitlang glücklich waren.

Irgendwann zwischen Josies zweiter und dritter Tasse Kaffee beugt sich Billy vor und nimmt ihre Hand. Das Überraschende daran – ein Schock, um ehrlich zu sein – ist, dass Josie sich genau in diesem Augenblick überlegt, was sie zum Abendessen kochen soll. Monatelang hatte Josie an Billy gedacht, wenn sie sich hätte fragen sollen, was sie bei Kits Elternabend sagen würde oder wo Mickeys Kantinenkarte war oder ob sie den Herd angelassen hat – und jetzt sitzt sie hier mit Billy und überlegt, ob sie gestern Abend die letzte Zwiebel verbraucht hat oder nicht. (Wahrscheinlich schon.) In einem Roman hätte sie mit einer solchen Kehrtwende ein echtes Problem, aber im echten Leben klappt es ganz wunderbar.

Was Josie über Paisley weiß: Sie weiß, dass das Datum, an dem Paisley Billy zum ersten Mal treffen soll, in glühenden Lettern in ihrem Gehirn eingebrannt ist, und wenn Paisley dieses Datum irgendwo sieht – auf einem Milchkarton oder einem Briefkopf – spürt sie eine ganz tiefe Verbindung zu Billy. Sie weiß, dass Paisley alle Eventualitäten mit einplant, als gehörte sie zum Pressestab vom Weißen Haus: Was, wenn ihr Auto eine Panne hat oder ihre Kinder krank werden oder ihre Schwiegermutter stirbt oder sie ihre Tage kriegt? Und Paisley denkt darüber nach, was sie anziehen wird, oder vielmehr, was sie noch kaufen wird – und das ist immer ein Fehler: Man sieht nie gut aus in ganz neuen Klamotten; denn sie strahlen eine gewisse Nervosität aus. Aber auch Josie begeht diesen Fehler immer wieder. Josie weiß, dass Paisley, ganz gleich wie viel sie wiegt, gerade eine Diät macht, und auch, dass sie bald wieder damit aufhören wird, entweder weil sie zu hungrig ist oder weil sie nicht abgespannt aussehen will. Aber höchstwahrscheinlich wird sie bis zur allerletzten Minute Sport machen und sich am Tag selbst bei der Auswahl von Handtasche, Ohrringen, Nagellack, Lippenstift und allen möglichen anderen Kleinigkeiten vollkommen verzetteln, statt sich darauf zu konzentrieren, ob sie grundsätzlich sexy ist – das Einzige, worauf Männer wirklich achten.

In den Tagen, bevor sie Billy zum ersten Mal getroffen hat, war Josie so glücklich, dass sie Windpocke versprach, ihr beim Bücherflohmarkt vom Freundeskreis der Bibliothek zu helfen, und so verbrachte sie einen vollen Nachmittag damit, schreckliche Bücher zu sortieren, von denen sie nicht gewusst hatte, dass es sie überhaupt noch gab: seltsam schäbige Taschenbücher mit vergilbten Seiten und Buchstaben, so klein wie Fliegenschiss.

Gegen Ende des Nachmittags rief irgendeine Frau auf Windpockes Handy an, um ihr zu sagen, dass sie die Frühschicht beim Flohmarkt doch nicht übernehmen könne, und dann telefonierte Windpocke ungefähr acht Leute durch und stellte den Verkaufsplan komplett um, bis sie schließlich eine Frau fand, die die Schicht übernehmen wollte, wenn jemand anders ihr Kind vom Karatetraining abholte.

Und Josie, die damals das Gefühl hatte, das aufregendste Leben überhaupt zu führen, sagte zu Windpocke: »Ich finde es wirklich erstaunlich, wie viel Lebenszeit wir damit verbringen, über Hinbringen und Abholen, Fahrgemeinschaften und Telefontarife zu sprechen, die Schwierigkeit, einen wirklich guten Elektriker zu finden, oder das beste Rezept für Preiselbeersoße.«

»Preiselbeersoße?« Windpocke war perplex. »Machst du da Nelken rein?«

Bevor sie sich trafen, schrieb Billy des Öfteren: *Stell dir vor, wie wir Sex haben. Stell dir vor, wie gut sich das anfühlen würde.* Josie gefiel diese Schlichtheit: Sie würden Sex haben; es würde sich gut anfühlen. Bei ihm klang es gesund, wohltuend und vernünftig, wie ein Campingausflug oder vielleicht ein Vollkornkeks.

Aber in Wirklichkeit war der Sex dann seltsam. Vielleicht hatten sie wegen des vielen Telefonsex Mühe, richtig zur Sache zu kommen: Josies hochhackige Stiefel sorgten dafür, dass sie ein paar Zentimeter größer war als Billy, seine Füße waren beim Ausziehen in der Hose hängengeblieben, und sie hatte sich ihren Ellbogen am Kopfende des Bettes angeschlagen. Billy war lange und ausdauernd in ihr gewesen – sein Rücken und Hintern wurden unter Josies Fingern schon feucht –, bis er schließlich mit einem tiefen Seufzer kam, wie jemand, der eine schwere Kiste abstellt. Josie hatte noch nie einen Mann beim Sex seufzen hören, und plötzlich wurde ihr klar, dass sie gerade mit einem Fremden gevögelt hatte. Am liebsten hätte sie geheult. Das war ganz und gar kein Vollkornkeks gewesen.

Billy hält noch immer ihre Hand. Josie hat lange, schmale Finger, und er streichelt sie sanft, jeden einzeln. Trotz des schlechten Sex hatte sie das immer an ihm gemocht – wie er jedem Teil ihres Körpers Aufmerksamkeit schenkte, nicht nur den üblichen.

»Süße Josie«, sagte Billy. Das hatte er immer geschrieben, wenn sie auf Facebook gechattet hatten, und für Josie war das die schriftliche Entsprechung eines Stöhnens gewesen. Sie fand es unglaublich berauschend, dass sie im Internet einen Mann zum Stöhnen gebracht hatte.

Das Einzige, was schlimmer war als der erste Sex, war der zweite. Natürlich hatten sie ein zweites Mal Sex (und ein drittes und viertes Mal) – wo sollten sie sonst hin mit all dem Gefühl, all der Leidenschaft, die sie einhüllte wie der Dunst aus einem offenen Eisschrank? Aber beim zweiten Mal wusste Josie, dass es vorbei war. Sie wusste, dass sie sich lange nicht mehr sehen würden, und sie wusste auch, dass sie nie mehr die Josie sein würde, die sie vor Billy gewesen war. Sie war nicht mehr die glückliche Frau, die viele Monate lang mit Ehemann und Liebhaber jongliert hatte. Sie war nur eine langweilige dumme Kuh, die mit einem Mann geschlafen hatte, der manchmal *trotzig* schrieb, wenn er *trotzdem* meinte. Als Josie danach auf dem Bett saß und sich langsam wieder anzog, dachte sie bereits darüber nach, wie sie eine dritte Person werden konnte, jemand, der all das hier hinter sich lassen würde.

Kurz nachdem Josie und Billy zum vierten und letzten Mal miteinander geschlafen hatten, rief Windpocke an, um ihr zu erzählen, dass im Supermarkt Cola light im Angebot war, zwei Pack für zehn Dollar. Das verdarb Josie so sehr die Laune, dass sie Windpocke erzählte, sie habe in einem Supermarkt außerhalb der Stadt ein noch besseres Angebot bekommen. Was natürlich gelogen war. Windpocke rief: »Oh mein Gott! Für den 12er- oder den 24er-Pack?« Und Josie sagte, für den 24er, und

Windpocke stieß einen genervten Laut aus und fragte: »Wie viel hast du bezahlt?« Josie antwortete, drei Dollar pro Pack, und Windpocke meinte: »Aber dann hast du gar nicht so viel gespart, wenn man das Benzin dazurechnet, um da rauszufahren«, und Josie legte auf. Denn eigentlich hatte sie noch sagen wollen, dass sie einen 50-Prozent-Gutschein für Benzin hatte, was unvorstellbar war, und natürlich hatte das alles eigentlich überhaupt nichts mit Windpocke zu tun.

»Weißt du, was komisch ist?«, fragt Josie und fällt damit wieder in ihre alte Facebook-Gewohnheit zurück, jede Unterhaltung in die Länge zu ziehen, um sie so lange wie irgend möglich zu genießen: *Weißt du was? … Du musst mich für verrückt halten … Ich habe mich in dich verliebt … Sehr sogar.*

»Was?«, fragt Billy.

»Das mit Paisley freut mich für dich«, sagt Josie. Und das stimmt. Oder zumindest eher, als dass es nicht stimmt.

Es dauert eine Sekunde, aber dann lässt Billy ihre Hand los und nimmt einen Schluck von seinem Kaffee, der mittlerweile kalt sein muss.

»Ich werd dir erzählen, wie es weitergeht«, sagt er schließlich.

Vielleicht ist das gehässig gemeint, als kleine Rache, aber das glaubt Josie nicht. Wahrscheinlich will er ihr einfach nur davon erzählen. Sie weiß, wie es mit Billy und Paisley weitergeht, ob sie will oder nicht, doch im Augenblick ist sie sich nicht sicher, ob sie das Ende wirklich interessiert – wie bei ihren unvollendeten Romanen, bevor sie beschloss, dass sie eine Kurzgeschichtenautorin war und die Romane ganz sein ließ.

Auf der Fahrt nach Hause denkt Josie, dass sie Billy zum ersten Mal völlig leidenschaftslos gesehen hat. Was aber auch bedeutet, dass sie ihn irgendwann leidenschaftlich gesehen hatte, und davon hat Josie noch nie gehört. Aber so ist es. Sie hatte ihn wie durch eine Leidenschaftsbrille gesehen – eine Art Mischung aus rosaroter Brille und Bierbrille. Früher fand Josie ihn so begehrenswert, dass sie dachte, jeder, der ihm über den Weg lief, müsste auf der Stelle von ihm angezogen sein. Sie beneidete die Leute, die im Alltag mit ihm zu tun hatten, den Nachbarn, mit dem er laufen ging, die Mutter, mit der er eine Fahrgemeinschaft hatte, die Arbeitskollegin, die sich um die Löhne kümmerte, die Kellnerin, die ihm den Kaffee servieren durfte – all die Menschen, die ihn jeden Tag sahen und die Magie seiner Anwesenheit erfuhren.

Aber heute hat sie einen mittelmäßig attraktiven Mann gesehen, der viel spricht und ihr dabei ins Gesicht schaut, um rauszukriegen, ob er mit irgendwas ins Schwarze trifft. Jetzt sieht sie ihn mit so klarem, unverstelltem Blick, dass sie nach Hause fahren und eine Geschichte über ihn schreiben könnte.

Als Josie die Auffahrt hochfährt, steht Windpocke plötzlich vor ihr, wie eine dieser Pappfiguren von Fußgängern, die bei Fahrprüfungen entlang der Teststrecke hochschnellen. Josie ist versucht, Windpocke einfach zu überfahren, um zu sehen, ob sie wieder hochschnellt, aber dazu steht sie zu dicht an der Garage.

Josie steigt aus, und Windpocke erzählt ihr, dass am Vorabend ihr Minivan aufgebrochen wurde und die Diebe das Wechselgeld für die Parkuhr, die selbstgebrannten CDs und einen Karton mit Eingemachtem, das Windpocke beim Kirchenbasar verkaufen wollte, gestohlen haben.

»Wie schrecklich«, sagt Josie und fragt sich gleichzeitig, ob jetzt irgendwo ein Mann mit Sturmhaube eingelegte Wassermelone isst und sich Meat Loafs *Not a Dry Eye in the House* dazu anhören muss. Hoffentlich.

Nathaniels Auto kommt die Auffahrt herauf, und er und die Jungs kriegen gerade noch mit, wie Windpocke sagt, dass sie schon die Polizei und die Nachbarschaftshilfe verständigt habe, aber dass sie auf jeden Fall ihren Wagen abschließen sollten.

»Warum kommst du nicht auf ein Glas Wein herein?«, fragt Nathaniel.

»Ja, okay«, sagt Windpocke, »aber ich kann nicht lange bleiben, ich muss noch Hamburger fürs Abendessen machen.«

Josie spürt einen Anflug von Neid – Windpocke macht phantastische Hamburger.

Sie gehen rein, und alles ist wie immer – Nathaniel kümmert sich um die Getränke, Josie kramt nach Zutaten fürs Abendessen, Kit und Mickey kicken ihre Schuhe in die Ecke und grapschen sich Trauben aus der Obstschüssel. Der einzige Unterschied ist, dass Windpocke an ihrem Küchentisch sitzt und Rotwein trinkt.

Josie schaltet den Herd ein, holt Schweinekoteletts aus dem Gefrierfach und setzt sich dann dazu. Windpocke entdeckt den »Schüler des Monats«-Brief am Kühlschrank und weiht sie in die neuesten Gerüchte über den Direktor von Mickeys Schule ein (oder das, was Gerüchte wären, wenn irgendetwas daran skandalös oder auch nur annähernd spannend wäre). Und dann berichtet Windpocke, dass sie mit ihrem Mann und ihren vier Söhnen dieses Wochenende freiwillig in einer Suppenküche mitarbeiten wird, und fragt, ob Kit und Mickey nicht mitkommen wollen.

»Auf keinen Fall«, sagt Kit, den Mund voller Trauben. Josie liebt ihn. Und wie sie ihn liebt!

Aber Mickey sagt: »Ist das denn vorbei, bevor *Family Guy* läuft?«

»Ganz sicher«, sagt Windpocke.

»Ich würde auch mitmachen«, schaltet sich Nathaniel ein.

Meine Güte. Machen sich die Hamburger da drüben eigentlich von allein?

Aber das sagt Josie natürlich nicht. Stattdessen schenkt sie Windpocke nach, während die umständlich mit Nathaniel darüber diskutiert, welches Auto sie nehmen sollen.

Josie kommt der Gedanke, dass man bei der Schriftstellerei dummerweise viel Lebenszeit damit vergeudet, sich zu fragen, ob die Dinge, die einem passieren, gut genug sind, um sie in einer Geschichte zu verwenden. Meistens sind sie das nicht, und dann muss man sich doch irgendeinen Mist aus den Fingern saugen.

Also versucht Josie, nicht wieder abzuschweifen. Sie bleibt im Hier und Jetzt. Sie bleibt genau hier bei diesem Gespräch, wie jemand, der mitten in der Flut auf einem Stein stehen bleibt, denn diese Gespräche sind die einzigen, die sie jetzt noch hat.

Gedanken einer Brautjungfer

Am Flughafen

Haley muss direkt vom Krankenhaus gekommen sein – sie trägt noch ihre OP-Kleidung. Außerdem kreischt sie: »Da bist du ja!«, sobald sie mich sieht, als wäre sie zum Flughafen gerufen worden, um mir eine lebensrettende Adrenalinspritze zu geben.

Wir umarmen uns vor der Gepäckausgabe. Ihre Schultern sind so knochig, dass ich Angst habe, ich könnte sie mit meinen Händen zerbrechen. »Ach, Fern«, sagt sie.

Sie besteht darauf, meinen Koffer vom Band zu hieven, obwohl er wirklich schwer ist und sie den Mann neben ihr quasi zum Krüppel schlägt, als sie ihm den Koffer in die Beine rammt.

Im Auto erzählt sie mir von einem obszönen Anruf, den sie letzte Woche bekommen hat. Sie fragt mich nicht, wie's in der Schule läuft, und ich frage nicht nach ihrer Arbeit. So sind wir.

Beim Friseur

Es ist nur ein Testlauf. Haley steht auf Testläufe. Früher hat sie eine Woche vor ihrem Auszug aus dem Wohnheim ihr Auto mit leeren Kisten und Koffern bepackt, um zu sehen, ob alles reinpasst. Eigentlich ein Wunder, dass sie keinen Testlauf-Testlauf macht.

Der Typ braucht ungefähr zwei Sekunden für Haleys Haare. Er steckt sie einfach nur oben zusammen, und es sieht phantastisch aus, genau die richtige Anzahl Strähnen fällt um ihr Gesicht.

Dann probiert er dasselbe bei mir und seufzt die ganze Zeit. Haley sitzt im Stuhl daneben und macht Vorschläge.

Schließlich sagt er irgendwann: »Okay, das kriege ich einfach nicht hin. Ihr Pony wächst nach oben.«

»Nach oben?«, fragt Haley.

»Als wäre sie in einer Zentrifuge gezeugt worden«, sagt er und zwinkert.

Haley lächelt. Der Typ lächelt. Würden seine Hände nicht in meinen Haaren stecken, würde ich wahrscheinlich aufstehen und mich kurz entschuldigen.

So war das schon immer. Haley und ich haben gemeinsam in der wissenschaftlichen Bibliothek gelernt, und sie wurde von Männern zum Essen eingeladen, während ich von irgendwelchen ausländischen Studenten gefragt wurde, wie man den Zettelkatalog benutzt.

Als ich Haleys Verlobten kennenlerne

Birnenmann. Genau so eine Form hat er – wie eine Birne. Er trägt weiße Jogginghosen, die eng an den Hüften anliegen. Wären die Hosen hübsch goldfarben – das Bild wäre perfekt.

»Hi, Fern«, sagt er.

»Hi«, antworte ich.

Das ist ungefähr alles, was wir uns zu sagen haben. Der Birnenmann sieht auf die Uhr und sagt, dass er zurück zur Bank muss. Er hat seine Mittagspause zum Joggen genutzt, erklärt er mir.

»Ach so«, sage ich.

Haley sieht amüsiert aus.

Als ich Haleys Liebhaber kennenlerne

»Das ist Tony«, sagt Haley, was lustig ist. Denn als sie mich dem Birnenmann vorgestellt hat, hat sie exakt dasselbe gesagt, der heißt nämlich auch Tony. Ich könnte sie Tony Eins und Tony Zwei nennen, wenn der andere nicht schon Birnenmann hieße. Aber den hier kann ich ja trotzdem Tony Zwei nennen.

»Freut mich«, sagt Tony Zweis Kopf. Denn nur den kann ich von ihm sehen, er steht nämlich im Gebüsch vor dem Wohnzimmerfenster. Zuerst habe ich ihn für den Gärtner gehalten, aber wie sich rausstellt, ist das ihre Art, sich zu verabreden. Er kommt, schaut zum Fenster rein, und wenn sie da ist, macht sie das Fenster auf, und sie verabreden sich irgendwo.

Eine andere Freundin von mir, Evelyn, hat eine Affäre mit

einem verheirateten Mann. Evelyn und der Mann rufen sich zu verabredeten Zeiten aus Telefonzellen an, und wenn sie sich treffen, fahren sie zwei Stunden lang herum und wechseln dreimal das Auto. Haley würde ihre Zeit nie so vergeuden.

Tony Zwei ist groß, schlank und hat eine große Nase, die irgendwie attraktiv ist. Er ist Sanitäter und hat Haley beim Blutspenden kennengelernt. »Bis später«, sagt Haley zu ihm. Sie beugt sich runter und küsst ihn auf die Stirn.

Zur Trauzeugin

Haley hatte ursprünglich mich gefragt, aber ich habe gleich gesagt, dass ich mir nur für die Hochzeit selbst freinehmen könne und es nicht schaffen würde, einen Junggesellinnenabschied zu organisieren, also ist jetzt ihre Schwester Anna Trauzeugin.

Anna hat Haleys Augen, aber nur beinah, und schlechte Haut. Sie hält sich sicher für die Klügere von beiden, genau wie ich. Deswegen sind wir Rivalinnen.

In der Umkleide

Wahrscheinlich gibt es viele schwarze Brautjungfernkleider und viele rückenfreie Brautjungfernkleider, aber es gibt wohl kaum wahnsinnig viele schwarze, rückenfreie Brautjungfernkleider.

Ich betrachte mich im Spiegel. Ich sehe aus wie eine erfolglose Prostituierte. Haley reißt die Tür zur Umkleide auf. Sie trägt nur einen BH und den Reifrock ihres Hochzeitskleides.

»Oh mein Gott!«, kreischt sie. »Du siehst phantastisch aus!«

Die anderen Leute im Laden schauen zu uns rüber. Ein Mann mustert Haley interessiert. Ich zerre sie in die Umkleide, was nicht ganz einfach ist mit dem riesigen Reifrock, und schließe die Tür.

Haley pikst mich in die Brust. »Ich glaube, wir müssen es gar nicht ändern lassen.« Ich hab mal gelesen, dass Bräute ihre unscheinbarsten Freundinnen zu Brautjungfern machen, damit sie selbst besser aussehen.

Jetzt zieht Haleys Mutter die Tür auf. Gott sei Dank ist es Haley, die nur einen BH trägt.

»Ach, Mädchen.« Haleys Mutter seufzt. »Schwarz! Das macht mir immer noch zu schaffen.«

»Eigentlich sollte ja *ich* schwarz tragen«, sagt Haley, legt ihre Arme um meine Hüfte und lehnt sich an mich. Der Reifrock raschelt, und der Stoff des schwarzen Kleides knistert. »Ich sollte gar nicht so tun, als wäre ich unbefleckt.«

In Haleys Bad

Haleys Bad ist pink, mit pinken Fliesen, pinken Handtüchern, Matten, Zahnbürsten, Bechern und sogar so einem zotteligen Klodeckelüberzug in Pink. Es ist außerdem der einzige Raum mit einem Schloss an der Tür. »Also«, sagt Haley. »Was sagst du?«

Sie lehnt im Bademantel am Waschbecken. Tony Zwei sitzt

auf der pinken Fußmatte und fingert am Saum ihres Bademantels herum. Er ist auf das Verandadach gestiegen und durchs Fenster ins Bad hereingeklettert. Ich sitze auf dem Rand der Wanne, und die Schiene für die rosafarbene Glastür schneidet mir in die Beine.

»Klar«, sage ich.

Haley grinst mich an. Und Tony Zwei grinst mich auch an. Im Film wäre das der Augenblick, in dem sich die Leute küssen, nur ist hier alles etwas durcheinander. Sollte Tony Zwei mich küssen, weil ich zugestimmt habe, ihn als meinen Freund auszugeben? Sollte Haley Tony Zwei küssen, weil er jetzt auf ihre Hochzeit kommen kann? Sollte ich Tony Zwei küssen, um schon mal zu üben?

Meine Theorie, warum Haley den Birnenmann heiratet

Im Prinzip könnte der Birnenmann ein Nachfahre der Statuen auf den Osterinseln sein. Haley hält durch ihn ihr Kümmer-Image aufrecht. Die Leute werden sie dafür bewundern, dass sie eine so unscheinbare Person heiratet, und annehmen, dass er ein Herz aus Gold hat und nur Haleys liebevolle Fürsorge seine wahre Natur hervorgezaubert hat oder so.

Das Problem dabei ist nur, dass die wahre Natur des Birnenmanns lediglich in dem besteht, was man sieht. Mein Gott, dieser Mann arbeitet als Zwangsvollstrecker! Und außerdem hat nur Miss Kitty aus *Rauchende Colts* ein Herz aus Gold.

Meine Theorie, warum Haley Tony Zwei behält

Eigentlich könnten es viele verschiedene Gründe sein, wie bei dieser Freundin meiner Mutter, die eine Affäre mit einem Mann anfing, der sie ins Museum begleitete. Denn ihr Mann war nie mit ihr ins Museum gegangen. Es könnte etwas in der Art sein.

Aber ich glaube, sie mag einfach die Vorstellung, der Birnenmann könnte es rauskriegen.

Die Tage, die Haley im Bett verbringt

Es gab die Tage, an denen sie keine Seminare hatte oder einfach keine Lust darauf, und dann blieb sie im Bett liegen und rief so lange meinen Namen, bis ich aufwachte und in ihr Zimmer stolperte.

»Ich stehe heute nicht auf«, verkündete sie dann und klopfte auf ihr Bett. »Komm her, los, wir bestellen was.«

Dann bestellten wir Pizza oder etwas vom Chinesen, und Haley stand nicht mal auf, um dem Boten die Tür zu öffnen. Sie rief nur: »Kommen Sie rein!«, so laut sie konnte, bezahlte ihn direkt im Schlafzimmer, flirtete mit ihm und ließ das Weiße ihrer Augen so groß werden wie auf ihrem Snoopy-Shirt.

Dann gab es die anderen Tage, die sie im Bett verbrachte; an diesen Tagen war sie zu deprimiert, um mich zu rufen, und sprach manchmal gar nicht mir. Dann saß ich auf dem Rand des Betts und kämmte ihre Haare. Oder ich saß auf dem Stuhl in der Ecke und wagte nicht, sie allein zu lassen, sah mir an, wie dünn ihr Hals war, während sie mit dem Gesicht zur Wand lag.

Im Zimmer von Haleys totem Bruder

Haleys Mutter möchte, dass die Leute denken, sein Zimmer sehe genauso aus, wie er es verlassen hat. Seine Sportpokale aus der Highschool stehen auf der Kommode, und sein College-Fähnchen hängt an der Wand. Sogar ein Jahrbuch liegt aufgeschlagen auf dem Schreibtisch, wie bei einer historischen Sehenswürdigkeit, z. B. in Monticello oder in Laura Ingalls Hütte, wo auf dem Schreibtisch immer ein halbfertiger Brief liegt, damit die Touristen ihn lesen können.

Haley hat mir mal erzählt, dass das ein totaler Witz ist. Ihr Bruder war zwei Jahre vor seinem Tod aus dem College geflogen und hatte in einem Laden für Autoteile gejobbt. »Er hatte gar kein Jahrbuch vom College«, erzählte sie. »Meine Mutter hat es bestellt.«

Hier zu schlafen ist seltsam, aber nicht so, wie man meinen könnte. Immerhin ist es das Zimmer, das Haleys am nächsten ist; hier will sie mich haben. Auf gewisse Weise fühle ich mich sehr geliebt.

In der Nacht vor der Nacht vor der Hochzeit

Ich wache auf, und Haley ist bei mir im Bett, an mich gekuschelt, wie zwei Löffel in der Schublade liegen wir da.

»Was machst du hier?«, flüstere ich.

Haley seufzt. »Mach das mit meinen Haaren«, murmelt sie, den Rücken mir zugewandt.

Ich ziehe meine Hand umständlich unter der Decke hervor

und streiche ihr die Haare aus dem Gesicht. Ihre Haarspitzen kitzeln meine Arme.

»Das ist gut«, sagt sie nach einer Minute. Sie spricht langsam. Ich helfe ihr beim Einschlafen. »Das fehlt mir.«

Warum der Birnenmann mich hasst

Ich habe wirklich keine Ahnung.

Obwohl, das stimmt nicht ganz; aber ich hätte es gern, damit ich so tun kann, als wäre ich ratlos und verletzt. Er hasst mich, weil er einmal, als Haley mich besucht hat, sechzehn Stunden lang immer zur vollen Stunde versucht hat, sie anzurufen. Und ich habe ihm sechzehnmal erzählt, sie sei unter der Dusche. Ich weiß nicht mal mehr, bei wem sie wirklich war.

Warum ich den Birnenmann hasse

Ich hasse ihn, weil er meine Witze nicht versteht.

Gestern ist er nach dem Joggen vorbeigekommen. Er will sich wohl vor der Hochzeit noch in Form bringen. Er trug grüne Jogginghosen und diese komischen Kopfhörer mit abstehenden Antennen. Er sah aus wie ein Fluglotse. »Was geht auf dem Rollfeld?«, fragte ich ihn, und er sagte: »Was?«

Solche Witze funktionieren nicht, wenn man sie erst erklären muss, und deswegen ist es auch nur logisch, dass ich ihm gegenüber keine Schuldgefühle habe.

Mit Haleys Mutter einen Salat machen

Wenn man Haley zu Hause besucht und vorher nicht schlank war, ist man es auf jeden Fall danach. Bei einem meiner Besuche gab es zum Mittagessen Tomaten. Also helfe ich beim Salat mit und klaue mir immer wieder eine Handvoll Speckstückchen.

»Ich hoffe, ihr könnt wieder zusammen nach Daytona Beach zum Spring Break fahren«, sagt Haleys Mutter. »Haley hat es so genossen.«

Ich nicke, schneide weiter Cheddar-Käse in kleine Würfel und esse einen davon. »Das wäre super«, sage ich.

Ich war noch nie in Daytona Beach.

Dinge, die mir Haley beigebracht hat

Vitamin C schützt nicht vor Schnupfen, aber man wird ihn damit schneller los.

Strumpfhosen zieht man besser mit feuchten Händen an, weil sie dann nicht so leicht zerreißen.

Männer haben mehr Mühe, BHs aufzukriegen, die vorne schließen.

Im Garten

Haley, Anna und ich liegen auf Liegenstühlen und versuchen noch ein bisschen braun zu werden für morgen. Anna liest ein Buch. Ich frage nicht, was sie liest, es ist ohnehin jemand wie Voltaire oder so.

Haley erzählt mir von einem ihrer Patienten im Krankenhaus. »Er hat gesagt, er teilt Frauen in vier Gruppen ein, und ich gehöre zur Ponygruppe.«

»Zur Ponygruppe?«

»Ja, anscheinend entsprechen alle Gruppen irgendwelchen Pferderassen«, sagt Haley. »Ich sollte wohl dankbar sein, dass ich keine Zuchtstute bin.«

Als wir zusammengewohnt haben, hat mich Haley am Tag der offenen Tür mal mit ins Anatomielabor genommen.

»Ist das nicht interessant?«, sagte sie immer wieder, während sie mir den Körper eines Verbrennungsopfers zeigte, das sie Tante Jemima nannte.

»Ja«, sagte ich und hielt mir die Jacke über Mund und Nase, um nicht den Formaldehyd-Geruch einzuatmen.

Haley schnappte sich ein Paar Operationshandschuhe und fummelte an einem der aufgeschnittenen Beine herum. »Ich will dir diesen Muskel zeigen«, sagte sie. »Er sieht genauso aus wie eine Schleife.«

Wieder in Haleys Bad

Haley hat einen Sonnenbrand und nimmt jetzt ein langes, kaltes Bad, in der Hoffnung, dass er verblasst. Ich sitze auf dem Klo, leiste ihr Gesellschaft und lackiere meine Fußnägel.

Das Blöde an lackierten Fußnägeln ist, dass man, wenn man nicht wirklich gut organisiert ist, nie dazu kommt, den Nagellack zu entfernen, und dann dauert es ungefähr sechs Monate, bis er abblättert. Trotzdem male ich mir den großen Zehnagel knallrot an und frage Haley: »Mit wem warst du in Daytona Beach?« Haley dreht ihre Haare oben auf dem Kopf zusammen, wo sie schwarz schimmern wie ein Müllsack. Sie wringt sie aus und sieht mich an. Sie fragt nicht, woher ich das weiß, sie sagt: »Mit jemandem von der Arbeit.«

»Oh«, sage ich.

Dann sage ich: »Du weißt, dass du nicht –«

»Fang ja nicht damit an«, sagt Haley, streckt sich und lässt ihre Haare wieder ins Wasser fallen. »Nicht du.«

Haleys Geschenk an mich

»Er hat dir immer so gut gefallen«, sagt Haley. »Wenn es dich stört, dass er gebraucht ist, besorge ich was anderes.«

»Nein«, sage ich. »Ich meine, das ist toll.«

Haley hatte immer behauptet, der Ring sei ein Schmuckstück wie jedes andere und habe keine besondere Bedeutung. Es ist ein großer, klarer Saphir mit zwei winzigen Diamanten auf jeder Seite. Ein Junge, mit dem Haley mal zusammen war, hatte ihn ihr als Freundschaftsring geschenkt. Obwohl sie mit dem Jungen gar keinen Kontakt mehr hatte, als wir zusammenwohnten, trug sie ihn weiter.

Bisher habe ich von zwei Männern einen Ring bekommen. Den ersten habe ich in einem Wutanfall in unsere Küchenspüle geworfen und dramatisch den Knopf für den Müllschlucker gedrückt. Der Müllschlucker funktionierte danach nie wieder richtig, und mein Vater hat stundenlang daran herumgeschraubt und gejammert: »Wenn ich nur wüsste, was da drinsteckt. Hat jemand einen Löffel reingeworfen?« Den zweiten Ring habe ich in eine blaue Serviette gewickelt und in die kleine Holzkiste gelegt zu meinen ersten Zähnen. Mir scheint, beides ist besser, als ihn noch zu tragen. Wenn ich von einem Jungen, der mit mir Schluss gemacht hat, einen Freundschaftsring bekommen hätte, dann hätte ich ihm den Ring an einem abgenagten Hühnerknochen zurückgeschickt.

»Danke«, sage ich zu Haley und umarme sie. Ich ziehe den Ring auf meinen Finger, wo er dumpf schimmert, schwer wie ein Familienerbstück.

Meine Theorie, warum Haley Tony Zwei behält – aktualisiert

Jetzt, wo Haley auch noch diesen Typen aus der Arbeit hat, mit dem sie nach Daytona Beach gefahren ist, kann sie sich darüber Gedanken machen, ob sie von ihrem Verlobten *und* ihrem Liebhaber erwischt wird.

Vorbereitung auf das Probedinner

»Jetzt weiß ich, warum ich das noch nie gemacht habe«, sagt Haley und fährt mir mit dem Puderpinsel einmal übers Gesicht.

»Warum?«

»Weil es total eklig ist, wie deine Augen dabei zucken.«

»Ich kann nichts dafür«, sage ich. »Ich habe sehr empfindliche Augen.«

»Oh mein Gott«, sagt Haley und tritt zurück. »Ich hab's doch gewusst! Mit Eyeliner bist du hübscher als ich.«

Ich schaue in den Spiegel. Es gibt auf der ganzen Welt nicht genug Eyeliner, um mich hübscher zu machen als Haley. Wahrscheinlich würde nicht mal eine Operation helfen. Trotzdem frage ich mich, warum sie mir das nicht früher gesagt hat.

Wie Haleys Bruder gestorben ist

Es war ein krasser Unfall. Er war Ski fahren und ist gegen einen Baum gerast, aber das hat ihn nicht umgebracht. Er wurde ohnmächtig und ist im Schnee erstickt.

Fast noch schlimmer ist, dass seine Freundin letztes Jahr quasi zusammengebrochen ist. Jetzt trifft sich Haley einmal im Monat mit ihr zum Essen, und sie sprechen über Haleys Bruder.

»Ist das nicht furchtbar deprimierend?«, frage ich Haley.

»Oh, eigentlich nicht«, sagt sie. »Damit kann ich ihr ein wenig helfen.«

Beim Probedinner

Eigentlich sollte ich neben Haley sitzen, aber der Birnenmann tauscht die Plätze, damit wir Junge, Mädchen, Junge, Mädchen sitzen können. Er sagt das sogar so. Falls er und Haley Kinder kriegen, werden sie ihn hassen.

Haley tauscht beim Dessert den Platz mit ihm.

»Weißt du noch«, sage ich und kratze die letzten Reste meiner Mousse zusammen, »dass du früher immer ein Jahr lang in London leben wolltest?«

Haley gibt mir den Rest ihrer Mousse.

»Das will ich immer noch«, sagt sie. »Du kannst in meiner Küche wohnen und Avon-Zeug verkaufen oder so was.«

»Und was ist mit Tony?«, frage ich.

»Eins oder Zwei?«, fragt Haley. Wir denken einfach immer das Gleiche.

Nach dem Probedinner

Irgendwann wird Haleys Vater Tony Zwei wahrscheinlich erschießen, weil er ihn für einen Landstreicher hält. Haley spricht mit gesenkter Stimme durch das Wohnzimmerfenster mit ihm.

»Fern, komm her«, flüstert sie. Sie reicht mir ihre Schuhe und Ohrringe und schwingt die Beine über den Fenstersims. Sie trägt noch immer das Kleid vom Probedinner.

Tony Zwei legt seine Hände um Haleys Hüfte, und sie gleitet raus. »Bis nachher, Fern.« Er zwinkert. Ich stelle mir die beiden in fünfundzwanzig Jahren vor, Haley ist mit dem Birnenmann verheiratet, und Tony Zwei setzt alle paar Tage mit seinem Krankenwagen auf ihrer Auffahrt zurück und hält vor dem Wohnzimmerfenster.

»Ich bin in einer Stunde zurück«, sagt Haley.

Fast bin ich versucht, ihr ein Pausenbrot mitzugeben. Aber ich schließe nur das Fenster hinter ihr.

Am Abend vor der Hochzeit

Ich halte Haleys Kopf über der Kloschüssel, während sie sich zum gefühlt hundertsten Mal übergibt. Vor einer Stunde habe ich ihr einen Zopf geflochten, damit die Haare aus dem Weg sind.

Ihre Stirn sinkt in meine Hände.

»Haley?«, flüstere ich. Ich ziehe sie zurück und lehne sie an die Wanne. Sie heult, wenn sie nicht spuckt, und ihre Augen sind auf Golfballgröße angeschwollen.

Ich helfe ihr auf und lege sie ins Bett.

Dann setze ich mich zu ihr und drücke eiskalte Tücher auf ihre Augen, damit sie morgen nicht so geschwollen sind. Noch etwas, das mir Haley beigebracht hat.

Nach einer halben Stunde beiße ich auf eine meiner Fingerspitzen und spüre nichts, aber Haleys Haut ist immer noch so heiß, dass sie im Dunkeln zu glühen scheint.

Am Morgen der Hochzeit

Ich wache mit einer Delle in der Handfläche auf, weil sich der Saphir an meinen Finger nach innen gedreht hat.

Ich trage einen Ring, den ein mir unbekannter Mann gekauft hat, ich liege im Bett eines toten Jungen, und meine beste Freundin wird gleich einen Mann heiraten, den sie nicht mal besonders mag. Wenn ich mich stark genug konzentriere, wird sich das alles zu einem sinnvollen Ganzen fügen.

Ich gehe zu Haleys Zimmer und bleibe auf der Schwelle stehen. Sie hat sich in ihren pinkfarbenen Laken verheddert. Ihr Gesicht ist nicht geschwollen, ihre Schultern erstrahlen in goldenem Braun, ihre Haare glänzen wie Nagellack. Nie mehr werde ich jemand so Schönes kennen.

Auf dem Weg zur Kirche

Haley und ich fahren in ihrem kleinen weißen Camaro zur Kirche – ein vorgezogenes Hochzeitsgeschenk vom Birnenmann.

Sie wusste von Anfang an, was für ein Brautkleid sie haben will – keine Panikattacken wegen eierschalenfarbenem Satin oder Elfenbeinspitze. Sie hat meterlang wogende weiße Seide ausgewählt und einen riesigen Kopfschmuck, den ich bei jeder anderen hässlich finden würde.

Aber an Haley wird er großartig aussehen, und irgendwann werde ich wahrscheinlich bei meiner eigenen Hochzeit versuchen, es zu imitieren – mit grauenhaftem Ergebnis.

Ich sitze auf dem Beifahrersitz mit dem scheußlichen Haarteil auf dem Schoß und sehe Haley dabei zu, wie sie fährt. Sie sitzt ganz vorne auf dem Sitz und kaut auf ihrer Unterlippe. Von draußen muss sie wie ein nervöses Wrack aussehen, aber eigentlich sieht sie immer so aus, wenn sie fährt. Sie hat erst mit zwanzig fahren gelernt. »Was hast du mit Tony Zwei vor, wenn du verheiratet bist?«, frage ich plötzlich.

Haley hält an einer roten Ampel und prüft ihren Lippenstift im Rückspiegel. »Was meinst du?«, fragt sie mit einem winzigen Stirnrunzeln zwischen den Augen.

Im Kirchengang

Tony Zwei meint wohl, jeder wird uns für ein Pärchen halten, wenn er seine Hand an meinem Rücken festklebt. Seine Finger rutschen unter den Rand des rückenfreien Kleides. Ich weiß nicht, ob das Absicht ist oder nicht, aber ich halte meine Arme fest an beide Seiten gedrückt.

Die Hochzeitsplanerin von der Kirche klatscht in die Hände, sagt Tony Zwei, dass er sich setzen soll, und uns, was wir zu tun haben. Wenn es Zeit ist für den Einzug, wird sie an der Tür stehen und jedem von uns einen kleinen Klaps auf den Rücken geben, wie Pferden, die aus dem Gatter getrieben werden.

»Also, Mädchen«, sagt sie, nachdem Tony Zwei weg ist. »Ich war schon bei über zweihundert Hochzeiten. Alles halb so wild.«

Ich verdrehe die Augen und flüstere Haley zu: »Wie ein Veteran aus dem Zweiten Weltkrieg oder so.«

Haley lacht. Sie legt mir die Arme um den Hals, und ich lege meine automatisch an ihre Hüfte, die Bahnen ihrer weißen Seide und meines schwarzen Kleides werden aneinandergepresst. Wir schwanken ein wenig. Wie oft, auf wie vielen Partys habe ich Haley so gestützt, wenn sie betrunken war und sich vor Lachen kaum mehr halten konnte? Partys, bei denen ich stundenlang an ihrer Seite geblieben bin, müde und mit flauem Magen, nachdem die Wirkung des Biers nachgelassen hatte. Partys, bei denen ich mit schmerzenden Füßen herumstand, während Haley geflirtet und getanzt hat und irgendwann mit einem Typen abgedampft ist. Wie hatte ich das vergessen können? Haley dampft immer mit jemand anderem ab.

Die Hochzeitsplanerin runzelt die Stirn und klatscht in die Hände. In einer Minute wird sie uns trennen und mich in den Kirchengang schicken. Und genau das will ich jetzt gerade – dass mein Part vorbei ist, die Hochzeit vorbei ist und ich nach Hause fahren kann.

Ich beuge mich vor. Haley hat den Kopf in den Nacken geworfen, ihr Hals spannt sich unter dem Gewicht der Haare und des Schleiers. Ihr Rücken beugt sich in meinen Händen, und ich kann ihre Wirbel spüren. Es muss aussehen wie im Stummfilm, als wollte ich sie gleich küssen, die Filmdiva, die sich in Pose wirft.

»Hey.« Mein Mund ist an der Stelle, wo ich ihr Ohr unter dem Schleier vermute. »Ich muss gehen.«

Die Rhett-Butlers

Du denkst immer noch als Mr Eagleton an ihn, selbst als ihr schon miteinander geschlafen habt. Und so nennst du ihn auch.

Du bist so wahnsinnig naiv, sogar für einen Teenager. Du glaubst doch tatsächlich die Geschichte von dem Kind, das Knallzucker zusammen mit Sodawasser getrunken hat und daran gestorben ist – und nicht nur das, sondern auch, dass es in deiner Stadt passiert ist. Dabei hat die Geschichte so einen Bart. Aber den hat die von Mr Eagleton und dir ja auch.

Er ist vierzig und auf so unscheinbare Art gutaussehend wie ein Polizeikommissar oder ein Banker aus dem Jahr 1920. Du bist fast siebzehn. Es fängt an mit einem Kuss vor der Weltkarte hinten im Klassenzimmer, als alle anderen schon weg sind. Du wusstest, dass dieser Kuss kommen würde, hast ihn auf jede erdenkliche Weise herausgefordert und bist trotzdem überrascht.

Noch mehr überrascht dich, dass am nächsten Morgen deine

beste Freundin von nebenan, Marcy Hutchins, anruft und sagt: »Mr Eagleton fährt die ganze Zeit auf seinem Motorrad um unseren Häuserblock und schaut immer zu deinem Haus.«

Du siehst noch mit dem Hörer am Ohr zum Fenster raus, und tatsächlich fährt ganz langsam ein Motorrad vorbei, dessen Fahrer dir den Kopf zugewandt hat.

»Ich glaube, du solltest was unternehmen«, meint Marcy. »Mein Dad sagt, dass er gleich rausgeht und ihm sagt, dass er aufhören soll, hier die Ruhe zu stören.«

»Okay«, sagst du.

»Außerdem hat er komische Jeans an«, stellt Marcy fest und legt auf.

Du sagst deinen Eltern, dass du in die Bibliothek gehst, und läufst raus. Du kürzt durch den Hintergarten ab und fängst Mr Eagleton ab, als er gerade vorbeidonnert. Du steigst hinten auf, und ihr fahrt weg. Wahrscheinlich wären deine Eltern wütender, dass du ohne Helm fährst, als dass du mit deinem Geschichtslehrer durchbrennst, aber nur vielleicht.

Du hast die Schule immer gemocht, aber jetzt liebst du sie richtig, denn zusätzlich zu dem Kick, gute Noten zu kriegen, siehst du dort auch Mr Eagleton. Als hätten sich die beiden interessanten Teile deines Lebens vereint, und jetzt ist dein ganzes Leben spannend, obwohl es natürlich noch die Hausaufgaben, das Abendessen mit den Eltern, Gartenarbeit und so Zeug gibt. Aber jetzt ist die Schule befriedigend. Wenn Mr Eagleton im Unterricht alle zum Lachen bringt, sitzt du da und weißt, dass alle ihn lieben – aber er liebt nur dich.

Manchmal begegnet ihr euch auf dem Flur, und er unterbricht sein Gespräch, egal mit wem, und sagt: »Hey, komm doch nachher noch mal bei mir vorbei, ich möchte mit dir über ein Projekt sprechen.« Und du kannst kaum glauben, dass keiner merkt, dass ihr nur noch Augen füreinander habt.

Deine Freunde, deine Lehrer, die ganze Schule – das alles bildet nur noch einen bunten, weichen, verschwommenen Hintergrund für den Film, der jetzt dein Leben ist.

Gleich in der nächsten Woche will Mr Eagleton mit dir in ein Hotel gehen. Er hat keine Lust mehr, in deinem Auto rumzumachen. In sein Haus könnt ihr nicht, weil es direkt gegenüber der Schule liegt und er sehr neugierige Nachbarn hat. Aber ins Comfort Inn könnt ihr nicht, weil Marcys älterer Bruder dort Chef ist, und ins Holiday Inn könnt ihr nicht, weil manchmal andere Lehrer dort zum Mittagsbuffet gehen. Also sagt Mr Eagleton, dass er dich in ein Motel außerhalb der Stadt bringt namens Starlite.

»Was für ein Motel ist das denn?«, fragst du vorsichtig.

»Eins mit einer fleckigen Matratze und einer nackten Glühbirne«, sagt Mr Eagleton. Es war ironisch gemeint, aber ironischerweise trifft es das ziemlich genau.

Du weißt, dass ihr euch im Motelzimmer nackt ausziehen und ins Bett gehen werdet. Und das wird zu etwas führen, das du bei dir *nackt küssen* nennst. Und so ist es auch, aber das Nacktküssen dauert ungefähr fünf Minuten, und dann wird Sex daraus.

Dein ganzes Leben lang werden Männer grölen vor Lachen, wenn du ihnen von diesem Nacktküssenzeug erzählst – darüber, dass du das wirklich gedacht hast –, aber so war es eben.

Am Tag nach deinem ersten Sex wachst du mit schlimmen Bauchschmerzen auf. Sie werden immer schlimmer, und irgendwann gehst du aus der Schule und lässt dich von Marcy zum Arzt bringen, denn was solltest du sonst tun? Ins Lehrerzimmer gehen und mit Mr Eagleton Händchen halten? Außerdem muss er gerade Geschichte unterrichten.

Marcy fährt dich zu deinem Kinderarzt. Dr. O'Hara ist ein äußerst wortkarger Mann, der manchmal ganze Untersuchungen ohne ein einziges Wort absolviert, und du hoffst wirklich, dass es diesmal genauso sein wird. Aber nachdem er dich fünf Minuten lang schweigend untersucht hat, hältst du es nicht mehr aus und gestehst ihm, dass du am Vorabend deine Jungfräulichkeit verloren hast und dass du dir wirklich Sorgen machst und total Angst hast, dass du innerlich blutest.

Dr. O'Hara blinzelt, und einen Augenblick lang denkst du, er wird weiter schweigen, aber dann sagt er, dass du allem Anschein nach eine Blinddarmentzündung hast und dass Marcy dich gleich rüber ins Krankenhaus fahren soll, was sie auch tut. Nach der Aufnahme wirst du direkt in den OP geschoben, während Marcy heulend deine Eltern bei der Arbeit anruft, die ihr immer wieder versichern, wie stolz sie auf euch beide sind und wie erwachsen und verantwortungsbewusst ihr gehandelt und dass ihr alles richtig gemacht habt.

Die Nacht, in der dir der Blinddarm entfernt wird, ist ziemlich übel, aber am nächsten Nachmittag geht's dir schon viel besser. Deine Eltern bleiben lange bei dir, und als sie gehen, kommt Marcy zu Besuch. Es schneit so stark, dass die Schwestern ein Auge zudrücken und Marcy in dem leeren Bett in deinem Zimmer schlafen darf, sie bekommt sogar ein Abendessen.

Mr Eagleton hat dir ein Dutzend gelbe Rosen geschickt (deinen Eltern hast du erzählt, sie wären vom Golfteam), und Marcy schenkt dir ein Paar Ohrringe. Den Schwestern muss langweilig sein, denn sie kommen immer wieder zum Plaudern vorbei. Der Krankenhausgarten vor dem Fenster steckt in einem Hochzeitskleid aus frischgefallenem Schnee. Nie warst du so glücklich und hast dich so geliebt gefühlt.

Ihr werdet Stammgäste im Starlite Motel. Beim ersten Mal bist du im Auto sitzen geblieben, während Mr Eagleton eingecheckt hat, aber jetzt kommst du mit, um zu sehen, welchen Namen er benutzt, wenn er sich einträgt. Er wählt jedes Mal Namen aus deinen Lieblingsbüchern: Mr und Mrs Gatsby, Mr und Mrs Caulfield, Mr und Mrs Finch, Mr und Mrs Twist. Du findest das sehr romantisch, auch wenn du niemals deinen Namen ändern würdest, vor allem nicht in Eagleton.

Der Frau am Empfang scheinen Mr und Mrs Butler am besten zu gefallen. »Ah, die Rhett-Butlers«, sagt sie jedes Mal. »Willkommen zurück.«

Sie ist eine üppige, mütterliche Erscheinung, die aussieht wie Mrs Harrison, die Frau, die das Kinderbuchmobil fährt. Der Fernseher läuft ununterbrochen, und immer ist der Kanal mit *Glücksrad* eingestellt. Sie ist unglaublich gut – einmal hat sie *Apocalypse Now* nur anhand des Buchstabens C erraten.

Sie gibt einem wirklich ein gutes Gefühl – nichts Schlechtes kann einem hier passieren.

Mr Eagleton sagt dir, dass er dir eine Zwei in Geschichte geben wird, damit niemand Verdacht schöpft.

»Aber ich hatte doch immer eine Eins«, antwortest du. »Wahrscheinlich ist es verdächtiger, wenn ich eine Zwei kriege, als eine Eins.«

»Überlass das mir«, sagt Mr Eagleton, was dich wirklich ärgert.

Immerhin ist es Amerikanische Geschichte und nicht Englisch, denn das hättest du nicht verkraftet.

Jetzt wirst du nur Elfte im Klassenranking, rausgekickt von Priscilla Todd, einem doofen Mädchen mit einem Wasserfall von rotem Haar, das ständig zu irgendwelchen Schreibmaschinenkursen rennt. Wird dir die Zwei in Geschichte noch jahrelang nachgehen? Das kann man wohl sagen.

Mr Eagleton redet ständig davon, dass diese Sache geheim bleiben muss – keine SMS, keine Mails –, dass niemand davon erfahren darf. Und du verrätst es niemandem, keinem einzigen Menschen, außer Marcy, und Marcy ist ja kaum ein Mensch, eher so was wie dein vorderer Hirnlappen, also zählt es nicht wirklich. Und dann sagt dir Mr Eagleton, dass *er* es Mr Poole erzählt hat, der nicht nur ein Mensch ist, sondern auch noch dein Erdkundelehrer.

»Und was hat er gesagt?«

»Dass du süß bist«, berichtet Mr Eagleton, »und auch, dass du zehn Jahre älter wirkst als die anderen Mädchen.«

Der Teil mit *süß* ist wirklich nett, aber das mit den zehn Jahren ist dir nicht ganz geheuer.

»Und er sagte, dass seiner Erfahrung nach Teenies weder ficken noch blasen können«, fügt Mr Eagleton hinzu.

»Was für eine Art Erfahrung soll das sein?«

»Ich weiß nicht«, sagt Mr Eagleton, aber sein Blick schweift ab.

Langsam wird dir etwas klar: Obwohl es wirklich grandios ist, mitzukriegen, dass Lehrer sich beim Vornamen nennen, und noch viel grandioser, von ihren gemeinsamen Wochenendplänen zu hören, reden sie oft über Sachen, die ganz und gar nicht grandios sind.

Mr Eagleton zeigt dir einen Porno – wie sich herausstellt, hat er eine ziemlich große Sammlung. Du bist noch jung genug, um immer deine Eltern im Hinterkopf zu haben, und es bricht dir das Herz, dass deine Mutter in einer Welt lebt, in der es solche Filme gibt.

Was aber nicht heißen soll, dass es dir nicht gefallen hat. Du wünschst dir nur, dass Marcy hier wäre und mitgucken würde, denn dann wäre es real. Das ist nämlich das Problem mit Mr Eagleton – er ist nicht real. Der Teil deines Lebens, in dem er vorkommt, ist komplett abgeschirmt, wie das letzte Stück Kuchen unter einer dieser Glasglocken.

Marcy sagt ihren Eltern, dass sie bei dir übernachtet, also kann sie länger ausbleiben als sonst. Sie geht rüber zu Jeff Lippencott, dessen Eltern nicht in der Stadt sind.

Du spielst mit – selbstverständlich! Wie oft hat Marcy dich schon gedeckt. Du setzt dich in Jogginghose und mit Brille ins Fernsehzimmer und isst Pop-Tarts. Natürlich wünschst du Marcy nur das Allerbeste, aber trotzdem nagt der Gedanke an dir, dass sie bei Jeff Lippencott ist, vielleicht mit ihm im Bett seiner Eltern liegt und ein echtes Leben führt.

Kurz nach elf klopft Marcy ans Fenster. Du machst auf, und sie steigt über den Fenstersims, schüttelt kleine kalte Regendiamanten aus ihrem Haar und sagt: »Oh mein Gott, er ist so ein Arsch! Er hat die ganze Zeit mit seinen Kumpels an irgendwelchen Ständern für Bierfässer rumgebastelt, und ich kannte überhaupt niemanden und hab dann am Schluss seiner kleinen Schwester beim Topflappenhäkeln geholfen.«

Jetzt müsste es dir eigentlich viel besser gehen. Du solltest dich freuen, dass du du selbst bist. Tust du aber nicht.

Du fährst mit Mr Eagleton übers Wochenende weg, und dabei lernst du fürs Leben, auch wenn es einige Zeit dauern wird, bis das bei dir ankommt. Du lernst, dass du deinen Eltern erzählen kannst, dass du zu einem United-Nations-Wochenende für Jugendliche fährst, und sie es für langweilig genug halten, um gar nicht erst nachzufragen. Du lernst, dass Bed-and-Breakfasts dasselbe Mobiliar haben wie Hotels, nur eben so unpraktisch aufgestellt wie möglich. Du lernst, dass die ganzen lustigen und interessanten Anekdoten, die Mr Eagleton im Klassenzimmer zum Besten gibt, beim zweiten Mal nicht mehr so lustig oder interessant sind, vor allem nicht, wenn du als Publikum herhalten musst, das nicht wegkann. Du lernst, dass manchmal das Beste an einem Wochenendausflug mit einem Mann ist, wenn man vorher seinen Kleiderschrank durchgeht und sich überlegt, was man anziehen wird.

Als du Sonntagabend zurückkommst, ruft Marcy an und fragt, ob es unglaublich romantisch war, und du sagst ja, weil du dich nicht traust, ihr zu sagen, dass du, wenn du langweiligen Scheiß über angebotsorientierte Wirtschaftstheorie hören willst, auch zu Hause bleiben kannst.

In Erdkunde kommst du locker mit, und genauso locker geht Mr Poole seinen Unterricht an. Jedenfalls musst du nicht wie in

Biologie super aufmerksam sein, damit dir auch ja keine verwirrende Tatsache entgeht. Dir bleibt genügend Zeit, Mr Poole zu betrachten, wie er an seinem Tisch sitzt und Arbeiten benotet. Sein Kopf ist oben kahl mit Sommersprossen, und seine Haut sieht irgendwie dick und schleimig aus, wie bei einem Giftpilz oder einer Auster. Du fragst dich, wer wohl das Mädchen war, das weder gut ficken noch blasen konnte, und wie sie sich jemals dazu überwinden konnte, auch nur eins von beidem mit Mr Poole zu machen. Hoffentlich muss sie, egal wo sie jetzt ist, fast nie daran denken –

Genau in diesem Augenblick blickt Mr Poole auf, und eure Blicke treffen sich über seiner Gleitsichtbrille, und du kapierst mit Klondike-kalter Klarheit, dass Mr Poole dasselbe denkt, nur genau andersrum.

Eigentlich müsste das ein wirklich seltsamer Moment sein, aber so ist es nicht, und nach einer Sekunde senkst du deinen Kopf wieder über dein Schulbuch und musst daran denken, was es doch für ein komischer Zufall ist, dass an einer Schule mit insgesamt 3000 Schülern plus Lehrpersonal ausgerechnet Mr Poole und du die beiden sind, die einander perfekt verstehen.

Das sind deine fünf größten Sorgen momentan:

1. College-Bewerbungen
2. Bio-Zwischenprüfung
3. Englischprüfung
4. Geld für ein neues Handy
5. Sommerpraktikum

Mr Eagleton ist wahrscheinlich irgendwo in den Top Ten, aber eindeutig hinter dem Golfteam. Er entspricht mehr einem Club, noch nicht mal einem Sport, und du denkst so viel an ihn wie an den Schachclub, wenn du einem Schachclub angehören würdest.

Anscheinend geht es Mr Eagleton da etwas anders. »Ich träume davon, mit dir verheiratet zu sein«, sagt er.

»Aber ich werde aufs College gehen«, sagst du.

Und was immer er von dir hat hören wollen – das war es jedenfalls nicht.

Mr Eagleton redet gern über Motorräder, Autos, Fußball, Jazz und Wandern, was alles nicht besonders interessant ist, vor allem Jazz nicht. Wenn man ein Mengendiagramm (das war in Algebra dran) über deine Interessen und die von Mr Eagleton machen würde, wäre die Schnittmenge winzig klein, kaum groß genug, um das Wort »Sex« reinzuschreiben.

Mr Eagleton schickt immer noch keine SMS oder E-Mails (er meint, die seien wie Styropor und würden nie mehr verschwinden), aber er schreibt dir Briefe. Lange, leidenschaftliche Briefe mit viel Sex drin – aber doch irgendwie gleichförmig. Am Anfang liest du sie sehr gründlich und gewissenhaft, aber später überfliegst du sie nur noch, wie die Begriffe vor einem Bio-Test. Du faltest die Briefe zusammen und legst sie, einen um den anderen, in deine Schreibtischschublade.

Dir ist gar nicht klar, dass da in deiner Schreibtischschublade eine Massenvernichtungswaffe lagert. Deine Eltern würden dich nie ausspionieren, und selbst wenn, würden sie es wahrscheinlich nicht glauben. Schlimmstenfalls beginnt deine

Mutter Brownies zu backen, gehemmt, wie sie ist. Das hat sie nämlich auch getan, als sie im Garten gebrauchte Kondome gefunden hat. Deine ganzen Einser-Zensuren, die Mitgliedschaft in der National Honor Society und die Junior Achievement-Auszeichnungen haben einen unerwarteten Vorteil: Jedes Vergehen wird von deinem superbraven Ruf überdeckt. Das hast du gar nicht so geplant, hättest du aber, wenn es dir früher eingefallen wäre.

Einer Enthüllung kommt am nächsten, als dein Vater eines Abends beim Essen vorsichtig fragt: »Was ist eigentlich mit deinen Noten los? In Geschichte bist du dieses Jahr noch kein einziges Mal über eine Zwei hinausgekommen.«

Abgesehen vom Heiraten und den Pornofilmen hat Mr Eagleton noch andere Ideen. Eine davon ist Analsex. Du hältst das für einen Witz, als er es zum ersten Mal erwähnt, aber von wegen.

Du weißt, dass Mr Eagleton eine Ex-Frau hat, obwohl er nie über sie spricht, und auch, dass er Ex-Freundinnen hat. Du bist dir ziemlich sicher, dass er auch Ex-Teenager-Freundinnen hat, also Schülerinnen wie dich. Aber mit Gewissheit weißt du das erst, als ihr eines Tages zusammen im Bett liegt – du verfolgst gerade die Risse in der Decke mit den Augen – und er sagt: »Ich wünschte, ich könnte jetzt ein Bild von dir machen.«

»Du hast doch schon ein Bild von mir«, antwortest du. Marcy hat es gemacht. Ihr habt fast zwei Stunden gebraucht, bis deine Haare richtig fielen.

»Ein Bild davon, wie du jetzt aussiehst«, sagt er.

Du setzt dich auf. »Kommt gar nicht in Frage, dass du ein Bild von mir machst, wenn ich nackt bin.«

Er zuckt mit den Schultern. »Zum Glück haben Poole und ich diesen Deal, dass wir gegenseitig unsere Schreibtische ausräumen, falls einer unerwartet stirbt. Denn da sind noch andere Bilder, die mich in Schwierigkeiten bringen könnten.«

Was ist das eigentlich mit den Menschen und ihren Schreibtischschubladen? Mr Eagleton sieht dich mit einem geheuchelt beiläufigen Blick an. Am liebsten wäre ihm wohl, wenn du vor Eifersucht vergehen würdest. Du aber wünschst dir bloß dein Foto zurück.

Eines Tages trägt sich Mr Eagleton im Starlite mit »Mr und Mrs Beutlin« ein. Das ist in vielerlei Hinsicht eine Enttäuschung, nicht zuletzt, weil du Tolkien nicht mal magst.

Sogar die Frau am Empfang wirkt enttäuscht. Sie schiebt ihr Hustenbonbon von der einen Backe in die andere, bevor sie ihm den Schlüssel reicht. »Hier bitte, Rhett«, sagt sie zu Mr Eagleton.

Dann schaut sie zum Fernseher und sagt: »Lebkuchenhaus.«

Mr Eagleton hält dir bereits die Tür auf. »Kommst du?«

»Moment!« Auch du siehst zum Fernseher. Noch nie wolltest du so gern *Glücksrad* sehen.

Du erzählst Marcy die Mr-und-Mrs-Beutlin-Geschichte, und sie sagt: »Ihhh, pfui.« (Das hat sie auch zum Analsex gesagt, nur mit weniger Verachtung.)

»Ich weiß.« Und der Punkt ist: Du weißt es wirklich. Mehr gibt es dazu nicht zu sagen.

Du erzählst Mr Eagleton, dass du nach der Schule nicht bleiben kannst. Du sagst, dass du abends nicht mehr ausgehen kannst.

Dass deine Eltern misstrauisch geworden sind. Du behauptest, du hättest Hausarrest, weil du in Marcys Keller Wodka getrunken hast. Du sagst, dass du dein Telefon verloren und noch kein neues hast, und dass dein Computer kaputt ist. Du sagst ihm, du hättest PMS.

Und zu alldem sagt Mr Eagleton nur: »Lüg mich verdammt noch mal nicht an.«

Na ja, er ist eben doch ein Lehrer. Er ist derjenige, der dir geraten hat, nicht zu husten, wenn du dich krankmeldest. Nicht übertreiben, hat er gesagt.

Wenn Mr Eagleton nur ein Typ in deinem Alter wäre! Dann könntest du ihm über Marcy ausrichten lassen, dass du ihn nicht mehr treffen willst, und er würde mit seinen Kumpels ausgehen und Bier trinken, bis er kotzen muss, und das wär's dann.

Aber weil er dein Lehrer ist, siehst du ihn jeden Tag 50 Minuten lang, und obwohl du das Klassenzimmer mit den Büchern an die Brust gepresst und mit gesenktem Blick betrittst wie eine Nonne (das waren doch Nonnen, die das machen, oder?), musst du doch ab und zu aufblicken. Und jedes Mal, wenn du das tust, sieht dich Mr Eagleton direkt an, und sein Blick brennt wie Chilis. Wenn er beim Unterricht durch das Klassenzimmer geht, bleibt er manchmal an deinem Tisch stehen, und du weißt, dass er die Hand ausstrecken und dich berühren will. Dein Herz schlägt immer schneller, bis er endlich weitergeht. Deine Aufsätze kommen mit einer großen roten Drei zurück – einmal ist es so heftig hingeschmiert, dass das Blatt an der Stelle ein Loch hat.

Mittlerweile stellt er sich immer an die Tür, wenn er die

Klasse entlässt – das hat er früher nie gemacht –, und du musst direkt an ihm vorbeigehen. An seinem Atem riechst du, dass er vielleicht doch Bier trinkt mit seinen Kumpels.

Ständig klingelt das Telefon, und wenn deine Eltern drangehen, legt der Anrufer auf. Drei Tage am Stück kommt überhaupt keine Post an, und dein Vater ruft beim Postamt an und beschwert sich. Wie sich herausstellt, hat man deinen Müll durchwühlt. Eines Abends hält deine Mutter mit der Gabel vor dem Mund inne und sagt: »Höre ich etwa wieder dieses Motorrad?« Beim Golf fragt einer der Spieler: »Ist das nicht Mr Eagleton vor dem Clubhaus da drüben?«, was dafür sorgt, dass du drei Schläge zum Einlochen brauchst beim allerletzten Loch der Saison. (Na, vielen Dank.) Jemand stellt einen Korb mit Süßigkeiten auf die Veranda, und dein Vater denkt, der Korb kommt von seinem Büro, und schnappt sich alle Scones.

»Mr Eagleton sollte mal besser erwachsen werden«, sagt Marcy, die rübergekommen ist, um die Blaubeermuffins zu verdrücken.

Und du siehst bestätigt, was du schon lange vermutet hast: Marcy – Marcy, die Dinge sagt wie: »Ich hab noch nie gehört, dass man Alufolie nicht in die Mikrowelle tun darf« – ist tatsächlich erwachsener als Mr Eagleton.

Gott sei Dank gehst du direkt nach der Schule aufs College. Du machst ein Sommerpraktikum im Kunstmuseum von Virginia. Mr Eagleton weiß nichts davon.

An deinem letzten Tag kommen die Nachbarn raus, um dich zu verabschieden, aber du kannst nur daran denken, wie schrecklich es wäre, wenn Mr Eagleton gerade jetzt mit seinem

Motorrad vorbeifahren würde. Dann würde er das Auto in der Auffahrt sehen, so vollgepackt mit Kisten und Koffern, dass dein Vater den Vordersitz nicht mehr ganz zurückklappen kann. (Er sitzt schon im Auto und sieht aus wie eine Kakerlake in einem Matchbox-Auto.)

Der Gedanke beschäftigt dich so sehr, dass du gar nicht mehr an deine und Marcys eiserne Regel denkst, sich niemals Mr Finnerty zu nähern, nachdem er Baseball geschaut und einen Sixpack getrunken hat. Du lässt zu, dass er dich zum Abschied umarmt wie jeder andere auch, und Mr Finnerty küsst dich auf den Mund und tätschelt deinen Hintern. Alle sehen völlig schockiert aus, bis auf Marcy, die grinst, und deine Mutter, die in die Ferne starrt. Todsicher geht sie rein, wenn du weg bist, und fängt an, Brownies zu backen.

Du steigst zu deinem Vater ins Auto und solltest dich eigentlich freuen, aber die Erkenntnis, dass du nachher nicht mit Marcy über Mr Finnerty lästern kannst, legt sich wie ein Ölfilm um dein Herz, schwarz und heimtückisch. Darüber bist du viel trauriger, als du es ein paar Jahre später sein wirst, wenn du hörst, dass Mr Eagletons Motorrad auf einem echten Ölfilm ins Schleudern geraten und gegen einen Baum gerast ist.

Als das passiert, spürst du gar nichts.

Grendels Mutter

Dr. Andy strahlte Maya zwischen ihren gespreizten Beinen hindurch an und sagte: »Sieht alles prima aus!«

Maya war sich nicht sicher, ob das eine medizinische Diagnose oder eine Art Kompliment sein sollte, also sagte sie nur diplomatisch »Mmmm«. Sie war in der zwölften Woche.

Dr. Andy beendete die Untersuchung und erhob sich. »Sie machen das wirklich toll!« Er war Ende zwanzig, sehr offen und erbarmungslos gut gelaunt.

Seine fröhliche Art und der Umstand, dass ihn alle Dr. Andy anstatt Dr. Lewiston nannten, erinnerten Maya an einen Lehrer aus der Vorschule. Das gefiel ihr an ihm. Sie konnte sich einfach nicht vorstellen, dass er ihr jemals schlechte Nachrichten unterbreiten würde, und weil sie es sich nicht vorstellen konnte, würde es auch nicht passieren. (Mayas letzter Frauenarzt, der kürzlich in Rente gegangen war, hatte immer gesagt, sie solle die Unterhose anbehalten bis zur Untersuchung, bei der er sie ihr dann auszog. Er meinte, so sei es sicher angenehmer für

Maya, aber sie hatte immer den Verdacht, dass er einfach gerne Mädchen an die Höschen ging. Bei der Auswahl ihrer Frauenärzte hatte sie kein besonders glückliches Händchen bewiesen.)

Jetzt sagte Dr. Andy zur Schwester: »Sie können ihren Partner für den Ultraschall hereinrufen.«

Die Schwester war schon etwas älter und wirkte vertrauenswürdig. Maya nahm an, dass sie hier den Laden schmiss, vielleicht war sie sogar Dr. Andys Mutter. Die Schwester ging raus und kam einen Augenblick später mit Rhodes zurück.

Dr. Andy schüttelte ihm die Hand. »Freut mich sehr, Mayas Partner kennenzulernen!«

»Wir sind verheiratet«, sagte Maya vom Gynäkologenstuhl aus.

»Dann also Mayas Mann«, korrigierte sich Dr. Andy herzlich.

»Wir haben keine Ringe mehr«, sagte Rhodes. »Maya war allergisch gegen ihren. Am Tag nach der Hochzeit mussten wir die Feuerwehr rufen, um ihn abzuschneiden, und ich hab meinen auf dem Nachtkästchen einer Ex-Freundin liegenlassen.«

Dr. Andy lachte, aber Maya wusste, dass er über alles lachte. »Das mit der Ex-Freundin war ein Witz«, sagte sie der Schwester zuliebe. »In Wirklichkeit ist sein Ring bei unseren Flitterwochen in den Pazifik gefallen.«

»Zum Glück sind wir nicht abergläubisch«, sagte Rhodes. »Trotzdem haben wir die Ringe nicht ersetzt. Wir warten lieber mal ab, wie sich das alles entwickelt.«

Maya seufzte. Sie hatte Gründe gehabt – gute Gründe –, dass Rhodes bislang nicht dabei gewesen war.

Die Schwester drückte einen Klecks erstaunlich kühles Gel auf Mayas Bauch und verrieb es. Dann fuhr Dr. Andy mit dem

Ultraschallgerät über das Gel, und einen Augenblick später drehte er den Bildschirm zu ihnen.

Maya hatte Freundinnen, deren Ärzte 3D-Farb-Ultraschallgeräte hatten, aber anscheinend sparte Dr. Andy noch auf so eines. Das Schwarzweißbild war altmodisch grobkörnig. Aber da schwamm ihr Baby, oder ihr Fötus, in der Dunkelheit.

»Das Baby hat uns den Rücken zugewandt«, erklärte Dr. Andy. »Sie können die schöne gerade Wirbelsäule und den Kopf sehen, und da schlägt das Herz.«

Rhodes und sie starrten beide auf den kleinen flatternden Herzschlag. Maya musste an einen Schmetterling denken.

Rhodes drückte ihre Hand. »Wer hätte gedacht, dass ein spontanes Tête-à-Tête auf dem Sofa meiner Eltern und eine Flasche Tequila zu so was führen können?«

Dr. Andy lachte. Maya schaute zur Schwester, die eindeutig die Stirn runzelte. »Er hat einen ungewöhnlichen Humor«, erklärte Maya.

Was Rhodes über die Zeugung ihres Babys sagte, stimmte nicht. Oder besser gesagt, der Teil mit »spontan« stimmte nicht, sie hatte schon seit sechs Monaten versucht, schwanger zu werden. Der Teil mit dem Sofa und dem Tequila war aber leider wahr.

Nach dem Arztbesuch fuhren sie zu Rhodes' Eltern, um ihnen die Neuigkeiten zu verkünden, jetzt, wo Maya offiziell über das erste Trimester hinaus war.

»Oh mein Gott!«, kreischte Rhodes' Mutter Hazelene. »Ich bin so glücklich! Noch viel glücklicher als ihr!«

Rhodes' Vater machte Champagner auf, und sie gingen ins Wohnzimmer (Maya setzte sich sogar auf das Sofa!) und tranken ihn. Bis auf Maya, die statt Champagner Milch bekam, das einzige alkohol- und koffeinfreie Getränk im ganzen Haus.

»Habt ihr euch schon Namen überlegt?«, fragte Hazelene. Sie war ganz aufgeregt und schien auf ihrem Sessel fast auf und ab zu hüpfen.

»Welche Namen gefallen dir denn, Mom?«, fragte Rhodes.

»Egal was du antwortest, wir werden eh ›Bloß nicht‹ sagen.«

»Für einen Jungen fand ich Thor schon immer schön«, sagte Hazelene. »Und Grendel für ein Mädchen.«

»Womit du mich auf ganzer Linie bestätigst.«

Magellan, Rhodes' 18-jährige Schwester, und ihr Freund Toby kamen gerade rein.

Hazelene schoss wie ein Springteufel von ihrem Sessel hoch. »Maya und Rhodes kriegen ein Baby!«

Magellan suchte zur Bestätigung Mayas Blick, als würde Hazelene ständig solche Sachen sagen, ob es nun stimmte oder nicht. Maya nickte.

»Cool«, sagte Magellan. Sie war immer noch pummelig und hatte so gar nichts von Rhodes' schmaler Eleganz. »Glückwunsch.«

Toby sagte gar nichts, aber das tat er nie. Er hatte immer seinen mp3-Player dabei, und die kleinen weißen Hörer steckten in seinen Ohren, so wie jedes Mal, wenn Maya ihm begegnete. Er war groß und schlaksig und hatte lange blonden Haare, die er sich mit einem kleinen Kopfruck ständig aus den Augen schütteln musste.

Das Glas Champagner, das ihm Rhodes' Vater anbot, nahm er an und erhob es wie die anderen.

»Weiß er überhaupt, worauf er trinkt?«, fragte Rhodes. Und

Magellan reagierte mit einem ungehaltenen Nicken, als wäre Rhodes' Frage völlig idiotisch.

Toby und Magellan wirkten auf Maya weniger wie ein Paar als wie ein Tier und sein Trainer; Toby war dabei das Tier. Wie der Kluge Hans und sein Lehrer, oder Coco, der neugierige Affe, und der Mann mit dem gelben Hut, obwohl Toby weniger interessant (und wahrscheinlich auch weniger intelligent) als Coco war.

Rhodes' Eltern schien es nicht zu stören, dass Toby immer Kopfhörer in den Ohren hatte und dass er erst (durch Magellan) fragen ließ, was es zum Abendessen gab, bevor er zusagte. Maya wusste nicht, ob sie dieses unsoziale Verhalten akzeptierten, weil sie dachten, Magellan würde keinen Besseren finden, oder weil es ihnen egal war. Manchmal wurde man einfach nicht schlau aus ihnen.

»Auf Grendel!«, rief Hazelene überschwänglich und hob erneut ihr Glas.

Vielleicht war so viel Champagner vor dem Abendessen keine gute Idee, ging es Maya durch den Kopf.

»Oder Thor«, fügte Rhodes' Vater hinzu.

Toby schüttelte sich den Pony aus den Augen, und Magellan sagte: »Warum reden wir eigentlich über *Beowulf*?«

Ja, Maya hatte freiwillig in diese Familie eingeheiratet, hatte tatsächlich eines ihrer Mitglieder als Vater für ihr Kind auserkoren und sich bereit erklärt, an diesem Genpool teilzuhaben. (In Mayas Vorstellung folgte auf jeden dieser Begriffe ein Ausrufezeichen – Familie! Kind! Genpool!) Sie wusste, Rhodes würde das aus evolutionärer Perspektive betrachten und ihr erklären, dass Maya ein Merkmal gesucht habe, über das weder sie noch ihre Familie verfügten. Aber meistens dachte Maya, dass sie völlig von Sinnen gewesen sein musste.

Hazelene rief ein paar Tage später an: »Hallo, Maya, Liebes. Habt ihr heute Vormittag schon was vor, du und Grendel?«

Alle nannten Mayas ungeborenes Baby jetzt Grendel. Maya versuchte fest daran zu glauben, dass das nur ein Projektname war und das Baby mit einem Namen aufwachsen würde, den Rhodes und sie ihm gaben – aber sicher war sie sich nicht. Spitznamen konnten auch an einem kleben bleiben.

»Nein, ich habe nichts geplant«, sagte Maya. (Sie arbeitete nur zwei Tage die Woche in der Bibliothek.) Ihr war klar, und sie freute sich auch darüber, dass Hazelene enorm aufgeregt war wegen ihres ersten Enkelkindes, aber Maya weigerte sich, so zu tun, als hätte Grendel ein eigenes Sozialleben, bis Grendel wirklich eins hatte.

»Wollt ihr nicht vorbeikommen?«, schlug Hazelene vor. »Magellan und Toby haben gerade eine kleine Meinungsverschiedenheit –«

»Er hat Schluss gemacht«, sagte Magellan nachdrücklich im Hintergrund.

»Wir haben eine kleine Krise und könnten deinen Beistand gut gebrauchen«, schloss Hazelene.

»Okay, bin gleich da«, sagte Maya, ziemlich geschmeichelt, dass die beiden sie angerufen hatten. Sie fühlte sich wie ein Staatsoberhaupt, das zu einem internationalen Terrorismusgipfel gerufen wird. Doch als sie eine halbe Stunde später bei Rhodes' Eltern ankam, fand sie das internationale Gipfeltreffen eher enttäuschend. Es bestand nur aus Magellan, die am Küchentisch kauerte und trübselig in eine Schüssel mit Rosinenmüsli starrte, und Hazelene, die ihr gegenübersaß, Zeitung las und sich laut fragte, warum der Bauernmarkt von Mittwoch auf Donnerstag verlegt worden war.

Maya nahm sich einen Stuhl und öffnete eine Flasche Orangensaft, die sie mitgebracht hatte. »Was ist passiert? Warum habt ihr Schluss gemacht?«, fragte sie, um einen Einstieg zu finden.

Es folgte eine kurze Pause, in der Maya sich fragte, ob Hazelene mit der Antwort klarkommen würde. Was, wenn Magellan plötzlich von irgendwelchen Blowjobs erzählte?

Aber Magellan schob lediglich die Müslischüssel weg und schlug die Hände vors Gesicht. »Ich weiß es nicht!«, sagte sie mit rauer Stimme. »Er sagt es mir nicht. Er hat nur gesagt, dass es vorbei ist, und jetzt geht er nicht mehr ans Telefon.«

»Es gibt bestimmt einen Grund«, sagte Hazelene sanft.

Maya sagte nichts, weil sich völlig unerwartet ihr Herz vor Mitgefühl so zusammenschnürte, dass sie nicht mehr sprechen konnte.

Gab es eine schlimmere Trennung als eine unbegründete? Sicher hatte Hazelene recht, und es gab einen Grund, aber wenn Toby sich nicht doch noch dazu durchrang, ihn Magellan zu sagen, würde sie nie erfahren, was es war. Vielleicht hatte Toby ein anderes Mädchen kennengelernt. Vielleicht hatte sich Toby während der Zeit mit Magellan noch mit einem anderen Mädchen getroffen. Vielleicht hatte Toby ein Mädchen getroffen, das so bezaubernd und Magellan in jeder Hinsicht so überlegen war, dass allein das Wissen um seine Existenz es Toby unmöglich machte, mit Magellan zusammenzubleiben. Vielleicht war Toby schwul oder bisexuell oder hatte beschlossen, Priester zu werden. Vielleicht lehnten seine Eltern Magellan ab. Vielleicht lehnten seine Freunde Magellan ab. Vielleicht lag es an ihrem Wesen, und Toby dachte, sie wäre nicht smart, gesellig oder lustig genug. Vielleicht war es – ein scheußlicher Gedanke – etwas *Körperliches*, und er fand ihren Bauch zu schwabbelig oder ihre Fingernägel zu schmutzig oder dass ihr Haar komisch roch. Vielleicht hatte Magellan etwas gesagt, das Toby in den falschen Hals bekommen hatte, zum Beispiel, dass die Arctic Monkeys Dilettanten sind, oder einen Witz über iPods gemacht, der nicht so gut ankam. Es konnte alles Mögliche sein, und genau das war so schlimm daran. Maya wusste aus persönlicher Erfahrung, dass der Grund für eine Trennung sogar quälender sein konnte als der Schlussstrich selbst, wenn man den Grund nie rausbekam. So etwas konnte einen monate- oder sogar jahrelang verfolgen und eine fast mythische Bedeutung bekommen, bis man vergaß oder beinahe vergaß, was das Entscheidende war: dass jemand, mit dem du zusammen sein wolltest, nicht mehr mit dir zusammen sein wollte.

Als sie am nächsten Abend im Bett lagen, massierte Rhodes Mayas Rücken. Durch die Schwangerschaft kriegte sie Rückenschmerzen. Rhodes konnte sehr gut massieren, und Maya stieß einen tiefen, wohligen Seufzer aus.

»Hättest du im Zweifelsfall lieber Sex oder lieber eine Massage?«, fragte Rhodes.

»Beides«, sagte Maya schläfrig.

»Wie, halb und halb?«, fragte Rhodes. »Oder ist das so eine Art Zwei-Mann-Phantasie, und falls ja, welcher bin dann ich?«

Ehe sie antworten konnte, klingelte das Telefon. Rhodes ging dran, sagte »Hallo?« und dann »Ja-ah« mit diesem misstrauischen und vorsichtigen Tonfall, in dem er mit Telefonverkäufern sprach. Dann schwieg er so lange, dass Maya dachte, es könne kein Telefonverkäufer sein, außer er verkaufte etwas, für das sich Rhodes tatsächlich interessierte, wie etwa einen blauen Laserpointer.

Schließlich sagte er: »Ich spreche mal mit Maya darüber und rufe dann zurück.« Er legte auf. »Das war Magellan. Sie will eine Zeitlang bei uns wohnen.«

»Warum?«

Rhodes begann wieder zu massieren. »Anscheinend machen meine Eltern sie fast wahnsinnig wegen dieser Trennung. Meine Mutter findet, dass sie einen Töpferkurs mit Toby machen soll, und mein Dad spricht ständig mit irgendwelchen leblosen Dingen und sagt dann: »Ach, sorry, hab kurz gedacht, das sei Toby.« Rhodes lachte, und Maya war froh, dass er am Telefon nicht gelacht hatte. »Keine Sorge, ich rufe sie in fünf Minuten zurück und sage ihr, dass es nicht geht.«

»Es macht mir nichts aus, wenn sie bei uns wohnt«, sagte Maya. »Für eine Weile.«

Rhodes hörte auf zu massieren. »Echt?«

»Ja, wirklich«, bestätigte Maya.

»Warum?«

»Sie tut mir leid«, sagte Maya. Aber das war nur die halbe Wahrheit. Die ganze war, dass Brad Redington am Tag nach dem Abschlussball mit Maya Schluss gemacht hatte, nach sechs Monaten, ohne ihr je auch nur einen einzigen Grund dafür zu nennen. Und anscheinend war Maya so verbohrt und engstirnig, dass sie nur mit jemandem Mitleid haben konnte, wenn ihr selbst ein fast identisches Unglück widerfahren war.

»Na gut, okay«, sagte Rhodes.

Er nahm den Hörer ab und wählte. Magellan musste sofort drangegangen sein, denn Rhodes sagte gleich: »Okay, solange du ausziehst, bevor das Baby auf die Welt kommt, oder besser noch eine ganze Weile davor.«

Maya hatte ein paar Dinge nicht bedacht, oder ehrlich gesagt überhaupt nicht richtig nachgedacht, als sie einwilligte, Magellan bei sich wohnen zu lassen. Zum Beispiel hatte sie vergessen, dass sie das Bett im Gästezimmer an die Heilsarmee gegeben hatte, um Platz für die Babymöbel zu schaffen, was bedeutete, dass Magellan auf der Wohnzimmercouch schlafen musste. Magellan hatte nichts dagegen, aber von da an schien sie das Wohnzimmer als ihr persönliches Reich zu betrachten, und schon wenige Stunden nach ihrer Ankunft sah es aus, als wäre eine Vagabundenfamilie (sehr moderne Vagabunden mit vielen elektronischen Geräten) mit all ihren irdischen Gütern dort eingezogen.

Und Maya hatte vergessen, wie unordentlich Teenager waren – dass sie ihre Klamotten auf dem Boden und ihre Handtücher auf den Stühlen verteilen, ihre Haare im Ausfluss und ihre halbvollen Kaffeetassen und Coke-Zero-Flaschen auf jeder erdenklichen Ablagefläche lassen. Außerdem schien Magellan quasi permanent Studentenfutter zu essen, ständig knirschten die Krümel auf dem Boden unter Mayas nackten Füßen.

Maya hatte nicht daran gedacht, dass Ferien waren und Magellan keinen Job hatte (oder auch nur das Bedürfnis, sich einen zu suchen), also war sie von früh bis spät zu Hause. Und weil Maya drei Tage die Woche von zu Hause aus arbeitete, verbrachten sie viel Zeit miteinander. Was noch etwas anderes deutlich zutage brachte, das Maya vergessen hatte – sie mochte Magellan nicht besonders.

Maya hatte nicht daran gedacht, dass Magellan die meiste Zeit stumm war, mürrisch und faul, oder dass ihre Geschichten, wenn sie schon mal was erzählte, kein erkennbares Ende hatten und sich irgendwie verloren, was Maya wahnsinnig machte. Und sie hatte vergessen, dass Magellan die ganze Zeit ihr Verhalten beurteilte. Wenn Maya mit Einkäufen heimkam, kramte Magellan skeptisch in den Tüten, half Maya aber nicht beim Verstauen. Machte Maya ein Nachmittagsschläfchen, hob Magellan die Augenbrauen – ausgerechnet Magellan, die den ganzen Tag nichts anderes tat, als auf dem Sofa zu sitzen und in den Fernseher zu starren! Magellan beobachtete Maya dabei, wie sie sich bewegte, aß, sich anzog, duschte, ihren Haushalt führte, mit Rhodes sprach, und hatte ganz bestimmt zu allem eine Meinung – Maya erinnerte sich sehr gut an ihre eigene Teenager-Zeit. Oh ja, nur allzu gut.

Nach drei Abenden mit Magellan waren Maya und Rhodes dazu übergegangen, um acht Uhr ins Bett oder zumindest in ihr Schlafzimmer zu gehen. »Sie wird uns für unglaubliche Loser halten«, sagte Maya.

»Dann geh raus und red mit ihr, wenn du nicht willst, dass sie das denkt«, sagte Rhodes. Er saß mit dem Laptop auf dem Bett. Plötzlich hämmerte er auf die Tastatur. »Und sie hat mit meinem Laptop Musik von illegalen Seiten runtergeladen, und jetzt ist da ein Webserver, der mit unserer Bandbreite japanische Porno-Cartoons bedient.«

Maya ging ins Bad, um sich die Zähne zu putzen. Nirgendwo im Haus war Magellans Anwesenheit deutlicher. Jeder Millimeter war bedeckt mit Kosmetik, Parfums oder Cremes in winzigen Fläschchen. Maya fand das ebenso faszinierend wie deprimierend. Wie oft hatte Magellan zum Laden gehen müssen, um all diese Gratisproben zusammenzubekommen? Magellan war offenbar nicht klar, dass ihr Aussehen nicht das Problem war. Eigentlich sah sie ganz gut aus, oder zumindest prinzipiell, wenn sie Persönlichkeit gehabt hätte. Diese ganzen kleinen

Fläschchen waren nicht die Antwort. Zum ersten Mal hoffte Maya, dass Grendel ein Junge werden würde. Mädchen bescherten einem nur Herzschmerz.

Maya entwickelte einen Heißhunger auf das Hühnchen bei Bennigans, und sie und Rhodes machten es sich zur Gewohnheit, ein oder zweimal die Woche dort zu essen. Außerdem war es eine gute Möglichkeit, Magellan zu entkommen, die meinte, dass sie dort nicht mit ihnen gesehen werden wolle – nicht böse gemeint.

Als sie an diesem Abend auf einen Tisch warteten, drehte sich eine Frau vor ihnen in der Schlange um und sagte: »Rhodes?«

Maya hatte keine Ahnung, wer die Frau war, Rhodes anscheinend schon, denn er verlor komplett den Faden bei seinem Monolog über Triebwerke und starrte sie an.

Die Frau lächelte und berührte den Arm des Mannes neben ihr, der sich ebenfalls umdrehte. »Das ist mein Mann, Jeff«, sagte sie. »Jeff, das ist Rhodes Hollenbeck, und …«

»Das ist meine Frau Maya«, sagte Rhodes. »Sie ist schwanger.«

»Aber deswegen haben wir nicht geheiratet«, fügte Maya hinzu. Das war süffisant gemeint, aber Jeff nickte und sagte: »Ja, natürlich.«

»Das ist Kimmy Brinkman«, sagte Rhodes schließlich, und Maya konnte nur eines denken: *Kimmy Brinkman!* Dabei waren es weniger diese beiden Wörter, die ihren Kopf leer fegten, als eine Art aufgeregte Erwartung, als hätte ihr jemand erzählt, dass sie eine Reise in die Karibik gewonnen habe.

In diesem Augenblick kam die Oberkellnerin und sagte: »Tisch für vier?«

Kimmy Brinkman sagte: »Klar, das wäre prima«, und sie gingen los und wurden alle zusammen in einer Nische platziert. Die ganze Zeit über musste Maya ganz aufgeregt *Kimmy Brinkman!* denken.

Das war Kimmy Brinkman! Diese Frau mit den kurzen blonden Haaren, der kleinen Nase und der blauen Strickjacke. Das war Kimmy Brinkman, nach der sich Rhodes sein gesamtes erstes Jahr auf der Highschool verzehrt hatte, während sie mit einem älteren Typen zusammen war. Kimmy Brinkman, die sich schließlich dazu herabgelassen hatte, mit Rhodes auszugehen, als der andere aufs College gewechselt war. Kimmy Brinkman, an die Rhodes im Vorratsraum neben der Küche seiner Eltern seine Unschuld verloren hatte, während Hazelene zehn Meter weiter die Einkaufsliste auf eine Tafel gekritzelt hatte. Kimmy Brinkman, die Rhodes auf dem Heilpädagogik-Spielplatz spätnachts einen geblasen hatte (dem einzigen Ort, an dem niemand nach ihnen suchen würde). Kimmy Brinkman, die mit Rhodes' Familie in die Sommerferien gefahren war und nicht das Zimmer mit ihm teilen durfte. Kimmy Brinkman, mit deren Familie Rhodes in die Sommerferien gefahren war, wo Kimmy und er ein gemeinsames Zimmer hatten, aber keinen Sex, weil Rhodes viel zu große Angst davor hatte, dass Kimmys Vater, nur in Shorts und mit einer Knarre in der Hand, hereingestürmt kommen würde, obwohl ihr Vater anscheinend ganz sanftmütig war.

Oh, was Maya alles über Kimmy Brinkman wusste, und jetzt aßen sie auf einmal gemeinsam zu Abend! Das war so unwirklich wie ein Abendessen mit Abraham Lincoln oder Winston Churchill. Ja, okay, vielleicht ein kleines bisschen realer, weil Kimmy a) noch lebte, und zwar b) eine Stadt weiter, wo sie Teilhaberin einer Hautarztpraxis war und ihr Mann Jeff eine Hundeschule leitete.

Blöderweise gab es keine Möglichkeit – zumindest konnte Maya sich keine vorstellen –, über all das zu sprechen, was sie über Kimmy wusste. Stattdessen redeten sie über Mayas voraussichtlichen Entbindungstermin und darüber, ob Februar gut oder schlecht als Geburtsdatum war, warum Rhodes nicht beim Klassentreffen gewesen war und wie sich die Wirtschaftskrise auf den Betrieb in der Hundeschule auswirkte. Irgendwann hörte Maya auf, alle paar Sekunden *Kimmy Brinkman!* zu denken, und widmete sich stattdessen mit genauso viel Enthusiasmus dem Hühnchen, weshalb sie ja eigentlich herkommen war.

Auf dem Nachhauseweg sagte sie im Auto zu Rhodes: »Ich kann kaum glauben, dass ich endlich Kimmy Brinkman kennengelernt habe.«

»Und sie war grässlich!«, platzte es unerwartet aus Rhodes heraus.

»Wirklich?«, sagte Maya. »Fand ich nicht. Sie hat mir gesagt, ich soll jeden Abend immer das Gleiche mit meiner Haut machen.«

»Das verstehst du nicht«, sagte Rhodes. »Ich hab sie früher immer in Algebra angesehen und an manchen Tagen gedacht, dass die Schule über uns einstürzen könnte, aber ich würde glücklich sterben, weil Kimmy Brinkman mich liebte. Und jetzt ist sie Dermatologin und mit dem Besitzer einer Hundeschule verheiratet und liest nur Bücher aus Oprahs Book Club!«

Maya wollte dagegenhalten, dass Dermatologin ein völlig respektabler Beruf sei, aber bei der Sache mit dem Hundeschulenbesitzer und dem Buchclub musste sie ihm recht geben.

Also sagte sie nur sanft: »Du bist gerade an unserer Ausfahrt vorbeigefahren.«

»Sorry«, sagte Rhodes, schaute in den Rückspiegel, um einen U-Turn zu machen. »Ich komme einfach nicht darüber hinweg, wie grässlich sie ist.«

Maya überlegte, ob sie eifersüchtig sein sollte, weil Rhodes so für Kimmy Brinkman empfunden hatte, Maya sich aber ziemlich sicher war, dass er über sie selbst nicht so dachte; doch sie war nicht eifersüchtig. Sie hätte Kimmy Brinkman lieber getroffen, wenn sie, Maya, nicht gerade Hosen trug, die wegen ihres wachsenden Schwangerbauchs einen Zentimeter zu kurz waren; aber auch das machte ihr nicht wirklich etwas aus. Eigentlich dachte sie in erster Linie darüber nach, wie unterschiedlich Rhodes und sie waren. Dass es Rhodes anscheinend lieber wäre, wenn er immer noch so fühlen würde wie in der Highschool, während Maya sich nichts Schlimmeres vorstellen konnte.

Maya brachte Magellan zum Haus von Rhodes' Eltern, damit sie ein paar Sachen holen konnte. (Nur ein paar, hatte Rhodes betont, bevor sie aufgebrochen waren.) Und während Magellan in ihrem Zimmer herumkramte, sagte Hazelene: »Ich muss dir was zeigen«, und führte Maya ins Schlafzimmer.

Hazelene nahm eine stoffbezogene Hutschachtel vom obersten Regal ihres Schranks. »Ich habe nicht viele Babysachen aufgehoben«, sagte sie. »Aber ich dachte, ich zeige dir mal, was noch da ist.«

Sie leerte den Inhalt der Hutschachtel wenig feierlich aufs Bett und begann alles durchzusehen.

»Das ist ein kleiner Pulli mit Mütze, den meine Mutter gestrickt hat und den alle meine Babys auf dem Nachhauseweg vom Krankenhaus getragen haben«, sagte sie und strich ein winziges weißes Strickjäckchen mit passender Bommelmütze glatt. »Obwohl nur Rhodes' Kopf klein genug war für die Mütze.«

Das klang fast beleidigend Rhodes gegenüber, so als wäre er weniger intelligent als der Rest der Familie. Aber Maya gefielen die kleine Jacke und die Mütze. »Die hätte ich wahnsinnig gern«, sagte sie.

»Und hier sind zwei Schwangerschaftsoberteile«, sagte Hazelene und breitete beide auf dem Bett aus. »Ich weiß wirklich nicht mehr, warum ich die aufgehoben habe. Wahrscheinlich findest du sie schrecklich.«

Und das tat sie. Eins war besonders hässlich, hellgrün mit großen weißen Punkten. Das andere war eine beigefarbene Baumwolltunika mit bunten Stickereien um den Hals herum und ganz in Ordnung, zumindest für eine Schwedin mit Blumen im Haar.

»Oh, sie sind nicht schrecklich«, sagte Maya. »Heute ist das retro oder vintage.«

An Hazelenes Gesicht konnte sie ablesen, dass sie mit keinem dieser Wörter etwas anfangen konnte; sie hätte genauso gut »Corbomit« und »Horta« sagen können. Allerdings waren das Begriffe aus Star Trek, die Hazelene sehr wohl verstanden hätte, weil Rhodes früher ein großer Star Trek-Fan gewesen war. In dem Bemühen, ihre Mutter-Sohn-Bindung zu stärken, war Hazelene sogar mit ihm zu einer Star Trek-Konvention nach Chicago gefahren … Maya schüttelte den Kopf. Es lohnte sich wirklich nicht, darüber nachzudenken.

Stattdessen sah sie die anderen Dinge aus der Hutschachtel durch. Es gab ein paar vergilbte Umschläge, die, wie Maya annahm, Kopien der Geburtsurkunden enthielten, ein paar Silberlöffel und mehrere winzige Identifikationsarmbänder aus dem Krankenhaus. Maya nahm eins in die Hand und strich es glatt, um zu sehen, ob es von Rhodes war. Aber der Name darauf war Pascal Livington Hollenbeck.

Maya sah Hazelene an. »Du hattest ein Baby namens Pascal?«

»Ist das sein Armband?«, fragte Hazelene. Sie nahm es Maya sanft ab. »Ja, aber er starb, als er nur einen Tag alt war. Sie meinten, er hätte eine bakterielle Infektion gehabt.«

»Oh, Hazelene«, flüsterte Maya. »Wie – wie unerträglich.«

»Es war keine einfache Zeit«, Hazelene klang ziemlich nüchtern. »Aber ein Jahr später kam Rhodes zur Welt, und es war wieder okay.«

»Ich habe nie sein Grab gesehen«, sagte Maya leise. Sie war bei der Beerdigung von Rhodes' Großmutter mit seiner Familie auf dem Friedhof gewesen.

»Er ist in Delaware begraben, damals haben wir dort gewohnt. Ich war nie wieder da, um sein Grab zu besuchen. Ich hoffe, dass sie es gut pflegen, aber das tun sie für gewöhnlich auf Friedhöfen, die Gräber sauber halten, denkst du nicht?«

»Aber ja«, sagte Maya automatisch.

Oft überraschte es sie, worüber andere Leute Bescheid zu wissen schienen. Bis letzten Monat hatte sie noch nie davon gehört, dass man einen Boiler warten lassen musste, aber ungefähr jeder andere, der ein Haus besaß, wusste das vermutlich. Und erst letztes Jahr hatte sie bei einem Gespräch über Jetlag erfahren, dass sich die Erde von West nach Ost drehte. Natürlich hatte sie gewusst, dass sich die Erde drehte, aber sie hatte sich nie gefragt – oder auch nur im Entferntesten daran gedacht! –, in welche Richtung. Und bis heute, bis zu diesem Augenblick, hatte sie nicht gewusst, dass man neun Monate lang ein Baby austragen, es zur Welt bringen, es sterben sehen, seinen Körper in einem fernen Staat begraben lassen und darauf hoffen konnte, dass sich Fremde um das Grab kümmerten – dass man all das tun konnte, ohne den Rest seiner Tage mit einer klaffenden Wunde mitten im Leib durchs Leben zu taumeln. Man konnte so etwas überleben und dreißig Jahre später eine praktisch veranlagte, grundsätzlich fröhliche Person sein, die sich auf die Geburt ihres ersten Enkels freute. Diese Erkenntnis durchfuhr Maya mit einer solchen Wucht, dass sie einen Augenblick lang die Augen schließen musste.

Als sie die Augen wieder aufschlug, wusste sie, dass sie Hazelene in den Arm nehmen sollte, aber seltsamerweise schien Hazelene das gar nicht zu brauchen, sondern war ganz damit beschäftigt, die Sachen wieder in die Hutschachtel zu packen.

»Warte«, sagte Maya. »Die Schwangerschaftsoberteile auch.« Und sie schwor sich, beide zu tragen, selbst das mit den weißen Punkten.

Als die Kellnerin sie bei ihrem nächsten Besuch bei Bennigans zu ihrem Tisch führte, sah Maya Dr. Andy in einer Nische sitzen.

Er blickte auf. »Hey, Maya, hallo!«

Anscheinend konnte man seine gesellschaftlichen Kontakte bei Bennigans prima pflegen, Maya hatte es nur nicht gewusst. Gleichzeitig wünschte sie sich, sie wüsste es immer noch nicht. Wahrscheinlich hatte Magellan recht damit, dass sie nicht herkommen wollte.

Maya hoffte, dass Dr. Andy nicht allein zu Abend aß. Sie spitzte auf die andere Seite der Nische und war froh, dass dort eine sympathische Latina saß.

»Hi, Dr. Andy. Meinen Mann, Rhodes, kennen Sie ja schon.«

»Ja, natürlich«, sagte Dr. Andy. »Und das ist … Patricia.«

Patricia lächelte sie an, ein wenig matt, wie Maya fand, und Rhodes sagte: »Wie ich sehe, haben Sie ein neues iPhone. Was halten Sie von der Hardware?«

Aber Maya musste darüber nachdenken, wie Dr. Andy Patricia vorgestellt hatte. Warum hatte er nicht *meine Freundin* oder *eine Freundin* gesagt? Warum sah Patricia aus, als wäre ihr das unangenehm? Warum wirkte Dr. Andy so verhalten? Warum pickten sie beide an einer Schale Nachos herum und hatten wässrige Margaritas vor sich stehen? Oh Gott, machten sie gerade Schluss miteinander – hier und jetzt? Gab es ein schlimmeres Schicksal, als im Bennigans bei einer Portion Nachos Schluss zu machen? (Ja, ja, natürlich. Denken Sie nur an all die Filipino-Kinder, die von Abu Sajaf entführt wurden! Aber trotzdem.)

Irgendwann räusperte sich die Kellnerin, und Maya und Rhodes gingen an ihren Tisch, aber Maya konnte sich kaum konzentrieren. Sie musste an die Zeit denken, als sie versucht hatte, schwanger zu werden, und den Eindruck gehabt hatte, dass der Rest der Welt sich völlig mühelos fortpflanzte. Und daran, wie es, als sie jünger war, so schien, als hätten alle anderen Langzeitbeziehungen, und nur Maya schlief immer noch mit Männern, die nicht unbedingt wieder anriefen. Irgendwann hatte sie bekommen, was sie wollte – Liebhaber, Ehemann, Baby. Sie erinnerte sich noch daran, wie einsam, ausgelaugt und unvollständig sie sich damals gefühlt hatte, aber dass es anderen Menschen immer noch so gehen konnte, das hatte sie vergessen. Man vergaß, dass manche Menschen nie bekamen, was sie wollten, oder es zwar bekamen, aber nicht halten konnten. Man vergaß die ganze Liebe da draußen, die nicht wusste, wohin mit sich. Bennigans war heute Abend erfüllt von dieser traurigen, überflüssigen Liebe, eine dunkle, pulsierende Wolke, die von allen Seiten auf sie niederdrückte.

»Was ist los?«, fragte Rhodes. Er griff über den Tisch und nahm ihre Hand.

Maya zwinkerte die Tränen weg. »Nichts«, flüsterte sie. »Nur die Hormone.«

Wie konnten sie und Rhodes ein Baby in diese Welt setzen? Was hatten sie sich nur dabei gedacht?

Eines Nachmittags in der Bibliothek war Maya so schläfrig, dass sie, den Kopf in der Hand, am Fernleihetisch einnickte. Ihr Chef gab ihr den Rest des Tages frei, und Maya fuhr nach Hause.

Erfreut stellte sie fest, dass Magellan offenbar nicht da war, und knöpfte sich auf dem Weg durchs Wohnzimmer die Bluse auf, mit dem Vorsatz, den Rest des Nachmittags zu verschlafen.

Als sie die Schlafzimmertür aufmachte, war ihre erste Reaktion Wut, weil Magellan ihr Zeug jetzt auch schon hier verteilte – ihre Klamotten lagen auf dem Boden, und ihre Flip-Flops hatten den Bettvorleger zusammengeschoben. Aber dann begriff Maya mit einigem Schrecken, dass nicht nur Magellans Zeug hier war, sondern auch Magellan, und zwar im Bett unter den Laken, wo sie sich mit jemandem herumwälzte.

Mayas schöne weiße Daunendecke wurde zurückgeworfen, und Tobys Kopf erschien, Magellan war unter ihm. Sie hatten Maya nicht gehört, weil beide Kopfhörer trugen, die mit Tobys iPod verstöpselt waren, der mit leuchtendem Display auf Mayas Kissen lag.

Toby warf den Kopf zurück, um die Haare aus den Augen

zu kriegen, und entdeckte in diesem Augenblick Maya. »Oh, Scheiße«, sagte er deutlich. (Er sprach! Er sprach! In jeder anderen Situation wäre Maya begeistert gewesen.)

Magellan schlug die Augen auf. Sie gab ein Geräusch von sich, das genauso klang wie die Katze von Mayas Mutter, nachdem sie Lametta vom Christbaum gefressen und in die Garderobe gekotzt hatte.

Maya ging raus und schlug die Tür zu. Keuchend stand sie im Flur und knöpfte unbeholfen ihre Bluse zu. Dann rannte sie zum Auto zurück und fuhr zu Rhodes' Büro.

»Meine erste Frage –«, begann Rhodes.

»Missionar«, antwortete Maya. »Ganz normal, soweit ich sehen konnte.«

»Eigentlich habe ich mich gefragt, wo er den Doppelstecker für die iPhone-Kopfhörer herhat.«

»Und deine zweite Frage wäre gewesen, in welcher Stellung?«, wollte Maya wissen.

Rhodes lehnte sich in seinem Bürostuhl zurück. »Nein, meine zweite Frage ist, wann wir wieder nach Hause gehen können.«

Maya stöhnte. »So weit habe ich gar nicht gedacht.«

Schließlich vertrödelten sie eine Stunde bei Starbucks und fuhren dann noch zwanzig Minuten in der Gegend herum. Zu Hause drückte Maya auf ihre eigene Klingel. Als niemand aufmachte, gingen sie rein.

Magellan war weg. Nicht bloß ausgegangen, sondern weg. Und mit ihr ihr Laptop, ihr Telefonladegerät, ihre Webcam, ihre Kopfhörer, ihre Bücher, ihr Notizbuch, ihre Füller und Stifte, ihr flauschiger grüner Bademantel, ihre kleckersichere Kaffeetasse, ihre Flip-Flops, ihre Leselampe, ihr Studentenfutter und ihre zahllosen Dosen Diät-Cola, ihr aufklappbarer Wäschekorb, ihr Föhn, ihre Kleiderbügel, ihr Wirrwarr aus Halsketten und langen Ohrringen, ihre BHs, ihre Höschen, ihre Röcke, ihre Shirts, ihre Jeans, ihre Socken, ihr Babypuder, ihr Kamm, ihre Bürsten, ihr Lidschatten, ihre Lippenstifte, ihre Tampons, ihr Handspiegel und ihre Pinzette. Alles war vom Wohnzimmerboden und den Möbeln verschwunden.

»Ich sehe unser Sofa wieder!«, rief Rhodes glücklich. »Sie ist ausgezogen!«

Aber Maya freute sich – obwohl sie glücklich war, dass sie ihr Wohnzimmer wieder für sich hatten – nicht für sich und Rhodes, sondern für Magellan. Wie es sich wohl angefühlt hatte, Toby zu küssen, ihn zu berühren, ihn im Arm zu halten, ihn auszuziehen (oder ihm dabei zuzusehen), nachdem sie so lange gedacht hatte, all das würde nie wieder geschehen? Magellan musste heute ein leichtes Herz haben, egal wie peinlich ihr die ganze Geschichte war, und Mayas Herz jubelte im Einklang.

Später im Bad stellte sie fest, dass Magellan ihre Dutzenden von Kosmetikproben nicht mitgenommen hatte, entweder hatte sie es vergessen oder die Zeit war zu knapp gewesen. Maya fegte alles in eine hübsche Schale aus geschliffenem Glas und stellte sie auf den Toilettenkasten als eine Art Ersatzcreme-Sammelsurium. Sie kramte mit den Fingern durch die kleinen Fläschchen und spürte dabei eine unerklärliche Freude darüber und eine ebenso unerklärliche Traurigkeit, dass Magellan weg war.

Als Maya zu ihrer Untersuchung in der sechzehnten Woche ging, trug Dr. Andy einen blau-weißen Seersucker-Anzug und einen Strohhut mit blauem Band. Er sah ein bisschen verrückt aus, aber auch glücklich und unbeschwert, und Maya gefiel das, weil sie unbedingt glauben wollte, dass ein Kind zu kriegen eine glückliche und unbeschwerte Angelegenheit sein kann.

Dr. Andy untersuchte Maya (sie schaute die ganze Zeit von oben auf den Strohhut), und dann rief die Schwester Rhodes zum Ultraschall herein.

»Wow«, sagte Rhodes, als er Dr. Andy sah. »Was für ein Outfit!«

»Vielen Dank«, sagte Dr. Andy geschmeichelt. Maya fragte sich, ob es überhaupt möglich war, ihn zu beleidigen; aber Rhodes würde es sicher noch schaffen, bevor das Baby auf der Welt war.

»Ihr beide passt wirklich gut zusammen«, sagte Rhodes, was Maya verärgerte. Sie trug Hazelenes grünes Schwangerschaftsoberteil mit den weißen Punkten, und wahrscheinlich sah es an ihr noch schlimmer aus als auf dem Bett.

Sie und Dr. Andy sahen sich an, aber offenbar wusste er auch nicht, was er noch sagen sollte, denn einen Augenblick später schlug er vor: »Am besten, wir fangen gleich mit dem Ultraschall an, oder?«

Diesmal konnten sie Grendel im Profil erkennen und sehen, wie sie oder er sich streckte und drehte, den Mund aufmachte, schloss und schluckte. Irgendwann trat Grendel Richtung Ultraschall, und Dr. Andy lachte und sagte: »Sehr reaktionsfreudig für das Alter.«

War es möglich, wegen eines sechzehn Wochen alten Fötus selbstgefälligen Eislaufmutterstolz zu empfinden? Ja, das war es, und die Erkenntnis war Maya unangenehm, vor allem aber, dass sie tatsächlich so empfand. Sie war traurig, als der Ultraschall vorbei war.

Danach mussten Maya und Rhodes lange auf den Aufzug warten, der immer furchtbar langsam war. Maya überlegte, dass es daran liegen musste, dass sich in diesem Gebäude hauptsächlich Arztpraxen befanden und in jedem Stockwerk viele alte Menschen aus- und einstiegen. Rhodes war ungeduldig, drückte ungefähr zehnmal auf den Knopf und zupfte Blätter aus dem Trockenblumenarrangement auf dem Tisch. Er konnte einfach nicht stillhalten.

»Machst du dir je darüber Gedanken«, sagte Maya nachdenklich, »dass er so jung ist?«

»Babys müssen jung sein«, sagte Rhodes.

»Nicht Grendel«, sagte Maya, »Dr. Andy.«

»Ach so«, Rhodes dachte nach. »Nicht wirklich«, sagte er schließlich. »Er scheint zu wissen, was er tut, und du und ich, wir wissen auch, was wir tun, also ist alles okay.«

Maya wünschte, der Lift würde diesmal noch länger brauchen als sonst, damit sie diesen Moment voll auskosten konnte. Sie wusste, dass viele Paare, noch bevor sie verheiratet waren oder zumindest weit vor der Geburt ihres ersten Kindes, an diesen Punkt gelangten, und sie wusste auch, dass das für viele Paare ein Dauerzustand war und keine zufällige Begebenheit – aber das störte sie nicht. Rhodes und sie fühlten zum ersten Mal genau das Gleiche.

Andorra

Sadies Liebhaber Marcus rief sie jeden Donnerstag von Chicago vom Auto aus an, vor und nach der Eheberatung. (Seine Frau fuhr separat, versteht sich.) Unterm Strich fühlte sich das an, als gingen sie zu dritt zur Beratung, aber Sadie gefiel das irgendwie.

Marcus musste zur Eheberatung, weil seine Frau vor drei Monaten eine E-Mail von Sadie abgefangen hatte. Was unter anderem dazu führte, dass Marcus der Eheberatung zustimmen und versprechen musste, jeden Kontakt zu Sadie abzubrechen und sie ins Ulan Bator seines Herzens zu verbannen. In Wirklichkeit war sie aber immer noch so präsent wie Starbucks. Und auch das gefiel Sadie irgendwie.

Sadie war sechsunddreißig. Sie hatte zwei kleine Jungs, Rufus und Leo, im Alter von sechs und vier, einen fünfzigjährigen Ehemann namens Roderick, der im Auswärtigen Amt arbeitete, außerdem ein großes Haus in Washington D. C. und einen

Minivan voller Hundehaare. Der Umstand, dass sie all das hatte und dazu noch einen Liebhaber in der Ferne, gab ihr ein Gefühl von Stärke und Selbstbewusstsein – nicht viele kriegten das alles unter einen Hut.

Natürlich hatte Sadie auch Hilfe, Nelda, ihr Filipino-Hausmädchen. Beim Vorstellungsgespräch vor zwei Jahren hatte Nelda gesagt: »Ich bin langsam.«

»Ich habe kein Problem mit Langsamkeit.« Sadie war von iher Offenheit beeindruckt gewesen. »Ich finde, der IQ wird eh ... überbewertet.« (Die Pause war entstanden, weil sie nach einem einfacheren Ausdruck für *überbewertet* gesucht hatte.)

»Nicht langsam in dem Sinn«, sagte Nelda und blinzelte hinter ihrer dicken Brille. »Langsam im Sinn von nicht schnell.«

Nelda war tatsächlich langsam und hatte die befremdliche Angewohntheit, in eine Art Trance zu verfallen, wenn man ihr eine Frage stellte, und außerdem reagierte sie auf fast alle Putzmittel allergisch. Sie hatte eine große notleidende Familie, deren Mitglieder sie immer wieder begleiteten, um ihr bei der Arbeit zu helfen (manche standen nur herum und gaben kluge Ratschläge, andere putzten tatsächlich, und das Haus sah insgesamt ordentlich aus). Sadie feuerte sie nicht, weil sie das vage Gefühl hatte, dass so viele Menschen im Haus ihren Kindern einen Sinn von Familie und Gemeinschaft vermittelten, der ihnen andernfalls fehlen könnte.

So tickte Sadies Leben immer weiter, nicht wie ein fein abgestimmter Motor, sondern wie andere Dinge, die ticken; laute Rohrleitungen oder eine Bombe.

Marcus' Frau sagte bei der Beratung, dass sie mehr Zeit mit ihm verbringen wolle. »Sie meint, das Einzige, was wir gemeinsam machen, ist, dass einer den Hund festhält, während der andere das Flohmittel aufträgt«, erzählte Marcus Sadie.

»Roderick und ich tun das auch manchmal«, sagte Sadie nachdenklich. »Das ist doch nett.«

Sadie hatte Marcus vor einem Jahr auf einem Flug von Washington nach Chicago kennengelernt. Sie wollte ihre Eltern in Wisconsin besuchen. Er fragte sie nach einer kleinen Republik in den Pyrenäen an der französisch-spanischen Grenze (für sein Kreuzworträtsel).

Ironie des Schicksals, dass er sie das fragte, denn als sie mit Roderick zusammenkam, hatten ihre Eltern angeboten, ihr einen Geographiekurs zu bezahlen, damit sie und Roderick etwas hatten, worüber sie sprechen konnten. Was an sich schon ironisch war, denn Sadie war damals vierundzwanzig und hatte keinerlei Probleme, irgendwelche Männer zum Reden zu kriegen, Roderick eingeschlossen.

Statt ihm zu antworten (sie hätte es ohnehin nicht gewusst), erzählte sie Marcus also vom Angebot ihrer Eltern, und als das Flugzeug über Ohio war, hatte er sich schon in sie verliebt – behauptete er zumindest später. Und Sadie war sich sicher, dass sie das alles nur ihrer Geographiekurs-Geschichte zu verdanken hatte. Sie hatte alles, was eine gute Geschichte brauchte, und Sadie war stolz darauf. Nicht viele hatten so eine gute Geschichte.

Sadie und Roderick mussten zu einer Dinnerparty in der finnischen Botschaft. Sadie meinte, sie hasse Dinnerpartys, aber Roderick antwortete, dass sie gar nicht so schlimm seien, man müsse sich nur schnell genug betrinken. Für Sadie war das

Schönste daran immer noch, vorher ein Kleid auszusuchen – diesmal ein pinkfarbenes Wickelkleid aus Wolle, das noch ganz neu war und sich bei der kleinsten Bewegung löste – was Sadie allerdings erst bemerkte, als sie die Treppe runterging. Doch Nelda war schon mit fünf oder sechs Verwandten zum Babysitten da. Also wickelte Sadie ihr Kleid einfach neu und bat Nelda, sie um 22 Uhr bei der Botschaft abzuholen. Eine ihrer Nichten könne ja in der Zeit auf die Jungs aufpassen.

Beim Essen saß Sadie zwischen zwei Männern, der eine stellte sich als Experte für Pistazien vor, der andere erzählte, er sammle alte amerikanische Urkunden. Sadie konzentrierte sich darauf, ihr Rentier in sehr kleine Teile zu zerschneiden, und trank so viel Rotwein, dass ihre Zähne sich rötlich verfärbten. In ihrem Kopf hielt sie den Gedanken an Marcus hoch wie ein Christophorus-Medaillon oder einen Traumfänger oder vielleicht auch nur einen Flachmann in ihrer Handtasche – etwas, das ihr das Überleben ermöglichte.

Nach dem Essen gingen sie nach draußen, um dort auf Nelda zu warten. Sie warteten so lange, dass Roderick sagte, jetzt sei er wieder nüchtern. Und dann warteten sie noch länger, und Roderick meinte, mittlerweile hätten sie auch zu Fuß nach Hause gehen können. Sadie sagte, Nelda habe ein Problem mit der Zeit, und Roderick fragte, ob sie meine, dass Nelda ein Problem mit der Zeit habe, wie andere Leute ein Problem mit Geld hätten. Nein, entgegnete Sadie, vielmehr glaube Nelda nicht an die Zeit, so wie manche Leute nicht an Übersinnliches oder an Bigfoot glaubten. Roderick wiederholte, dass sie wirklich mal eine verlässliche Haushaltshilfe bräuchten, aber das sagte er sowieso zweimal im Monat.

Irgendwann hielt schließlich ein SUV mit ein paar Filipinos drin vor ihnen, und Nelda ließ das Beifahrerfenster runter. Ihre verspiegelte Brille schimmerte im Mondlicht. Einen sehr wütenden Augenblick lang erwartete Sadie, Nelda würde sagen, dass kein Platz mehr für sie sei, aber Nelda sagte nur »Guten Abend«.

Also zwängte Sadie sich vorne zu Nelda auf den Sitz, und Roderick quetschte sich auf die Rückbank zu Neldas Verwandten. Sadie hörte, wie er die Ansprüche Chinas im Südchinesischen Meer erörterte und dabei einigermaßen zufrieden klang. Sie seufzte und lehnte sich in ihrem Sitz zurück.

»Wie war Ihr Abend?«, fragte Nelda. »Hatten Sie Spaß?«

»Ich habe neben einem Mann gesessen, der Experte für Nüsse ist.«

Nelda reagierte nicht darauf. Sadie schloss die Augen, und die vorüberziehenden Straßenlaternen ließen weiße Rechtecke hinter ihren Lidern aufblitzen. Schließlich schien Nelda wieder zum Leben zu erwachen. Sie tätschelte Sadies Hand und sagte: »Nun, bald sind Sie in Ihrem eigenen Bett.« Nicht zum ersten Mal hatte Sadie das Gefühl, dass Nelda sie auf einer tiefen und grundsätzlichen Ebene verstand wie niemand sonst.

Marcus hatte eine Regel aufgestellt: Kein schlechtes Wort über die Ehepartner. Sadie verstieß ständig dagegen – warum hatte man denn sonst eine Affäre, wenn man nicht schlecht über seinen Mann reden konnte? Also erzählte sie Marcus davon, wie sie Roderick von Leos Vorschullehrer vorgeschwärmt habe und Roderick ihr bloß mit Fakten über Bosnien gekommen sei.

»Klar, Leos Lehrer ist aus Bosnien«, sagte Sadie, »aber darüber wollte ich doch gar nicht sprechen.«

»Was hat Roderick denn über Bosnien gesagt?«, fragte Marcus.

In der kurzen Stille, die darauf folgte, überlegte Sadie, dass es eigentlich erlaubt sein müsse, vor seinem Ehemann schlecht über seinen Liebhaber zu reden. Aber sie seufzte nur und sagte: »Na ja, nur dass es der 20. Jahrestag der Belagerung von Sarajevo ist, und irgendwas über das Friedensabkommen von Dayton.«

»An Bosnien ist so faszinierend –«, setzte Marcus an, aber Sadie musste abrupt auflegen, weil Rufus hereingerannt kam, um ihr einen Ausschlag am Bauchnabel zu zeigen.

Sadie sah sich seinen Bauchnabel an und sagte ihm, dass er sich keine Sorgen machen soll, fragte sich aber, ob da drin vielleicht ein Pilz wuchs, und beschloss deshalb, ihn gründlicher zu baden. Vielleicht ging es beim Muttersein genau darum: so zu tun, als wüsste man, wovon man sprach, auch wenn das überhaupt nicht der Fall war. Das und sich anderer Leute Ausschlag anzuschauen. Wahrscheinlich hatten die Menschen deshalb Affären.

»Wer kommt mit in den Park?«, fragte Sadie.

Rufus und Leo rappelten sich vom Sofa auf, und Sadie merkte zu spät, dass auch Neldas versammelte Verwandtschaft Anstalten machte, aufzubrechen. Es würde ein Gruppenausflug werden.

Sie zogen in Etappen los, wie bei einem Militärschlag. Die Vorhut bildeten Rufus und Leo auf ihren kleinen Fahrrädern mit Stützrädern dran, zusammen mit ein paar agileren Verwandten, die ihnen über die Straße helfen sollten. Als Nächstes kam der Hund, der keuchend an der Leine zog, die einer von Neldas Neffen um die Hüfte geschlungen hatte, und dann die übrigen Verwandten zur moralischen Unterstützung. Ganz am Schluss folgten Sadie und Nelda.

»Sorry«, sagte Nelda zu Sadie, als sie die Haustür abschloss. »Ich bin immer die Letzte, immer das Schlusslicht.«

»Ist schon in Ordnung«, sagte Sadie, obwohl sie fand, dass Nelda eher ein Anker war als ein Schlusslicht, denn das Schlusslicht schloss sich dem Rest ja immer an. Sie und Nelda dagegen konnten einfach dableiben, bis die anderen wieder zurück waren.

Sadie steckte die Schlüssel in ihre Tasche, und sie gingen los.

»Wenn Sie langsam gehen, spüren Sie die Hitze nicht so stark«, erklärte Nelda.

Es war Oktober, und sie hätten in fast jedem Tempo gehen können, ohne die Hitze zu spüren, aber Sadie sagte nichts. Vielleicht war in Neldas eigener kleiner Welt immer noch Sommer. Und vielleicht lag dieser Sommer schon einige Jahre zurück.

Jubelrufe und kurzer Applaus waren von den Verwandten vor ihnen zu hören. Sadie wusste, dass Rufus oder Leo etwas Tolles gemacht hatten, vielleicht waren sie, ohne anzuhalten, einen kleinen Hügel hochgeradelt oder über einen großen Riss im Gehsteig gefahren, ohne hinzufallen.

Sie bekam gar nicht mit, wie die beiden groß wurden, dachte Sadie plötzlich. All diese Meilensteine nahmen sie in Gegenwart von Fremden, während Sadie mit Nelda sprach oder heimlich mit Marcus telefonierte.

Aber dieser Gedanke war dumm. Man konnte nicht immer alles so haben, wie man es sich wünschte, sondern musste von Glück reden, wenn es gelegentlich gelang. Leo hatte seine ersten Schritte bei Hooters gemacht, auf der Abschiedsparty eines australischen Diplomaten, und Sadie hatte es nicht geschafft, das in Leos Babybuch festzuhalten. Danach hatte sie das Babybuch endgültig begraben.

Der Eheberater wollte, dass Marcus jeden Tag etwas Nettes für seine Frau tat.

»Meine erste Reaktion war, mich zu fragen – wie nett denn?«, erzählte er Sadie

»Du könntest ihr Blumen schenken«, sagte Sadie.

»Ich werd bestimmt nicht jeden Tag Blumen kaufen.« Marcus klang schockiert.

»Ich meinte ja nicht, jeden Tag«, sagte Sadie. »Nur mal so, für den Anfang.«

»Außerdem ist es doch irgendwie lachhaft, dass Frauen immer Blumen haben wollen«, sagte Marcus.

»Dass Männer immer Blowjobs haben wollen, ist nicht weniger lachhaft«, gab Sadie zurück, die sich selbst immer über Blumen freute.

»Blumen und Blowjobs kann man nicht vergleichen«, sagte Marcus und klang noch schockierter.

»Doch, doch. Weil nämlich derjenige, der sie bekommt, sich auf jeden Fall darüber freut«, sagte Sadie. »Sehr.«

»Das kann man doch nicht miteinander vergleichen«, entgegnete Marcus.

Doch Sadie war der Meinung, dass diese beiden Dinge sich sehr ähnlich waren, außer dass Männer sich nach ein paar großartigen Blowjobs oft hoffnungslos verliebten, während Frauen wussten, dass Blumen, ganz gleich wie schön, nur Show waren.

Sadie schnitt gerade Sellerie, als Nelda ankam. Sadie kochte eigentlich nie, und Nelda grinste sie breit an und zwinkerte ihr freundlich zu. »Ah«, sagte sie. »Sie kochen Abendessen für den Mann, den Sie lieben.«

»Nein«, entgegnete Sadie. »Ich koche Abendessen für den Gesundheitsminister von Togo.«

Abgesehen davon war Marcus der Mann, den sie liebte. Oder hatte Nelda Marcus gemeint? Manchmal war sich Sadie da nicht mehr sicher.

»Jedenfalls kommt der Gesundheitsminister heute Abend um sieben zum Essen«, erklärte sie, »und deshalb brauche ich Sie oder jemand anderen, der das Wohnzimmer putzt.«

Als sie das sagte, fiel ihr auf, dass Nelda heute allein war, wie ein Filmstar ohne Entourage. Ein Wunder, dass Sadie sie überhaupt erkannt hatte.

»Heute ist niemand mitgekommen«, sagte Nelda. »Sie sind alle in der Botschaft, für die Wahl. Große Wahl auf den Philippinen.«

Das schien alle paar Wochen der Fall zu sein. Und obwohl Sadie meistens aktiv den Teil ihres Gehirns unterdrückte, der sich mit Politik beschäftigte (weil sie Angst davor hatte, eine weibliche Version von Roderick zu werden), fragte sie sich doch, wie viele Wahlen es dort wohl geben konnte. Sie war genauso unsicher wie jeder andere Mensch auch, und plötzlich bekam sie Angst, dass Neldas Verwandte ein anderes Haus gefunden hatten, in dem sie herumhingen – einen Ort, wo die Zeit schneller verging, die Gespräche lebendiger waren, die Stimmung entspannter und die Hausherrin freundlicher. Suchte nicht jeder danach, in welcher Form auch immer?

»Was ist mit dem Wohnzimmer?«, sagte sie zu Nelda.

Nelda begab sich in einen Tagtraum, während Sadie weiter Sellerie schnipselte. Schließlich schüttelte Nelda den Kopf und sagte, nein, sie müsse in einer Stunde los, die anderen abholen, Sadie solle sich nicht zu viele Sorgen machen, sie sei doch so nett und habe so ein hübsches Lächeln, dass niemand die Hundehaare bemerken werde.

Sadie und Marcus hatten tonnenweise Telefonsex.

»Telefonsex misst man nicht in Tonnen«, sagte Marcus.

»Wie denn sonst?«, fragte Sadie. Manchmal fürchtete sie, sie sei übergeschnappt, und an anderen Tagen hatte sie das Gefühl, sie sei der einzige normale Mensch auf der Welt.

Marcus klang besorgt. »Vielleicht in Minuten.«

»Aber ich habe eine Flatrate«, sagte Sadie zweifelnd.

»Ich schätze, er lässt sich nicht messen«, meinte Marcus.

»Doch, natürlich«, entgegnete Sadie. »Man kann viel oder wenig davon haben.«

»Oder gar keinen«, sagte Marcus. »Wie jetzt gerade.«

»Doch, gleich«, sagte Sadie. »Jetzt bin ich völlig abgelenkt von den Telefonsex-Einheiten.«

»Es ist eben einzigartig«, sagte Marcus. »Alles andere kann man messen, nur Telefonsex nicht.«

Alles außer Liebe, dachte Sadie. Liebe kann man auch nicht in Einheiten messen, außer es ist Telefonsex.

»Jedenfalls …«, sagte Marcus, und seine Stimme wurde tiefer. »Was hast du an?«

»Was hast du an?«, rief Sadie später Rufus hinterher, als er in seiner Unterhose durch die Küche rannte; und sie sagte »Gut … gut …« zu Leo, als er ihr beim Kuchenteigrühren half. »Ich komme«, antwortete sie Nelda, als die ihr zurief, der UPS-Mann sei da. »Ich wünschte, du wärst hier«, sagte sie zu ihrer Mutter am Telefon, und »Ach, fick mich«, als der Hund auf den Teppich kotzte. Sie sagte zwar zu niemandem »Ich will dich jetzt in meinem Mund spüren«, aber ihr wurde klar, dass sie mit ein paar wenigen Phrasen durch die meisten Tage kommen würde und dass es nur darauf ankam, wie man sie aussprach und wer man in diesem Augenblick gerade war.

Marcus' Frau sagte bei der Beratung, dass sie lieber einen Unfall mit dem Auto hätte, als herauszufinden, dass Marcus Sadie immer noch traf.

»Was für eine Art von Unfall?«, fragte Sadie.

»Was weiß ich.« Marcus klang ungeduldig; nach der Eheberatung war er immer schlecht gelaunt. »Vielleicht hat sie einen tödlichen Unfall gemeint oder einen, der sie entstellt, oder auch nur einen Blechschaden. Genauso wenig weiß ich übrigens, wo er passieren soll und ob sie damit rechnet, dass unsere Versicherungssumme steigt.«

Der Vergleich mit dem Unfall beschäftigte Sadie den ganzen Tag.

Als sie abends mit Roderick im Bett lag, grübelte sie immer noch darüber nach.

»Was wäre schlimmer −«, setzte sie an, aber dann bekam sie das Flattern.

»Schlimmer als was?«, fragte Roderick. Er las im *Economist*.

Sadie nestelte an der Spitze ihres Nachthemds herum. »Na ja − was ist − was wäre etwas ganz Schlimmes, das tatsächlich passieren kann?«

»Dass Ägypten einen Präsidenten aus der Muslimbruderschaft wählt«, sagte Roderick, ohne zu zögern. »Das wäre eine Katastrophe.«

Selbst wenn er gewusst hätte, wovon Sadie sprach, hätte er

nichts Beruhigenderes sagen können. Sie drehte sich zu ihm und drückte sich an ihn.

Der Satz »Ich will dich jetzt in meinem Mund spüren« begann Sadie Sorgen zu machen. Oder eigentlich vielmehr die Tatsache, dass sie ihn nur beim Telefonsex und nicht in einem anderen Teil ihres Lebens aussprechen konnte.

Niemand sagte es in Leos Spielgruppe, obwohl man dort manchmal fast genau das Gegenteil hörte – »Nimm das nicht in den Mund!« –, wenn ein Kind etwas Ekliges von der Erde oder vom Gehsteig aufhob. Niemand sagte es, wenn man die Kinder in die Schule brachte oder abholte, und Sadie wünschte sich manchmal, jemand würde es aussprechen, oder zumindest nicht nur darüber reden, wie man sein Kind dazu brachte, mehr Obst und Gemüse zu essen. Niemand sagte es in Sadies Literaturgruppe, niemand sagte es beim Kinderarzt, im Supermarkt, in der Apotheke, auf der Post, bei der Reinigung, auf der Bank oder während der Vorlesezeit in der Bibliothek.

Niemand schien es zu sagen, außer Sadie.

Roderick schloss sich einem Fahrradclub für über Fünfzigjährige an. Gemeinsam wollten sie von Washington D. C. nach Portland, Maine, radeln, um Spenden für die Arthritis-Stiftung zu sammeln. Dafür trainierten sie dreimal die Woche.

Das Gute daran war, dass Roderick weniger zu Hause war und zusätzlich im Mai drei Wochen nicht da sein würde. Sadie ging davon aus, dass Marcus und sie sich dann treffen könnten. Roderick war dagegen, dass Nelda die Kinder über Nacht hütete – er hatte Angst, dass bei ihrer Rückkehr Neldas Verwandte im Vorgarten einen Imbiss eröffnet hätten, an dem sie frisch in ihrer Küche zubereitete Empanadas verkauften. Aber Sadie vertraute ihnen. Es werde schon alles gut gehen.

Der Nachteil am Fahrradclub war, dass nun montag-, mittwoch- und donnerstagabends grauhaarige, verschwitzte Männer in Radlerhosen in Sadies Küche herumstanden, ihre Wasserflaschen auffüllten und über Schnellspanner und Fixies diskutierten. Alle hatten sich extra eine Fahrrad-App auf ihre Smartphones geladen, die Zeit und Strecke aufzeichnete und Sadie an die Zeit erinnerte, als ihre Kinder noch Babys waren. Damals hatte sie immer davon geredet, wie viel Milliliter Milchnahrung sie getrunken hatten. Regelmäßig waren auch Nelda und ihre Verwandten mit in der Küche, denn obwohl Neldas Arbeitstag um 17 Uhr endete, konnte sie mit dieser Uhrzeit genauso wenig anfangen wie mit jeder anderen.

Deshalb musste Sadie jeder Menge Menschen aus dem Weg gehen, wenn sie für Leo und Rufus Spaghetti machte, und musste viele Stimmen übertönen, wenn sie die Jungs überzeugen wollte, dass es Zeit fürs Bett war. Und obwohl Sadie früher immer gehofft hatte, dass sie irgendwann ein Haus haben würde, in dem Leute zusammenkamen, um gemeinsame Aktivitäten zu planen, hatte sie sich das irgendwie anders vorgestellt. Jedenfalls nicht so.

Marcus' Frau machte eine Geschäftsreise mit ihrer Firma, also sagte Sadie ihrem Mann, dass sie eine alte Schulfreundin besuchen würde, und flog über das Wochenende nach Chicago. Sie nahm ein Taxi zu Marcus' Haus, und da war sie wieder, die übliche Verlegenheit, wenn sie ihn wiedersah, ihm in seinem Flur gegenüberstand.

Sadie fühlte sich wie ein Schulmädchen, denn trotz unzähliger Stunden Telefonsex und Gespräche hatten Marcus und sie sich nur sehr selten getroffen. Sadie überlegte, dass sie so gesehen wohl erst ihr ungefähr viertes Date hatten. Und fühlte sich wie eine Schlampe, denn wenn man es mal nüchtern betrachtete, waren sie hier, um Sex zu haben, und zwar viel (an diesem Punkt hätte Sadie am liebsten immer angefangen, darüber zu diskutieren, ob eine Stunde eine Stunde war oder fünfzig Minuten). Und weil Sadie den Sex kaum erwarten konnte, fühlte sie sich immer ein bisschen wie ein Mann oder zumindest so, wie sie annahm, dass sich ein Mann fast immer fühlte.

Und dann küssten sie sich, und Marcus' Zunge war in ihrem Mund und ihre Hände in seinen Haaren, und dann, für eine kurze Weile, aber bei weitem nicht lange genug, fühlte sich Sadie wie sie selbst.

Marcus' Frau rief alle paar Stunden an, offenbar um sich zu versichern, dass Marcus zu Hause war und nicht irgendwo anders mit nichts Gutem im Sinn. Dumm nur, dass Marcus zu Hause auch nichts Gutes im Sinn hatte, aber das wusste seine Frau ja nicht. Jedes Mal, wenn sie anrief, waren Marcus und Sadie miteinander im Bett (sie verbrachten die komplette Zeit im Bett), und manchmal ließ Marcus, während er mit seiner Frau sprach, gedankenverloren seine Hand über Sadies nackte Hüften gleiten, wie ein Beamter, der an seiner Kaffeetasse herumfummelt.

Als seine Frau zum dritten Mal anrief, zog sich Sadie ein T-Shirt über, ging sehr leise ins Bad und setzte sich auf den Rand der Wanne, die nackten Füße auf dem Fliesenboden. Sie dachte fast nie an Marcus' Frau, noch nicht mal hier in ihrem Haus, außer wenn sie merkte, dass dieses Haus nach Möbelpolitur und Lavendel roch, während Sadies Haus irgendwie nach

Knoblauch und Labrador roch. Aber als jetzt die Kälte an Sadies Beinen hochkroch, dachte sie an Marcus' Frau, die in ihrem warmen, trockenen und gemütlichen Hotelzimmer saß und keine Ahnung hatte, dass überall um sie herum zahllose verborgene Gefahren lauerten, dass sie genauso gut spätnachts an Silverster in einem Auto mit abgefahrenen Reifen und ohne Scheinwerfer nach Hause fahren könnte.

Natürlich rief Sadie auch Roderick von Chicago aus an.

Er erzählte ihr, dass er 120 Kilometer gefahren sei und es 160 hätten werden können, aber in Silver Spring sei ihm die Kette gerissen.

»Oje«, sagte Sadie. »Bitte sorg dafür, dass Nelda das Wochenende extra bezahlt kriegt.«

»Und was ist mit den ganzen anderen Leuten?«, fragte Roderick. »Muss ich die auch bezahlen?«

»Nein«, sagte Sadie. »Die sind einfach nur dabei.«

Sie fragte, ob sie mit Rufus sprechen könne; Roderick legte das Telefon beiseite, und sie hörte Rufus im Hintergrund rufen: »Ich kann jetzt nicht aufhören!« Roderick kam zurück und sagte, Rufus könne jetzt nicht sprechen, weil er gerade mitten in einer Lego-Konstruktion sei. Mit Leo könne sie auch nicht sprechen, weil er gerade am Küchentisch neben einer Schüssel mit Reis eingeschlafen sei. Und auch nicht mit dem Hund, weil der durch die Hintertür gerannt und abgehauen sei, aber dass eine nette Frau angerufen habe, weil sie ihn gefunden hatte, und ein paar von Neldas Verwandten vor einer Stunde losgefahren seien, um ihn abzuholen.

»Aber du kannst mit *mir* reden«, sagte Roderick.

»Hm, ja.«

Am Sonntag stockte Sadie im Taxi auf dem Weg zum Flughafen plötzlich der Atem. Wo hatte sie ihr Höschen gelassen? Natürlich nicht die Unterhose, die sie gerade trug – wo die war, wusste sie. Aber das Höschen, das sie anhatte, als sie bei Marcus angekommen war. Das er ihr gegen die Küchentheke gedrückt ausgezogen hatte. Sie wusste noch, dass es kurz an ihrem Knöchel gehangen hatte, dann hatte sie es weggeschleudert. Aber wo war es hin? Sie hatte es aufheben wollen – und sich das für später vorgenommen –, aber hatte sie es auch getan? Oder lag es jetzt ins Marcus' Mülleimer oder in der Obstschale?

Sie rief ihn an, sobald sie aus dem Taxi gestiegen war. »Jetzt bitte nicht ausflippen«, sagte sie. »Aber kann es sein, dass ich ein Höschen bei dir vergessen habe?«

»Höschen?«, fragte Marcus. Es klang, als hätte er das Wort noch nie gehört, aber Sadie wusste, dass es nur der erste Schock war.

»Ja«, sagte sie langsam. »Vielleicht irgendwo in der Küche.«

»Höschen?«, sagte Marcus noch mal.

So kamen sie nicht weiter.

»Schau nach«, sagte sie. »Und ruf mich an, wenn du es gefunden hast.«

Ihr Mund war trocken, und sie spürte ihren Puls in den Ohren rauschen. Sie sah in allen Fächern ihrer Handtasche nach und blieb stehen, öffnete ihren Koffer auf dem Gehsteig und durchwühlte ihn panisch, aber das Höschen war nicht da.

Marcus rief nicht zurück, und dass Sadie hundertmal auf ihr Telefon sah – in der Schlange vor dem Sicherheitscheck, als sie durch den Terminal eilte, am Gate wartete –, änderte daran auch nichts.

Sie stieg ins Flugzeug, und die Stewardess ging mit kleinen Erdnusstütchen durch den Gang. Sadie beugte sich nach unten, um eins für Rufus in die Handtasche zu stecken, und da, in der Außentasche, war völlig platt gedrückt ihr schwarzes Spitzenhöschen. Hier, im grellen Flugzeuglicht, konnte sie es sehen.

Plötzlich strömte kein Blut mehr durch Sadies Adern, sondern Honig – langsam, süß und köstlich.

Sie holte ihr Telefon heraus und rief Marcus an.

»Weißt du was?«, sagte sie glücklich. »Ich hab mein Höschen gefunden!«

Der Mann neben Sadie wollte gerade eine Erdnuss essen, schien sie jetzt aber stattdessen einzuatmen. Er begann zu husten.

»Marcus?«, fragte sie. »Hast du mich gehört?«

»Ja«, sagte er. »Ich habe dich gehört.«

»Ist das nicht super?«, sagte Sadie. Der Mann neben ihr hustete immer noch, und sie musste sich zusammenreißen, um ihn nicht anzufahren.

»Hör mal«, sagte Marcus. »Ich glaube, ich kann so nicht weitermachen. Diese letzte Stunde war die Hölle. Ich dachte, ich krieg gleich einen Herzinfarkt.«

»Ich weiß –«, begann Sadie, aber er schnitt ihr das Wort ab.

»Ich halte das nicht aus, wenn meine Frau wieder etwas rauskriegt«, sagte Marcus. »Selbst der Therapeut sagt, dass wir uns davon nicht erholen werden.«

Der Therapeut! Sadie konnte es nicht fassen, dass er den Therapeuten zitierte. Und das ihr! Es fühlte sich an, als würde ein kleines Tier seine scharfen Krallen in ihre Brust schlagen.

»Marcus –«, sagte sie verzweifelt, aber plötzlich stand die Stewardess neben ihr.

»Sie müssen jetzt unbedingt Ihr Telefon ausschalten«, sagte sie und lächelte eiskalt.

Sadie wollte schon protestieren, doch dann merkte sie, dass Marcus gar nicht mehr dran war. Sie ließ die Hand mit dem Telefon auf ihren Schoß sinken. Der Bildschirm war schwarz.

»Sie müssen es ausschalten, nicht nur nicht mehr telefonieren«, sagte die Stewardess. Dann sah sie zu dem Mann neben Sadie. »Geht es Ihnen gut, Sir? Sie sind nicht gegen Erdnüsse allergisch, oder?«

Sadie drehte sich zu ihm. Ein Geschäftsmann in einem zerknitterten Anzug, der immer noch hustete. Er schüttelte den Kopf, und die Stewardess ging weiter, aber Sadie starrte ihn immer noch an. Seine Augen waren matt, die Haut gerötet, und seine Gesichtsmuskeln zuckten, als hätte er Schmerzen.

Sadie war sich sicher, dass sie in diesem Augenblick ganz genauso aussah.

Sie stieg vor ihrem Haus aus dem Taxi und ging die Auffahrt hinauf. Die Tür ging auf, und der Hund kam herausgerannt, an einer Seite mit grüner Farbe beschmiert. Roderick folgte ihm, in Fahrradklamotten, dann kamen die Jungs und dahinter Nelda, die sich die Hände an einem Handtuch abtrocknete.

Sadie versuchte zu lächeln und wünschte sich, dass sie Zeit hätte, noch einmal durchzuatmen, bevor alle etwas von ihr wollten.

Leo warf sich von der obersten Verandastufe in Sadies Arme mit einer Wildheit, die eigentlich für Kriegsheimkehrer reserviert war. Er roch nach Sirup, und seine Hände klebten an ihren Haaren.

Sadie schwankte ein wenig unter seinem Gewicht und küsste ihn oben auf den Kopf.

»Ich hab dich vermisst«, sagte er vorwurfsvoll und drückte sich weiter an sie.

»Ich hab dich auch vermisst«, sagte sie.

»In Mali hat es einen Militärputsch gegeben«, sagte Roderick, und Rufus, der es liebte, schlechte Nachrichten zu überbringen, rief: »Nelda geht für sechs Monate auf die Philippinen zurück!«

Sie sah Nelda an, die ausdruckslos nickte, wie ein Gefängniswärter oder eine Haushälterin.

Sadie war so müde, dass ihre Hände zitterten und Tränen am Rand ihrer Lider hingen, wie eine Reihe Glasperlen an einem Duschvorhang. Sie neigte ihren Kopf über Leos blondes Haar. Es würde nicht mehr lange dauern, ehe es Leo peinlich war, seine Liebe so deutlich zu zeigen. Nelda ging. Ihre Verwandten würden sich zerstreuen und nie mehr wiederkommen. Roderick unternahm für drei Wochen eine Radtour, der viele weitere folgen würden, das war sicher. Der Gedanke an Marcus lag wie ein Stein in ihrer Kehle und machte ihr das Schlucken schwer. So würde es von jetzt an immer sein, das wurde ihr plötzlich klar. Ein Abschied nach dem anderen, und jeder würde an ihrem Innersten zerren: Leb wohl, leb wohl, leb wohl.

Dank

Zunächst möchte ich Kim Witherspoon und Allison Hunter danken. Ich habe das große Glück, die besten Agentinnen auf diesem und jedem anderen Planeten zu haben.

Besonderer Dank geht an meine Lektorin Jenny Jackson, weil sie mich besser gemacht hat, wo sie mich nur hätte glücklich machen müssen, weil sie sich in meinem Kopf eingenistet und mir alle schlechten Angewohnheiten ausgetrieben hat.

Dank an all die unbezahlten Lektoren, die so großzügig ihr Wissen mit mir geteilt haben: Cecile Koster, Samir Rawas Sarayji, Sofia Borgstein, Vanessa Deij, Joel Kuntonen, Patrick Walczy, Cathy Cruise, Jim Ohlson, David Kidd, Nancy Woodruff, Kathryn Ivers, Kara Parmelee, Karen Rile, Sascha Radetsky, Elizabeth Cohen und vor allem Bill Roorbach. Ich weiß, der Tag ist nie lang genug (ganz zu schweigen von der Energie des Lesers), aber ihr alle habt Zeit und Energie für mich gefunden.

Dank an die Herausgeber, die diese Geschichten aus den Massen herausgepickt und sie veröffentlicht haben: Roger Angell,

254

James D'Agostino, Olga Zilberbourg, Julia Patt, James Reed, C. Michael Curtis, Ronald Spatz und Ladette Randolph. Ich weiß nicht, wie ihr darauf gestoßen seid, aber ich bin euch unglaublich dankbar dafür.

Dank an Ingrid Michaelson für ihre Großzügigkeit und Inspiration.

Für Freundschaft über alle Maßen danke ich Leila Barbaro, Jojo Harter, Kitty Lei Harter, Jessica Hörnell und Jennifer Richardson Merlis. Ich werde mich an mein Versprechen halten, euch nicht zu erzählen, welche Figuren und Ereignisse von euch inspiriert sind – ihr sollt nur wissen, dass ihr alle hier drin seid und das Buch dadurch unglaublich gewonnen hat. Genau wie mein Leben.

Dank an meinen Vater Richard Heiny, ohne den nichts von alldem (vor allem nicht die Witze über wissenschaftlich gepolte Menschen) möglich gewesen wäre. An James McCredie und Alex Muir Wood, die meine Welt so viel reicher und lustiger machen. An meinen Bruder Christopher Heiny für lebenslange technische Unterstützung. An Angus McCredie und Hector McCredie, die mich geduldig gelehrt haben, eine Mutter zu sein. Und vor allem an meinen Mann, Ian McCredie, der alles aufgegeben hat, um mit mir zusammmen zu sein.